新时代〈管理〉新思维

高绩效团队

员工培养+效率提升+制度规则

栾达——编著

HIGH PERFORMANCE TEAM

清華大学出版社
北京

内容简介

本书针对团队管理过程中涉及的员工培养、效率、制度问题，从认识自身管理能力、选人用人、员工培养、开会沟通、安排工作、数据分析、工作授权、引导协作、团队激励等多个方面论述了团队管理的具体方法。

本书旨在帮助团队管理者认识团队管理过程中的常见问题以及这些问题出现的原因，助其规避管理风险。书中结合了丰富的案例，能够帮助团队管理者开拓管理思路，突破管理瓶颈，具有很强的可读性和可操作性。

希望本书能让管理者掌握相关的团队管理方法，并将其运用到实际管理中，打造有凝聚力的高绩效团队。

图书在版编目（CIP）数据

高绩效团队：员工培养＋效率提升＋制度规则／栾达编著．—北京：清华大学出版社，2022.4

（新时代·管理新思维）

ISBN 978-7-302-58979-2

Ⅰ．①高…　Ⅱ．①栾…　Ⅲ．①企业管理－团队管理　Ⅳ．① F272.9

中国版本图书馆 CIP 数据核字 (2021) 第 173245 号

责任编辑： 刘　洋
装帧设计： 方加青
责任校对： 王荣静
责任印制： 杨　艳

出版发行： 清华大学出版社
网　　址： http：//www.tup.com.cn，http：//www.wqbook.com
地　　址： 北京清华大学学研大厦 A 座　　**邮　　编：** 100084
社 总 机： 010-83470000　　**邮　　购：** 010-62786544
投稿与读者服务： 010-62776969，c-service@tup.tsinghua.edu.cn
质 量 反 馈： 010-62772015，zhiliang@tup.tsinghua.edu.cn
印 装 者： 三河市国英印务有限公司
经　　销： 全国新华书店
开　　本： 170mm×240mm　　**印　　张：** 17.75　　**字　　数：** 259 千字
版　　次： 2022 年 4 月第 1 版　　**印　　次：** 2022 年 4 月第 1 次印刷
定　　价： 88.00 元

产品编号：091736-01

大咖推荐

我和栾总很早便相识，他在管理咨询领域深耕十多年，并帮助很多企业打造高绩效团队。这本书浓缩了作者非常多的管理精华，值得读者学习。

——北京远行嘉业文化有限公司董事长　梁亮

本书值得每个经营公司和带领团队的管理者阅读，绝对不可错过。

——华为原副总裁　赵良

本书内容框架清晰、深入浅出，理论结合实际，适合每个想提升经营管理绩效的管理者阅读。

——《商界评论》首席经济学家　郑翔洲

本书从实际出发，将打造优秀团队的各个环节都梳理得清晰明了，即学即用，实操性极强。

——多点生活（中国）网络科技有限公司培训总监　高方良

组织建设的核心是选人、用人、育人、留人，栾老师针对这方面的问题，在书中给出了具体的解析和方法。

——北京恒都（广州）律师事务所董事长　江锋涛

身为管理者会面对很多需要解决的问题，比如目标制定、人才培养、工作授权、团队激励等，这些管理问题都会在本书中找到相应的解决方案。

——西安赛格计算机集团有限责任公司董事长　刘耀文

战略制定后如何落地执行，团队是连接战略和执行的主体。期待本书的问世会给更多的领导者和管理者带来思维的升级和措施的改善。

——北京远行嘉业文化有限公司总裁　王洪涛

每次和栾老师聊天都会收获启发，他将多年的管理经验和经营智慧浓缩在本书中，不管是老板还是管理者，都应该学习本书的内容。

——鲜芋仙合伙人　马晶

好的管理者并不是天生的，需要学习和历练，栾老师的这本书阐述了一整套的高绩效团队打造体系，能够帮助管理者快速成为“职业选手”。

——阿里学院原院长　张璞

我与栾老师相识多年，身为师者的他，传道授业解惑，治学严谨，对学员负责。本书汇集了栾老师多年的管理思考，希望读者可以借助这本书，脚踏实地练好基本功。

——山东大学教授、国美集团原总顾问　赵建华

在业务高速发展的时期，会掩盖团队管理的种种问题，栾总结合自己的亲身经历和经营感悟，撰写了这本书，尤其强调核心管理部分，希望让每位读者都掌握管理团队的真谛。

——北京楼库资产管理有限公司董事长　梁坤

栾老师是专业的企业咨询顾问，专业实效，直击本质。本书从思维理念到工具方法，为读者全面系统地介绍了高绩效团队打造的基本原理和实操方法，值得读者反复阅读、融会贯通。

——资深职业培训师、管理顾问　徐剑

作为企业的经营者，我深知一个高绩效团队对企业发展的重要性。栾老师作为我们公司的战略顾问，为我们厘清了战略目标，完善了管理体系，升级了企业文化。听闻栾老师出版了《高绩效团队》一书，推荐公司的管理层阅读学习。

——尚 8 文化集团董事长　薛运达

本书通过大量真实的企业实践案例，为我们呈现了日常管理工作中的各种场景问题，能够帮助更多的组织和管理者厘清思路、提升管理成效。

——去哪儿网行政总监　何丹丹

业绩的背后是逻辑，谁能找到核心的增长要素，谁就能让自己的团队持续高效。读了栾老师的这本书，我对管理团队有了更深刻的认知，收获良多。

——山西津华药业集团董事长　柳建平

新晋管理者如何培养，一直是企业老板头疼的大难题。栾老师的《高绩效团队》这本书，打通了我对经营管理的任督二脉。这是每位新晋管理者的入门必读书。

——六福珠宝合伙人　杨浩

推荐序

提升组织效能的管理智慧

所有的行业都会经历暴利期、微利期、无利期，特别是在当下高度竞争的时代，管理效能的提升是利润持续增长的关键。如何能够顺应时代，跨越企业发展的周期，是每一家企业、每一位管理者必须深度思考的问题。

企业持续成长的背后是经营管理逻辑的构建，探寻其背后的本质，找到核心驱动要素，才能保证企业可持续发展。一般优秀的公司都具备两大特征：一是可盈利的商业模式，二是有一支能打胜仗的高绩效团队。商业模式是企业的战略规划，而再好的战略规划也需要有人去落地执行，就好比盖一座高楼一样，好的商业模式是图纸设计，而盖楼的人是项目执行团队，二者缺一不可。

如何才能让一支团队卓有成效呢？其实，团队效率提升主要取决于三个要素：一是素养，二是机制，三是文化。在高素养、好机制、强文化的情况下，管理成效才能发挥最大化。就好比汽车想要跑得快，同样取决于三个要素：车的性能（素养）、路况（机制），以及天气（文化），只有在好车、好路、好天气并行的情况下，车才能达到最优速度。

一、关于素养

在绿皮车时代，我们常说“火车跑得快，全靠车头带”，但是在高铁时代，火车的速度不再只是依赖于车头，而是每四五节车厢都有独立的发动机。这就好比经营企业，原来要老板一人独当一面，而现在需要有更多的管理者成为发动机，共同推动企业这辆火车不断前行。

结合企业的管理工作，一个管理者综合管理素养的高低，直接影响团队的成效。俗话说“主将无谋，累死三军”。作为企业的中高层管理者，务必加强管理思维与管理技能的修炼，务必掌握打造高绩效团队的流程与方法，务必提升自我及团队的综合素养，这是作为管理者的基本修炼。

二、关于机制

好的机制能事半功倍，坏的机制会造成恶性循环，优秀的企业离不开科学合理的机制建设。华为公司总结设置了一套价值创造、价值评估、价值分配的循环体系，让每一位华为人能自动自发、为目标负责，打造了一个“以奋斗者为本”的自驱型组织。为此，一个企业的核心班底要与时俱进，不断升级和完善企业的机制建设，实现企业高效运营。

三、关于文化

业绩的背后是团队，团队的背后是文化。优秀的企业文化能够凝聚员工的力量，让大家向同一个目标发力，而拙劣的企业文化却会不断削弱企业的力量，使企业一步步走向衰败。现在越来越多的企业，深深地意识到企业文化的重要性。企业文化虽然看不到、摸不着，却像一只无形的手，影响着企业的未来。

低处无解，高处无惑。作为企业的管理者，一定要提升自己对管理的认知，站在更高的维度，全面理解管理的系统性、复杂性、多变性，建立自己管理的底层逻辑，在管理的道路上，不断精进完善自己，带领团队实现更大的价值。

管理是一门实践的学科，不在于知，而在于行。栾达老师通过调研走访了上千家企业，总结了很多实际的管理共性问题，同时浓缩了他十多年来的管理咨询经验，提炼出作为管理者的系统认识论与实践方法论，写出了这本书。此书以管理成效为导向，根据企业的实际问题，高度与深度相结合，直击管理本质，有效帮助管理者建立解决问题的思维模型，有框架、有流程、有方法、有工具，能让读者快速实战应用。

物有本末，事有终始，之所先后，则近道也。提升自我认知，探寻事物本质，回归管理常识，愿所有读者通过阅读本书，开启管理的修行之路。

360 集团商学院院长　佘俐

前言

优秀的团队是企业飞速发展的关键，因此大多数企业都将管理重心放到团队管理上，团队化管理已成为当下企业的主流管理模式。

但并非重视团队管理就能拥有高绩效的团队，团队管理讲究科学方法。许多管理者在未掌握科学方法的情况下贸然作出管理决策，导致管理过程中出现了大量问题。例如，小公司套用大公司的管理制度，导致管理制度无效。掌握科学的管理方法是管理者必备能力，同时也是打造高绩效团队的有力武器。

团队管理过程中涉及的问题众多，但团队管理者的试错成本是极高的。团队不允许管理者耗费大量时间积累管理经验。因此，管理者需要一本内容全面、理论和案例丰富的管理指南来及时了解并规避管理团队时易产生的错误。本书恰好能做到这一点。

本书从员工培养、效率提升与规则制度三方面讲解团队管理的具体方法。

首先，是员工培养方面，包括管理者如何提升自身领导力，如何知人善任以及为员工制定工作的具体理论和方法；其次，是效率提升方面，包括如何有效沟通，如何高效开会，如何引导团队协作，如何利用数据分析工具和竞争制度提高团队效率等；最后，是规则制度方面，包括人情制度的弊端，如何设置科学的管理制度，如何建立可复制的标准化团队，以及如何利用文化制度留住员工并增强团队凝聚力等。

在团队运转过程中，各成员密不可分，即使是一颗小小的“螺丝钉”松动也会造成整个团队瘫痪。而管理者作为“领头羊”和“军师”，要有全局意识和前瞻性，既要使每位成员的才能得到充分发挥，又要恩威并施地提升团队执行力和工作效率，让团队管理落到实处。

本书理论翔实、案例丰富、图文并茂，深入浅出地讲述了团队管理的理论与方法。相信读者能通过本书学习到关于团队管理的方法与技巧，打造出高绩效、高执行力的团队。

目 录

第 1 章 领导力提升计划：你是合格的团队主管吗 / 1

1.1 员工为什么会跟着我 / 2

1.1.1 有潜力：升职加薪机会多 / 2

1.1.2 有能力：行业权威令人钦佩 / 3

1.1.3 有魅力：亲和友好深得人心 / 4

1.1.4 有定力：先律己，后律人 / 5

1.2 团队主管的职责是什么 / 7

1.2.1 分解上级的工作命令并向下传达 / 7

1.2.2 制定具体目标和完成标准 / 8

1.2.3 整合团队，发挥每个人的最大价值 / 9

1.2.4 整理和复盘，向上汇报工作结果 / 11

1.3 团队领导者的六种类型 / 12

1.3.1 指令型领导 / 12

1.3.2 领跑型领导 / 13

1.3.3 愿景型领导 / 14

1.3.4 亲和型领导 / 14

1.3.5 民主型领导 / 15

1.3.6 辅助型领导 / 15

1.4 为什么我的团队带不好 / 16

1.4.1 用人不察，才不配位 / 16

1.4.2 目标不清，计划多变 / 17

1.4.3 责任模糊，无人负责 / 18

1.4.4 标准含糊，考核不公 / 19

1.4.5 事必躬亲，不知放权 / 20

第 2 章

知人善任：
聪明的领导者要学会人尽其才 / 22

2.1 选人：从源头把握人才质量 / 23

2.1.1 敢于选择比自己优秀的人 / 23

2.1.2 品德优先，能力第二 / 24

2.1.3 年轻和有经验哪个更重要 / 26

2.1.4 为什么不用“空降部队” / 27

2.2 知人：你真的了解你的员工吗 / 29

2.2.1 没事多与员工聊聊人生 / 29

2.2.2 员工没你想的那么差 / 31

2.2.3 发现员工的核心诉求 / 34

2.3 用人：领导者的主要工作就是“用人” / 35

2.3.1 价值观相同的员工最好用 / 35

2.3.2 能者上，中者让，弱者下 / 37

2.3.3 换人不含糊，用人不皱眉 / 38

2.3.4 用人要疑，疑人也可用 / 39

2.3.5 《西游记》中的用人之道 / 40

2.4 留人：留下老员工才能提升运转效率 / 43

2.4.1 学会抓住核心人才，人多不一定力量大 / 43

2.4.2 薪酬福利是“金手铐” / 44

2.4.3 让员工有事可做 / 45

第 3 章

培养员工：
高手都是培养出来的 / 46

3.1 新手是如何进化的 / 47

3.1.1 新人入职，让他知道来干什么 / 47
3.1.2 新人过渡，让他知道如何能做好 / 48
3.1.3 新人进阶，让他接受挑战性任务 / 48
3.1.4 提升信任，与他建立互信关系 / 49
3.1.5 新人进化，让他融入团队主动完成工作 / 49

3.2 老员工也有进步空间 / 50
3.2.1 职业技能培训，从老员工到专家 / 50
3.2.2 职业素养培训，防止职业倦怠 / 51
3.2.3 职业生涯发展培训，创造更大发展空间 / 51

3.3 接班人该怎么选择 / 52
3.3.1 寻找忠诚的、高潜力的员工 / 52
3.3.2 培养几位不同类型的接班人 / 53
3.3.3 从基层开始，培养资历 / 53
3.3.4 从轮岗开始，锻炼能力 / 54

第 4 章

安排工作：
工作分配是管理者的必备能力 / 56

4.1 设置有效的目标和计划 / 57
4.1.1 目标制定：遵循 SMART 原则 / 57
4.1.2 目标分解：自上而下法 + 自下而上法 / 58
4.1.3 签订目标责任书：为实现目标保驾护航 / 62
4.1.4 建立看板：让目标进度可视化 / 64
4.1.5 把握执行关键期：月初紧 + 月中查 + 月末冲 / 66

4.2 布置工作的 6 个步骤 / 69
4.2.1 明确任务具体到个人 / 70
4.2.2 设置任务完成的时间 / 71
4.2.3 跟下属一起制定任务标准 / 71

4.2.4 确认员工准确理解了任务 / 72
4.2.5 任务布置后，需要有监督 / 73
4.2.6 验收并考核 / 73
4.3 员工学会汇报，领导更轻松 / 74
4.3.1 如何与员工约定工作汇报的时间 / 74
4.3.2 阶段性工作汇报如何安排 / 75
4.3.3 如何对待不会汇报工作的员工 / 76

第 5 章
数据分析是提升效率的“神器” / 80

5.1 数据分析的方法 / 81
5.1.1 对比分析法 / 81
5.1.2 分组分析法 / 82
5.1.3 平均分析法 / 82
5.2 数据分析的工具 / 83
5.2.1 Excel：最基本的数据分析工具 / 83
5.2.2 BI 工具：为数据分析而生 / 85
5.2.3 R 和 Python 等编程语言：灵活的数据分析工具 / 86
5.3 如何开展数据分析工作 / 87
5.3.1 提高团队对数据管理的认识 / 87
5.3.2 健全管理机制，完善管理制度 / 87

第 6 章
有效沟通：
沟通是保证团队高效运转的基础 / 90

6.1 沟通应避免假、大、空 / 91
6.1.1 好领导都是讲故事的高手 / 91

6.1.2 问对问题，让员工自己找答案 / 93

6.1.3 员工只看领导做什么，而非说什么 / 95

6.1.4 如果你强调什么，就检查什么 / 96

6.2 有效批评也是一种合理的沟通方式 / 98

6.2.1 公开表扬，私下批评 / 98

6.2.2 “对事不对人”是批评的原则 / 99

6.2.3 指出问题所在，胜过一味批评 / 100

6.2.4 问清缘由，及时改正 / 101

6.2.5 用批评逆向激励员工 / 102

6.3 倾听胜过千言万语 / 102

6.3.1 传达共情，用心倾听 / 103

6.3.2 适时回应，表达尊重 / 105

6.3.3 如何通过倾听寻找关键信息 / 106

6.3.4 防止倾听时出现主观价值判断 / 107

6.4 放低姿态，学会引导 / 109

6.4.1 好领导从不跟员工硬碰硬 / 110

6.4.2 不要试图在员工有情绪的时候讲道理 / 112

6.4.3 把居高临下的绝对权威转换为平等对话 / 113

第 7 章

高效开会：
开会不是形式主义而是提升效率的关键 / 115

7.1 那么多会，都有什么用 / 116

7.1.1 日例会：准备一天的工作 / 116

7.1.2 周例会：分配小组任务 / 118

7.1.3 月例会：周业绩环比 / 121

7.1.4 年例会：展望来年大趋势 / 123

7.2 会要怎么开，才最有效率 / 125

7.2.1 自上而下：说清楚重点 / 125
7.2.2 自下而上：把握住方向 / 126
7.2.3 管控好开会的时间 / 127
7.2.4 开会之后，注意得出结果 / 128
7.2.5 如何评估会议质量 / 129
7.2.6 如何召开远程会议 / 130

7.3 协调会议，团队分歧早解决 / 132
7.3.1 协调撞单尴尬 / 132
7.3.2 协调分配比例 / 133
7.3.3 协调客户次序 / 134
7.3.4 协调人员更换 / 135

第 8 章

学会授权：
别让自己“背上的猴子”太多 / 137

8.1 什么样的工作可以被授权 / 138
8.1.1 必须授权的工作：简单、重复、风险低 / 138
8.1.2 应该授权的工作：风险不大或风险可控 / 140
8.1.3 可以授权的工作：领导可以做员工也可以做 / 141

8.2 对员工留二分之一的信任 / 142
8.2.1 授权前与员工充分交流 / 142
8.2.2 责权对等，“权”应如何给 / 144
8.2.3 相互信任，不轻易干涉 / 145

8.3 授权工作的控制 / 147
8.3.1 授权不是弃权 / 147
8.3.2 进行过程控制 / 149
8.3.3 不可纵容员工 / 150

第 9 章 团队协作：完美的团队永远大于完美的个人 / 152

9.1 成为引导者，而非命令者 / 153
9.1.1 “跟我上”和“给我上”的区别 / 153
9.1.2 尊重每一位员工，包括那些制造麻烦的人 / 154
9.1.3 在团队中，最好采用合作的态度 / 155
9.1.4 有责要担当，有利要分享 / 156
9.2 贝尔宾团队角色理论 / 158
9.2.1 人际相关的团队角色：外交家、协调者、凝聚者 / 158
9.2.2 思考相关的团队角色：智多星、审议员、专业师 / 159
9.2.3 行动相关的团队角色：鞭策者、执行者、完成者 / 160
9.3 团队成员需要有参与感 / 161
9.3.1 让每个人都成为决策者 / 161
9.3.2 杜绝团队中的“划水”现象 / 163
9.4 打造高执行力团队 / 165
9.4.1 为什么团队执行力不佳 / 166
9.4.2 慈不掌兵，领导者须有魄力 / 167
9.4.3 你的团队是“拖延症”晚期吗 / 169
9.4.4 让员工做问题的“终结者” / 170

第 10 章 团队激励：涨工资是最基础的激励手段 / 173

10.1 十句空泛的说教不如一句真诚的赞美 / 174
10.1.1 养成先称赞的好习惯 / 174
10.1.2 学会给员工“戴高帽子” / 175

10.1.3　表明对员工的期待 / 176
10.1.4　用建议的口吻下达工作指令 / 177

10.2　给落后员工一点儿掌声 / 178
10.2.1　员工汇报坏消息时，不要急于训斥 / 178
10.2.2　对业绩差的员工，先认可再找原因 / 179
10.2.3　与爱发牢骚的员工推心置腹地谈一谈 / 181

10.3　学会用小福利奖励员工 / 182
10.3.1　有功即奖，即刻兑现比“画大饼”更有用 / 182
10.3.2　巧用“加薪减时” / 183
10.3.3　生日惊喜、下午茶、庆功宴，别小看这些仪式感福利 / 185

10.4　精神激励的方法 / 186
10.4.1　荣誉激励法 / 187
10.4.2　榜样激励法 / 187
10.4.3　参与激励法 / 189

第 11 章
**引入竞争：
学会用“鲶鱼效应”炼成狼性团队 / 190**

11.1　团队没有成功，只是在成长 / 191
11.1.1　最危险的情况是团队领导缺乏危机意识 / 191
11.1.2　把压力传递给每一个成员 / 192
11.1.3　“锯掉员工的椅背”，清除员工惰性 / 193
11.1.4　避免低级错误重复犯 / 195
11.1.5　带一个放大镜，每天在团队里找问题 / 196
11.1.6　任正非：我天天思考的都是失败，对成功视而不见 / 197

11.2　高明的管理者懂得制造竞争 / 199
11.2.1　引入鲶鱼式成员，盘活沉闷的团队 / 200
11.2.2　管理者要让自己充分参与竞争 / 201

11.2.3 管理者要让全部员工充分参与竞争 / 202

11.2.4 管理者要让每一项工作都充满挑战 / 203

第12章

制度与规则：好团队须远离人情文化 / 206

12.1 “人管人”的弊端 / 207

12.1.1 “潜规则”成风，做事先讲人情关系 / 207

12.1.2 “刺头”员工难管理 / 208

12.1.3 人才留不住，团队陷入“逆向淘汰”的循环 / 210

12.1.4 管理者主观倾向严重，不能对员工做出客观评价 / 211

12.2 用制度逃离人情“怪圈” / 213

12.2.1 再小的订单，也要有一套标准 / 213

12.2.2 制度就是有据可依，分清最优 / 215

12.2.3 制度要切合人性，符合团队实际 / 216

12.2.4 不制定多余的制度 / 219

12.2.5 突出重点，精练明确 / 220

12.2.6 奖勤罚懒是永恒的主题 / 221

12.3 带团队就是带流程，可复制是关键 / 223

12.3.1 员工的业务能力就应该比领导强 / 223

12.3.2 好的团队不是强在业务，而是强在复制力 / 225

12.3.3 构建复制系统，让团队忽略你的存在 / 227

12.4 考核到位，制度执行情况才能衡量 / 229

12.4.1 考核制度应公平公正 / 229

12.4.2 切忌“隔三岔五”，让考核常态化 / 231

12.4.3 态度是一个必不可少的考核要素 / 232

12.4.4 员工参与考核，结果更加科学、透明 / 233

第 13 章
文化建设：
共同的愿景才是留人的关键 / 235

13.1 构建和谐的团队氛围 / 236
13.1.1 加强人性化管理 / 236
13.1.2 用团队文化令员工融入团队 / 237
13.1.3 营造强烈的团队归属感 / 238
13.1.4 建立团队精神的情感纽带 / 239
13.1.5 建立团队命运共同体 / 240
13.2 塑造相同的愿景、使命、价值观 / 242
13.2.1 除了面包，团队也要给员工诗和远方 / 242
13.2.2 核心价值观是团队对事物的重要性排序 / 243
13.2.3 凝聚团队文化价值观 / 244
13.2.4 让价值观传承下去 / 246

附录 / 249
附录 1 员工工作目标计划表 / 249
附录 2 员工月度绩效回顾表 / 250
附录 3 员工日常考核表 / 252
附录 4 员工月度考核表 / 253
附录 5 员工季度考核表 / 255
附录 6 员工年度考核表 / 257
附录 7 员工绩效评价表 / 259
附录 8 员工绩效改进表 / 260
附录 9 员工绩效申诉表 / 261
附录 10 员工态度考核打分表 / 262
附录 11 员工态度评价量表 / 263

第 1 章

领导力提升计划：你是合格的团队主管吗

不管是大团队还是小团队，团队主管都是很重要的角色。他们直接对团队成员负责，决定了团队能发挥出的效能以及能完成的目标，对提高公司业绩有着重要意义。

1.1 员工为什么会跟着我

团队主管要明白员工为什么会追随自己。正所谓“巧妇难为无米之炊”，自己的能力再强，若是不能服众，手下无人可用，也很难成就一个好团队。

1.1.1 有潜力：升职加薪机会多

每年招聘旺季，各大公司的 HR 都会上演挖人大战，从高层到中层再到普通员工一个都不放过。这时，除了顶着业绩压力的 HR 深受其害，各种迷惑不解的老板和主管也苦不堪言。

“给的钱不少，为什么员工还是要离职？”留不住人，成了一些团队主管的烦心事。而与主管的困惑相对应的是员工的烦恼——这几年都是原地踏步，一点成长都没有，什么也没学到；没有晋升通道，根本看不到未来。

管理者不懂员工的需求，单纯地把自己当作付钱的，把员工当作干活的，认为干得好多给钱，干不好少给钱，不亏待员工就可以了。如此简单地看待员工需求，自然很难留住人，更难留住人才。

想要让员工跟随自己，不仅要考虑员工的生存需求，还要考虑员工的价值提升和职业发展，也就是让员工既有“钱途”又有前途，能看到这份工作的潜力。

1. 价值提升

一个团队士气不振，跟管理者的认知有着分不开的关系。很多管理者只把员工当作为公司创造价值的人力资产，只想利用员工的现有价值，舍不得在培训、团队建设上多投入，更不会管员工是否对团队存在价值的认同。殊不知，这种做法对团队的发展百害而无一利。管理者对员工的价值投入，能促使员工不断学习和提高，员工感觉在这里工作能学到东西，提升了自己的价值，自然会留下来。

2. 职业发展

没有人愿意今年当一线员工明年还当一线员工。管理者应该为员工构建内部发展路径，匹配适合的职业规划，让他们体会到能力被认可，付出有回报，形成自我驱动机制。而不是挥舞着用钱做成的鞭子驱使员工，让他们在工作中逐渐变得麻木。

3. 奖励回报

“画大饼”一直是深受职场人诟病的管理者陋习，即管理者只对员工做出不切实际的承诺，却从不兑现。这种空口承诺可能会一时激励员工，但时间长了管理者在员工心中就失去了信任，员工自然会想去寻找一个能兑现承诺的老板。因此，团队管理虽然不能只用钱，但也不能不用钱。根据员工付出的努力，给予其适当的奖励，是对员工最好的激励。

综上所述，让好好干的有钱，让干得好的有前途，是管理者管理团队的基本方式。一个能够提升能力，有可靠的职业前景，且回报不菲的团队，没有员工会舍得离开。

1.1.2 有能力：行业权威令人钦佩

许多中小公司在招聘时都会发现，那些大公司招聘常常是反复筛选，而自己这里却一人难求，即便提高了工资待遇，还是无人问津。这是因为小公司“背景”不够硬，大部分人宁愿在大公司做一颗螺丝钉，也不愿在中小公司当个骨干。有背景意味着有资源，有资源意味着有发展空间，同时也就更能实现自己的价值。

同样，面对两个团队，人们往往会更倾向于选择管理者业绩突出、名声在外的那一个，这是因为从概率上讲，这个团队的管理模式可能更专业，管理者自身拥有的行业资源可能更多，跟着他能够学到更多的东西。

因此，管理者要学会挖掘自己的专业价值，让员工看到自己的能力，以增加成员对团队的信任度。

信任是管理过程中不可缺少的利器，员工只有信任管理者才会留在团队里，死心塌地追随管理者。而管理者展现的个人能力以及他在行业中拥有的地位和资源就是信任的来源和基础。毕竟比起一个公司的普通员工，人们更愿意跟随行业中的知名人士。就像名人代言广告可以刺激消费，名人出席慈善活动可以带动社会行动等，将员工变成管理者的粉丝，更能促使员工留在团队里。

1.1.3 有魅力：亲和友好深得人心

亲和力是促进人与人之间沟通交流的一种能力。对管理者而言，亲和力是一种人格魅力，善加使用，它可以聚拢人心，让员工从情感上愿意为你工作。

某公司的陈经理平时不苟言笑，对员工要求极为严格。每次陈经理来检查工作，员工都从心里感到害怕，谁也不敢多说一句，就希望时间赶紧过去。有一次，陈经理到分公司分享工作经验，参会人员没有一个主动发言，会议现场死气沉沉。分公司经理为了打破尴尬局面，自告奋勇谈了几个观点，却被陈经理当众驳斥，分公司经理非常尴尬，一时之间站也不是，坐也不是。直到会议结束，会场里没有一个人发言，最后会议只得在异常紧张和沉闷的氛围中收场。

半年后，陈经理陪同公司总经理再次到分公司调研。座谈会上，大家见陈经理在场，纷纷都噤了声，总经理什么有价值的信息都没得到。总经理感到很奇怪，后来了解到，没人说话是因为陈经理工作方式简单粗暴，一不满意就骂人，平时对待员工也都冷着脸，弄得上下级关系特别紧张。

后来，公司做人事调整，陈经理虽然业务能力不错，但最终没能升职。他这才知道自己落选的原因是管理方式存在问题，团队关系不和谐。反思自己的所作所为后，陈经理后悔不已。

从上述案例中可以看出，亲和力对一个管理者来说多么重要。陈经理因为对待员工缺乏亲和力，不仅不得人心，还失去了升职机会。而下面故事中的小张，却因为具有亲和力成功获得了晋升。

某公司项目经理辞职，公司决定从小李、小张、小王三人中选一人继任。总经理派他们三人去公司最偏远的工厂工作，然后根据他们的业绩决定项目经理的人选。

三个月后，总经理一行来到工厂考察。在经过工厂大门时，突然蹿出几条大狗，对着他们狂吠，却唯独对小张很亲近。总经理很奇怪，向工厂的员工了解后才知道，小张为了提高生产效率，经常与工人一起工作，待人也亲善和气，一点没有领导架子，连大门口的狗都愿意与他亲近。

从工厂回来，总经理心里已经属意小张为项目经理了。小张不仅受一线员工爱戴，而且工作作风扎实，为公司殚精竭虑，可以说任经理一职是实至名归。半个月后，小张正式升任项目经理。

人是感情动物，有了感情，一句话就能聚拢人心。在职场中，有些管理者以为距离能产生权威，严肃能换来威严，摆架子能服众，甚至喜怒无常，动不动就批评呵斥，让员工战战兢兢。

事实证明，职场中管理者居高临下的态度、恃权傲物的行为、不近人情的举动，只能造成感情隔阂，使团队关系紧张，不能换来尊重与信服。久而久之，员工不想再受管理者的精神压迫，就会选择辞职。

1.1.4 有定力：先律己，后律人

团队管理者虽然身份是领导，但在团队中更像一个榜样。正如《论语》中讲："其身正，不令而行；其身不正，虽令不从。"一个管理者只有先严格要求自己，才能服众。

管理者只有做到"律人先律己"，才能让员工愿意跟随你、信赖你，

信任可以让管理者成为整个团队中不可缺少的角色。与员工共同参与工作，可以将管理痕迹淡化，形成“利益共同体”的公司文化。员工会认为，自己不是为管理者工作，而是为自己工作，管理者也是员工，只是多承担了管理职责而已。

另外，管理者的榜样行为具有很强的感染力，是管理者魅力的最好体现。管理者以身作则，赢得了员工的心，在团队面临危机时，员工才更有可能选择和团队共进退。

人常说“榜样的力量是无穷的”。在团队中，管理者的行为会影响员工的行为，好的行为能给员工做出榜样，而坏的行为也会诱导员工形成不良作风。那么，管理者如何能做到以身作则呢？

第一，塑造人格魅力，提升个人影响力。管理者要成为一个品行端正、处事无私的人，要说话办事一碗水端平，不要在团队中形成做事分亲疏远近的不良风气。

第二，带领员工学习。在职场中，学习力等于竞争力，学习的速度等于成功的速度。管理者要带好团队，必须拥有很强的学习能力，比员工学得更多、更快、更全面。不仅要自身会学习，还要带领员工学习业务知识、操作技能、规章制度，全面提升员工素质，增强学习对管理工作的促进作用。

第三，成为执行的榜样。管理者要想提升员工的执行力，就要在团队中营造出高效率执行的文化氛围。管理者自身对待工作要按照标准、规范、时间严格执行，这对形成执行力文化具有至关重要的作用。当管理者以自身执行力要求员工时，员工效率不高的问题就会迎刃而解。每个员工执行力的提升，会让团队的面貌焕然一新。

在团队中推进制度和文化并不是一件难事。只要管理者先行动起来，以身示范，员工自然愿意跟随。要求员工做的管理者自己先做到，要求员工不做的管理者自己也不做。管理者要自觉接受员工监督，用榜样的力量凝聚团队成员，给团队带来更多的成功。

1.2 团队主管的职责是什么

团队主管要知道自己的职责才能在团队中发挥应有的作用。团队主管对上要做好接收和汇报工作，对下要做好传达和分发工作，担当着枢纽作用。

1.2.1 分解上级的工作命令并向下传达

团队主管上面连接着更高一级的战略管理层，下面连接着具体执行的一线员工，在公司整个体系中充当枢纽。团队主管需要把上级交代的任务传达给下级，并把下级的完成情况汇报给上级。但上传下达并不是简单转述，如果只是起到了一个传话筒的作用，会造成上面不满意，下面满腹牢骚。现实中，很多团队主管都会犯这种错误。

那么团队主管应该如何做呢？下面先来介绍团队主管如何将上级的工作命令传达给下级。

高层管理者都是站在公司战略角度看问题的，有时候提出来的只是一个简单的构想或战略规划，并没有具体措施。而下面的一线员工则负责具体执行，并不负责制定具体操作办法。那么，分解工作任务，制订具体办法这个重担就落在了团队主管的身上。

在执行过程中，团队主管还要负责对员工进行指导，对方案运行结果进行判断，以确保执行结果符合高层管理者要求，这样才是真正起到枢纽作用。

如果团队主管只是把高层管理者的要求直接传达给员工，员工接触不到高层管理者，也无法凭借自己的知识和能力对全局做出分析和判断，只能自己揣摩，那工作结果也就可想而知了。团队主管的作用就是把高层管理者的战略要求转化成可执行的具体方案，同时监督、辅导与指导员工执行，做到全程参与，心有成算，这样在向上汇报时也不至于曲解了员工的工作成果。

1.2.2 制定具体目标和完成标准

如何把高层管理者较为宏观的工作任务分解为具体的工作措施呢？很多团队主管会做一个详细的思维导图，将总目标放在中心位置，周围列出各种各样的解决办法。这样的办法给少数几个人分配工作可能还行，但如果团队人数比较多，这个做法就缺乏条理性了。

下面介绍一个用表格分解任务的方法，如表 1-1 所示。

表 1-1 表格法拆分任务

<table>
<tr><td colspan="6" rowspan="2">（ ）年度目标设定表格</td><td>岗位：</td></tr>
<tr><td>姓名：</td></tr>
<tr><td>目标
（干什么）</td><td>重要性
（权重）</td><td>衡量标准
（程度）</td><td>措施手段
（怎么办）</td><td>经营计划
（附件）</td><td>完成期限
（时间）</td><td>相关部门</td></tr>
<tr><td></td><td></td><td></td><td></td><td></td><td></td><td></td></tr>
</table>

下面我们来仔细解读一下这张表格。

（1）目标：想做什么，最终完成什么任务。

（2）权重：如果目标不止一个，哪个目标的投入需要更大。

（3）衡量标准：目标完成需要达到怎样的效果。

（4）措施手段：具体怎么做（需要精确到可操作的地步）。

（5）经营计划：每一项具体措施的执行过程（详细到每一步，可以让员工操作时作为参考）。

（6）完成期限：什么时候完成，需要用时多久。

（7）相关部门：需要哪些部门配合，有什么资源上的要求。

可以看出，整个表格先是围绕目标分配任务，再根据任务制订执行计划，非常有逻辑性。每一个具体措施都是一个又一个任务，然后将这些任务汇总成一份文件，即经营计划，整个工作流程便确立起来了。

例如，今年的目标是培养四个业务骨干。那么就要先把培养业务骨干填在目标栏，四个填在衡量标准栏。然后填写具体措施，如，一个月内完成四次技能培训等。接下来，要撰写详细的培训计划，包括培训时间、主题、流程等。最后，填写完成这些培训工作的时间以及需要哪些部门的支持。

是不是很简单？管理者只需要按照表格的顺序依次填写就可以轻松完成任务分解，而且既有条理又详细，员工在工作时也能一目了然，也就很难出现因理解有误而工作失误的问题。

1.2.3 整合团队，发挥每个人的最大价值

合理利用员工特长，发挥每个人的最大价值也是团队主管的必修课。一个团队不可能个个都是精英，每个人都有所长也有所短，因此管理者要发挥每个人的长处，规避每个人的弱点，以此为依据安排工作。

某家公司财务部的小王，平时特别健谈。因为她负责和全国的经销商对接款项，所以几乎和所有经销商都很熟络。有一次，公司把所有经销商召集在一起开会，小王跟经销商们相谈甚欢。

营销部的管理者发现这一点后，申请将小王调到了营销部。结果，小王在营销部工作更加如鱼得水，不到半年就升职加薪了。

这个案例说明，团队主管要有“识人”的本领，能对团队成员进行排列组合，将每个人放在最合适的位置，为团队贡献最大的价值。想要知道员工在哪个岗位上比较合适，管理者就要充分了解员工的特点。除了最基础的专业能力外，管理者最需要注意的是员工的非专业能力，因为非专业能力是不容易被察觉的。

1. 沟通交际能力

沟通交际能力包括阅读、书写、倾听、人际关系处理等能力，这些技能在工作过程中必不可少，它与业务学习、团队交流、汇报工作等都有关系，是工作过程中的关键。那些处理工作如鱼得水的员工，大多跟同事关系很好，人脉资源丰富，很会与别人相处。

这样的员工很适合处理与业务相关的工作，他们更容易与客户建立亲密关系，而且更能察觉客户的细微需求。

2. 批判性思维能力

批判性思维能力包括在某种情境中找出问题，通过研究搜集证据，

评估解决问题的方法，最终找到解决办法。

具有较强批判性思维能力的员工擅长独立工作，具有探究精神，喜欢迎难而上，敢于质疑现有方案。管理者将一些难解决的问题交给他们，可能会收到不错的解决方案。

3. 领导及影响力

领导能力包括制定目标、带领其他员工的能力。拥有领导力和影响力的员工往往都有不错的大局观，而且自身工作能力不错，还很受其他员工敬重。管理者可以将这类员工当作接班人来培养，让他们参与团队管理，做团队管理的“二把手”。

4. 团队协作能力

团队协作能力是指能促进团队成员互相合作、彼此协商的能力。具有较强协作能力的员工也许自身能力一般，但特别擅长与他人合作，有他们在的团队联系紧密、士气高昂，能创造奇迹。这样的人是团队中不可或缺的存在，就像纽带一样能连接起所有员工。管理者应该让这些员工多做需要两人或多人合作的工作，让他们发挥调节作用，降低团队内部发生矛盾的概率。

5. 生活管理及自我调节能力

生活管理及自我调节能力包括时间管理、适应变化、财务管理、控制情绪等能力，主要与员工对时间的利用以及自律能力有关。一个有条理且客观理智的人更能处理好大部分工作，也更能注意到工作细节。管理者可以将一些紧急或烦琐的工作交给这类员工，因为他们对意外事件的把控能力很强，更擅长处理突发状况。

管理者在管理过程中很容易被一些“看似不错”的表象迷惑，其实管理工作就像种田，哪个时节种什么、用什么工具种等，都需要管理者深思熟虑。只有仔细了解每一粒“种子”，才能用最少的“土地”，收获最多的“粮食”。

1.2.4 整理和复盘，向上汇报工作结果

汇报工作是团队主管重要的工作内容，有些团队主管不懂汇报，不但委屈了自己，还损害了整个团队的利益，辜负了整个团队的努力。那么，团队主管应该如何汇报工作呢？

1. 不可越级

如果团队主管越过直属上级直接向一把手汇报工作，就会把自己的直属上级放在一个很尴尬的位置。因为中间环节沟通空缺，可能会导致沟通断层，也会让你和直属上级的关系变得紧张。因此，团队主管汇报工作时一定要先征求直属上级的意见，就算有问题要向一把手汇报也要先与直属上级沟通，待得到同意后，再自行汇报或跟直属上级一起去汇报。

2. 把握时间

直属上级的时间与我们的时间也许并不契合，或许你有空时，直属上级刚好在忙。所以，团队主管最好不要有事没事就去汇报，最好将那些不重要的事项合并汇报，汇报时要直奔主题，说清重点即可，以节约双方时间。

另外，上午九点至十一点是最佳汇报时间，除非有急事，最好不要在下班前打扰直属上级，毕竟谁也不想临时加班。

3. 了然于胸

汇报内容一般由思路、结果、问题三个要素构成。团队主管根据工作进展，要理清楚自己想汇报哪些内容，并就这些内容做足功课，以便应对直属上级提问。直属上级一般最关注工作中存在的问题，团队主管需要至少准备两种备选解决办法，让直属上级知道你有自己的思考。

4. 切莫贪功

有些团队主管喜欢为自己邀功，出问题的事就推给普通员工，这是

没有担当的表现。把团队的工作成果据为已有，恶意抹杀他人的付出，这样的团队主管是不“长命”的。大多数上级领导都是从普通员工一步步上来的，他能从不经意的一件事推测出实际的工作情景，即使表面上不说，心里也早有成算，那些小聪明会让领导降低对你的印象分。

5. 注重礼仪

除了汇报的具体内容，团队主管还要做好汇报的“表面工作”，它不仅能提升领导对你的印象分，还能提升领导对团队的印象分。首先，应着装整洁得体；其次，注意敲门关门等细节问题；最后，记得拿个小本子把领导的意见记录下来，以展示你对工作认真负责的态度。

还有一些团队主管，工作起来自信大方，一到了领导房间就唯唯诺诺，生怕讲了不该讲的话。这种情况在一些新任团队主管身上时有发生，要尽力去克服，只要做到大方有礼即可，不要太关注表现细节，因为这样反而会显得自己局促不安。

1.3 团队领导者的六种类型

团队管理者根据自身管理特点不同，可以分为指令型领导、领跑型领导、愿景型领导、亲和型领导、民主型领导、辅助型领导。他们在管理上各有长处也各有短处，管理者需要有所取舍地去借鉴。

1.3.1 指令型领导

指令型领导是指那些偏爱“一言堂”决策方式的管理者，他们希望团队的员工能100%按照自己的指令去执行任务，不要提出多余的想法。

这类管理者的优势是在公司面临特殊情况（如需要扭亏为盈、恶意收购等）、紧急状况，亟须有人力挽狂澜时，能用自己的高执行力迅速拟出解决方案，并打破过去束缚公司的条条框框，鞭策团队员工提高执行效率，以最快的时间组建一支强有力的攻坚团队去救急。

然而，这类管理者留给员工发挥的空间很小，工作中几乎没有灵活性，基本是管理者怎么说员工就怎么做。这种风格对员工的责任心和积极性有严重打击，甚至让员工失去被尊重的感觉，其结果就是员工很难认同公司的目标和价值观，对团队没有忠诚度。

指令型领导大多出现在创业公司。在公司初创阶段，人才、资源有限，发散性的执行对公司并不是一件好事，这样的方式反而能把有限的人才和资源聚集在一起。但时间长了，这些管理者很容易受限，在团队人员变多时，会经历一阵离职人数激增的阵痛。所以，很多创业公司在中后期会对管理方式进行改革，融入更多人性化的因素。

1.3.2 领跑型领导

领跑型领导是指那些会制定极高业绩指标，而且以身作则，对自己和其他同事都有高要求的管理者。他们致力于提高工作质量和速度，是名副其实的工作狂，而且对那些表现不佳的员工，他们会毫不留情地替换掉。

这类管理者的优势是能为员工做出表率，有效激发员工的工作热情。团队员工在他们的带领下也会充满干劲，而且因为管理者身先士卒，员工也很少会抱怨，团队整体能保持一往无前的冲劲。

然而，这类管理者“魔鬼”般的高标准和严要求，很多员工会吃不消，自信心会严重受挫，觉得自己已经很努力了，却还是赶不上领导要求。有些管理者自己可能了解工作方式方法，但从不清楚地讲出来，认为下属干得多了就能自己体会，结果下属努力很久，却不得其法，工作越来越吃力。

领跑型领导常见于一些技术岗位，他们喜欢大小事情亲力亲为，不太介意自己的身份，也没有厘清哪些事情不该由他们来做。跟着这种管理者能学到很多经验、技能和知识，但一旦他们参与多了，会认为事情如果没有他们的参与，效果可能会不好。他们不再放心将事情交给员工全权负责，从而开始参与到细节里，忽略一些原本属于他们的职责。

管理者可以在新项目或难度较高的项目中扮演领跑型领导角色，但这种管理风格不适合长期使用。团队如果过于依赖管理者，不仅会让管理者感到疲惫，还会降低员工的主动性。

1.3.3 愿景型领导

愿景型领导是指能让员工清楚地知道自己的工作是团队目标的一部分，善于为员工树立长远目标的管理者。他们不会过问员工如何达到目标，会给员工充分发挥才能的空间。

这类管理者的优势是他们几乎适合所有的团队，是六种风格中最有效的，对提升组织氛围有积极的促进作用。他们能让员工感到自己是团队的一部分，从而帮助员工达成共识，凝聚人心。在公司发展失去方向时，这类管理者还能为公司描绘新的方向，给员工带来新的希望。

然而，这类管理者过于热衷树立愿景的工作方式，可能会被一些经验丰富或比较务实的员工认为不切实际，只会纸上谈兵。管理者要注意，如果你谈的愿景没有能力去实现，就不要给你的团队员工太高的期望，否则会失去员工的信任。

管理者必须在公司发展的某个阶段扮演愿景型领导角色，以此帮助员工树立目标，让他们更有凝聚力。但管理者绝对不可以长期只扮演愿景型领导角色，因为愿景最终还是要落地的。当团队有了一个全员认可的美好愿景后，管理者就要转换成领跑型领导来带领团队实现愿景。

1.3.4 亲和型领导

亲和型领导是指事事以员工为中心，认为人比工作更重要的管理者。他们会像朋友一样关心自己的员工，事事亲和周到，跟员工打成一片。

这类管理者的优势是很会和员工沟通，从不吝啬表扬之词，让员工有较高的归属感，从而保证团队的和谐。而且像朋友一样的相处模式，可以增强员工对管理者的信任，在这种环境下，员工会更愿意尝试一些革新性的想法。

然而，这类管理者的管理风格往往不够“强硬”，经常是只有奖没有罚，员工会认为自己平庸的表现也可以被接受，从而懒得寻求突破和改变，在遇到复杂问题时，很容易迷失方向。

亲和型领导很容易获得下属的爱戴，很容易把团队凝聚在一起，甚至让员工在危机时还能对团队不离不弃。但单纯的亲和力是无法促进团队持久发展的，它需要与指令型领导的强硬、领跑型领导的高要求或愿景型领导的规划配合运用，这样才能发挥亲和力最大的效能。

1.3.5 民主型领导

民主型领导是指会花时间了解员工的想法和意见，善于集思广益的管理者。他们经常鼓励员工发表自己的看法，或对项目解决方案进行头脑风暴，尽可能地开发员工的潜力，培养他们的创新能力。

这类管理者的优势是能使员工对工作有较高的参与度，更有责任感。而且管理者充分听取员工的建议可以让员工有为自己工作的感觉，更能使员工保持高昂的士气。

然而，这类管理者在员工能力不足时，就很难发挥作用了，甚至很难通过集思广益找到解决问题的办法，有时长时间开会，也得不出有效的结论。这些管理者因为要达成和大多数人的共识，所以决策和执行进度都会比较慢。

民主型领导看似和指令型领导是相反的风格，但这并不代表一位管理者不能同时扮演两种角色。在需要听取意见时，管理者可以是民主型领导；而当意见太多，没有头绪时，管理者就要成为指令型领导做出最终决定。

1.3.6 辅助型领导

辅助型领导是指专注于人才培养，而不要求员工立即出成果的管理者。他们注重发掘和培养新员工，更关注整个团队的长远发展。

这类管理者的优势是他们适合各种各样的团队，而且从头开始培养的团队默契度和凝聚力都很高，团队很稳定。

然而，这类管理者的管理方式见效慢而且乏味枯燥，因为不关注业绩，短时间内对公司的帮助不大。而且这些领导只有在员工欣然接受的情况下才有效，否则会激起员工的逆反心理，引发更多矛盾。

虽然每家公司都没有明确规定管理者必须辅导下属，但很多优秀的管理者都扮演过辅导型领导角色。他们在日常工作中指导员工提高知识和技能，帮助员工纠正错误，从而提高团队的产出质量，可惜因为见效慢和缺乏辅导能力等问题，这类管理者是六种管理者中领导力最薄弱的。

当然，很少有人能集六种管理风格于一身，甚至将这些管理风格运用得当的管理者都很少。虽然如此，管理者依然需要形成自己的管理风格。在充分了解这六种风格的适用团队及可能造成的负面影响基础上，更好地融合不同风格的优势，并将其运用于管理实践中，从而提高管理效率。

1.4 为什么我的团队带不好

很多管理者愿意也经常思考团队的管理方式，但是在试过很多方法后团队的状况并没有好转。这可能是因为管理者的团队有些“缺陷”，才导致团队久久没有起色。

1.4.1 用人不察，才不配位

识人、用人是管理者的基础能力。有识人之明并且任人唯贤，这个团队的风气就会非常好，员工只要努力工作就有出头机会，不用去钻营人际关系。相反，如果管理者用人不察，甚至任人唯亲，让一些只会溜须拍马、才不配位的人大行其道，该团队必将受困。

A公司是计算机领域的翘楚，创造过辉煌的业绩，实力可与一些大公司分庭抗礼。然而，在公司转型重要时刻，创始人老张没有选择最了解公司业务的员工做接班人，却选择了自己的儿子小张负责改革计划。他认为，只有把自己亲手创立的公司交给儿子才放心。

小张接手公司后，因不了解业务，一年亏损了4亿美元，公司股票价格下跌90%。而且因为老张任人唯亲，公司创立时期的元老级骨干们纷纷离职，带走了大部分资源。经验较少的新员工只琢磨着如何哄得小张高兴，没人再用心钻研业务。A公司每况愈下，不得不申请破产，结局令人唏嘘。

可见，如果当时老张将接力棒交给骨干员工，而不是自己的儿子，那么，A公司恐怕将会是另一番景象。用人不察是管理的大忌，轻则会让团队离心，重则会带坏风气，动摇整个团队的根基。管理者要检查自己团队中有没有凭关系"上位"，才不配位的员工，如果有就要尽快调整，重新构建公平的团队竞争环境。

1.4.2 目标不清，计划多变

管理者作为团队掌舵者，要有大局观并且思路清晰，心中有总体设想，对几步甚至几十步之后的事都要有所规划。跟随这样的领导，员工不会迷茫，团队目标清晰，更容易完成任务。相反，如果管理者想一出是一出，没有明确的目标，就会消磨员工的干劲，从而让团队成员牢骚不断，抵触情绪滋生。

有个人经过建筑工地，问石匠们在干什么。

第一个石匠回答："我做的是养家糊口的事，混口饭吃。"

第二个石匠回答："在为成为整个国家最出色的石匠做准备。"

第三个石匠回答："我正在建造一座大教堂。"

三个石匠的回答透露了三个不同的人生目标。

第一个石匠说自己在做养家糊口的事，证明他是一个短期目标导向的人，只看见了自己的生理需求，没有远大抱负。

第二个石匠说自己想要成为全国最出色的石匠，证明他是一个职能思维导向的人，只考虑本职工作，从工作本身思考自己未来的规划。这样的人很少会为了完成团队的要求而主动做出改变。

第三个石匠说自己在建造一座大教堂，证明他是一个长期目标导向的人。一个人先有大目标，然后围绕大目标一步步工作，最终成就一番事业，这是具有经营思维的人。他们会把个人目标和团队目标相联系，从实现团队整体价值的角度规划自己的发展目标，这样的员工能走得更远。

"现代管理学之父"彼得·德鲁克曾评价说，第三个石匠才能成为管理者，他用自己的工作影响着团队的绩效，在做石匠的时候就看到了自己的工作与建设教堂的联系，这种人的大局观难能可贵。

一个管理者如果自己缺少明确的目标，做事没有规划和远见，是不可能带领团队走太远的。管理者可以自查一下自己的团队是不是三天两头换目标，或者自己常让员工去执行未经仔细思考的想法。如果有，管理者就有必要调整管理思路，重新为团队制定明确清晰的系统化目标。

1.4.3 责任模糊，无人负责

聪明的管理者会在工作开始时就划分好责任归属，目标是明确责任分工，让员工知道自己要对什么负责，哪些事该找哪些人。如果管理者没有做这个工作，团队中很容易出现推卸责任和事后扯皮的现象。

B公司正值改革关键期，高层领导希望能拓展新业务，但经过多次会议讨论都没有决定下来将这个工作交给谁来负责。公司很多人听到这个风声之后跃跃欲试，有想要主动请缨的，也有暗中调研的。

小梦来B公司已经有两年时间了，工作能力不错，一直想争取晋升机会。小梦听到这个消息后，也想在领导面前表现一下，证明自己的能力。于是她在没有得到领导许可的情况下，悄悄开始行动，着手做新业务。因为新业务没有之前的案例作为参考，结果小梦在与客户沟通的时候，曲解了对方的意思，丢掉了客户，给公司造成了很大损失，最后被解雇。

案例中的小梦就是在权责不明的情况下贸然行事，结果不仅没有获得晋升，反而丢掉了工作。管理者在日常管理时也要注意，每项工作都有失败的风险，如果没有事先明确责任归属，工作失败了，事后可能出现任何一个人都不想负责的状况。毕竟大家都想获得奖励，不想接受惩罚。长此以往，员工会缺乏主动性，工作时只想着怎么规避责任，而不思考优化的方法，这样的团队很难进步。

管理者要注意，如果团队中有责任不明的现象，要尽快调整，培养员工的责任意识，刺激他们主动寻求改善工作的方法。

1.4.4 标准含糊，考核不公

大部分人努力工作的动力就是获得丰厚的回报，奖金和加薪是员工最期待的奖励。但如果管理者没有制订公允的考核标准，或者没有严格按标准执行，奖励和惩罚全凭自己的主观判断，那员工定然会产生质疑，进而不服，然后不满。下面是在日常管理中常出现的考核不公问题。

1. 平均主义严重

小 A 从自己任职 5 年的公司离职了，原因是不服身边有些无能的人拿着和自己差不多的工资。小 A 的公司给员工开出的工资并不低，甚至可以说在业界非常有竞争力，但公司的绩效考核制度却基本是个“摆设”，业绩最好和业绩最差的员工月工资只相差 200 元。一些员工觉得干得好和干不好区别不大，就明目张胆地偷懒，让一些像小 A 一样努力工作的员工寒心辞职。

2. 只看利润

小 B 是一家公司的总经理，他最近提拔了公司的销售冠军小 C 做销售总监。但后来他发现小 C 虽然销售业绩突出，但对市场的洞察力一般。小 C 最近策划的几套方案都不理想，自己也大受打击。小 B 经过反思认为销售对小 C 来说才是最合适的工作，但如果把他调回原职，小 C 很可能会因为“丢了面子”而辞职，让公司损失一个重要人才，小 B 陷入苦恼之中。

小 B 在提拔销售总监时考核标准单一，只看到了利润，认为业绩好的人就能做好管理，完全忽略了销售总监所需要的其他能力，导致把销售人才小 C 放在了不合适的位置上。

3. 倾向于“人脉”评价

团队新提拔上来的领导小 Y 最近遭到了很多员工投诉，大家都认为他没有突出业绩，只是跟上一任领导关系好，才被提拔成了领导。小 Y 的领导在离开前很喜欢在团队里讲人情关系，重用跟自己关系好的，疏远跟自己关系差的，评价员工全凭自己的主观想法，结果导致自己选上来的接班人小 Y 完全不能服众。

4. “死磕”考核条例

小 D 认为自己公司的考核制度太严苛了，甚至有些死板。例如，公司参评储备干部的条件之一是必须每月全勤。如果当月请了一天假，就不能参选。但有些员工平时十分优秀，只是由于在一些小事上不符合规定就错失机会，反而让一些平时虽然不请假但能力不达标的人成了储备干部。小 D 的公司因为体制僵化，考核设置不合理，流失了很多人才。

新东方集团董事长俞敏洪曾说过：“考核机制不公平，一定是最糟糕的人留下。”确实，公正的考核制度能激励员工为公司创造更大价值，否则考核制度就会成为团队形成凝聚力的最大阻碍，动摇团队成员之间的关系。管理者要经常检查团队的考核制度，确保让员工的付出和收获成正比。

1.4.5 事必躬亲，不知放权

一些技术人员出身的管理者特别爱犯“大包大揽”的错误，总觉得具体工作必须自己参与了才放心，员工做完了总要自己再复查一遍或者干脆自己去主导工作的执行。拥有这样心态的管理者会很累，还经常觉得员工能力不足，身边无人可用。殊不知，是自己没有给员工学习的机会，因为得不到锻炼，员工也心存不满。

“为什么我手下的人什么都不会，小事都做不好，做出来的东西根本不能用。带这个团队真费劲，还不如自己一个人干。”小舟自从升任了团队主管，就经常跟朋友这样抱怨。

小舟是一个工程师，生性好强的他进入公司后很努力。英语不好就每天早晚坚持练习，技术掌握不好就没日没夜地查资料学习。他的努力也没有白费，他流利的英语和扎实的专业技术帮助公司接到了一个大项目。项目进行很顺利，小舟凭借这个项目，成为新科室的经理。

但是小舟却觉得做管理太累，不如做技术轻松。他认为做技术只要管好自己就可以了，带团队还要教别人怎么工作，实在是心力交瘁。小舟在工作时很少跟员工讨论自己想要什么，也没有在讨论会上发表过意见，一般都是简单告诉员工工作流程，很少说明具体的工作方法。员工经常在工作中出错，小舟也没有去及时纠正，只觉得他们能力不行，干脆自己重做一遍。久而久之，员工工作的大小细节，小舟都要“把关”，自己的工作越来越多，手下员工却没有一个能替他“分忧”的。

小舟其实并没有做好从一个优秀员工向优秀管理者转变的准备。大部分新上任和业务能力比较强的管理者经常会犯事必躬亲的错误。他们经常用自己的水平去衡量员工的水平，认为不需要多加说明，下级员工自然而然就能领悟他的意思。然后员工努力完成了工作，结果管理者发现压根就不是自己想要的，把员工狠狠批评一番了事。管理者还很委屈：“我这团队不行，什么都做不好。”员工也委屈：“领导什么都不说，辛苦做出来的东西被贬得一文不值，下次不如应付了事。”

然后，这些领导就变得什么都要管，亲力亲为，总觉得不能放权给员工，怕他们做错了，还要自己“背锅”。管理者会越干越累，而且因为没有把精力放在重要项目上，很难出成绩。而他们手下的员工完全施展不了自己的才华，长此以往，员工就退化成只会执行的“工具人”。末了，还会抱怨领导管得太多。

这是一个恶性循环，管理者管得越多，员工越边缘化；员工越边缘化，管理者就要管得更多，最终双方都得不到成长，团队也很难进步。所以，管理者带团队要学会放权，这样才能激发团队活力。管理者要时常反思自己参与的工作是不是真的有必要，尽可能把一些与管理无关的工作全权交给员工去做，给员工成长的空间。

第 2 章

知人善任：聪明的领导者要学会人尽其才

团队管理者就像一个运筹帷幄的将军，将普通员工放在最合适的位置上，尽可能发挥他们的优势，让团队拥有更强大的力量。因此，学会知人善任对管理者来说意义重大，管理者要从选人、知人、用人、留人四个方面优化人才配置，赋予团队更大的效能。

2.1 选人：从源头把握人才质量

选人是知人善任的第一步，只有从源头把握人才质量，任用真正优秀的人才，才能减少培养人才的时间，让接下来的用人过程更加顺利。

2.1.1 敢于选择比自己优秀的人

优秀的管理者不怕使用比自己能力更强的员工。能力强的员工能让团队更有思想活力和创新意识，还能提升团队的执行力。一个实力雄厚的公司，定然不能缺少优秀的人才。把优秀的人才吸纳到自己的团队，可以使自己少一位强劲的竞争对手，多一位优秀的合作伙伴。

美国马瑟公司总裁奥格尔维在公司出现问题时，曾召开过一次董事会议。在会上，奥格尔维在每位董事面前放了一样的娃娃。董事们一脸疑惑，奥格尔维说道："大家打开娃娃看看吧，这里面是你们自己。"

董事们打开娃娃后发现，大娃娃里面有个中娃娃，中娃娃里面有个小娃娃，里面的娃娃一个比一个小，最后一个娃娃里面有一张纸条：如果你雇用的人比你弱小，我们的公司将是一个侏儒公司；如果相反，我们的公司将是一个巨人公司。

这场会议给每个董事留下了深刻印象，经过反思，董事们开始尽力使用比自己更有才华的人，马瑟公司也因此越变越好。

可能在管理者心中，能力比自己弱的人更好管理。但如果一直使用比自己弱小的员工，那么团队就很难储备更优秀的人才，又何谈发展壮大呢？因此，管理者应该是众多娃娃中最小的一个，只有不断吸引比自己更大的娃娃加入团队，才能让团队驶入发展的快车道。这就是著名的奥格尔维定律。

安德鲁·卡内基曾是举世闻名的“钢铁大王”。他之所以获得这个称号，是因为他敢于任用比自己强的人，用他们的特长来帮助自己。

齐瓦勃原本只是卡内基钢铁公司的一位普通工程师，但当卡内基知道他的管理才能后，马上提拔他当了布拉德钢铁厂的厂长。因为有了齐瓦勃的管理，布拉德钢铁厂成为持续盈利的钢铁厂。几年后，卡内基又任命齐瓦勃为钢铁公司董事长，齐瓦勃就这样成了卡内基钢铁公司的灵魂人物。

在齐瓦勃担任董事长的七年间，钢铁公司井井有条。一天，当时的美国大财阀摩根表示，希望与卡内基联合经营钢铁生意。卡内基把相关资料交给齐瓦勃，让他按照上面的内容去和摩根谈合作。齐瓦勃看过资料后对卡内基说，如果按照上面写的去谈条件，就会损失很多钱，我的调查应该比你的更加详细。最后，经过对比，二人发现齐瓦勃的调研果然更详细，于是卡内基全权委托齐瓦勃与摩根谈判，最终取得了有绝对优势的合作条件。

卡内基因为任用了管理天才齐瓦勃，使他的钢铁公司日益壮大。一个公司或团队希望得到发展，希望获得影响力，内部必须保持生机与活力。管理者要敢于任用更优秀、更能干的人才，聘请一些比自己还有特长的人才，不要害怕管不住对方。管理者只有拥有广纳贤才的胸襟和度量，才能使团队的发展越来越好。

历史上楚汉争霸中，刘邦本身不擅长打仗，他能够赢得天下，是因为他手下有张良、萧何、韩信这些人才。还有大家耳熟能详的刘备与诸葛亮，刘备放下身段三顾茅庐请诸葛亮出山，最终得以在群雄逐鹿的时代抢得一席之地。因此，对于一个团队的管理者而言，要想团队不断壮大，就要找到比自己优秀的人才，敢用人、用能人。

2.1.2 品德优先，能力第二

团队里会存在五种人：第一种，能力强，人品好，是公认的精英；第二种，能力一般，人品好，是公认的好人；第三种，能力强，人品一般，是公认的“刺头”；第四种，能力差，人品差，是公认的“废品”；第五种，能力超强，人品超差，是公认的“毒品”。

在一个团队中，人品比能力更重要，一个人如果能力差一点还可以培养，但如果一个人能力非常强，却品德败坏，那他就可能成为团队的隐患，甚至会断送一家公司。

巴林银行是英国历史最悠久的银行之一，被称为英国银行界的泰斗。1995 年 2 月 27 日，国际金融界传出令人震惊的消息：曾一度排名世界前六的巴林银行宣布倒闭。人们都好奇到底是什么原因造成了这一悲剧。

造成巴林银行倒闭的直接原因是：新加坡分行的交易员尼克·里森赌输了日经指数期货，还利用多个户头掩盖损失，最终导致巴林银行以 1 英镑的价格，被荷兰皇家银行收购，更名为霸菱银行。

无论是多么强大的公司，一旦雇用了品德有失的人，就相当于给团队埋下了一颗深水炸弹，随时可能波及公司安全。人才是公司最大的资产，但用人不当，也会让人才成为公司最大的负债。因此，世界上一些大公司都将品德作为重要的选人标准。例如，摩托罗拉公司的应聘者如果品德不符合公司要求，那么他的专业背景再好，也不会被录用。

微软公司前副总裁李开复曾说：“我把人品排在人才所有素质的第一位，超过了智慧、创新、情商、激情等，我认为，一个人的人品如果有了问题，这个人就不值得一个公司去考虑雇用他。”

很多著名公司都秉持这样的用人原则：有德有才，破格提拔；有德无才，培养看看；有才无德，观察一阵；无德无才，坚决不用。

团队选人之所以要看重品德，是因为能力可以培养，但品德却无法培养。一个品德有问题的人，处理工作的底线比较低，更容易犯原则上的错误，也很难处理好跟同事的关系。

有些管理者选人时只看中能力，总是认为能力是基础，处理工作主要靠能力，而品德是“虚”的，对团队发展没有多少实际价值。这种看法显然是错误的。能力是做好工作的基础不假，但品德是能力的灵魂和向导，一个人若失去了灵魂，失去了原则和底线，那么他的能力越突出反而会让人越恐惧，因为这个人很可能会犯下更大的错误。

因此，管理者若想保证团队长远发展，就一定不能忘了考察员工的品德，以免给团队发展埋下隐患。

2.1.3 年轻和有经验哪个更重要

管理者在选人时常会有这样的苦恼：是选初出茅庐的年轻人，还是选有一些经验的职场人？年轻的应届生一般要求的工资不高且家庭负担较小，能给团队带来新气象；而有经验的职场人接触过相关的工作，工作容易上手，更容易融入团队。

大部分管理者在经过权衡后，还是会选择有经验的人，哪怕他们的学历背景不如应届生，这是为什么呢？

现代社会产品生命周期变短，很多新产品在推出后半年就被淘汰了，每个人每天都要面临各种新的挑战，而且没有任何一家公司会让员工天天处理一样的问题，每个人在刚开始做一个项目时，都是不熟悉的，做完之后才能熟悉。熟悉了这个项目之后紧接着的是另一个新项目，而不是把已经做过的项目再做一遍。因此，有经验的人和没经验的人其实都需要从头学习。但管理者之所以倾向选择有经验的人，是因为有一些职场经验的人比完全没有经验的年轻人在以下三个方面更有优势。

1. 基本功的差异

基本功的差异是指工作中必备技能的熟练程度。学过和能实际运用是两码事，学校考的是对知识的理解和记忆，而工作岗位要求熟练运用知识。这时，有经验和没经验的人就有了区分，有经验的人倾向于应用式学习，学完的知识能很快上手操作，也更容易掌握新技术；而没经验的人有较重的学生式思维，更倾向于记忆知识本身，使用知识依然很吃力，所以他们还需要学习一些实际操作技巧，无形中要比有经验的人付出更多时间，出错概率也更大。

2. 性情的差异

性情的差异决定了员工在遇到问题时的反应。没经验的人遇到问题时，会不太冷静，会发脾气，会厌烦，甚至会失落放弃，觉得自己做不了这方面的工作，也就是说他们很难客观地面对问题，更容易被问题限制。而有经验的人遇到问题时会比较冷静，因为他可能早已经历过类似的问题或曾经在高压情况下处理过棘手的工作，心理承受能力比较强。这些人在刚开始遇到问题时也会有负面情绪，但他们会快速调整自己，寻找解决办法，预判后果的严重性以及时止损。所以有经验的人更容易找到解决问题的办法，把工作处理得更完美。

3. 稳定性的差异

大部分应届生的第一份工作只能持续几个月，而工作几年的人一般不会轻易离职。这是因为有经验的人对自己的职业规划比较明确，换工作更加慎重。另外，有经验的人对职场中一些“不舒服”的事适应能力比较强，如工作压力增加、加班、同事关系不好等。而没有经验的人还没有完成从学生到职场人的转变，对工作的想象过于理想主义，对同事突然的发难没有应对经验，不能很好地融入团队，久而久之，这些人就想逃离这个环境。

然而没有经验的应届生也不是完全没有优势。应届生的忠诚度和可塑性比较高。应届生一旦留在了公司，那他将来很可能一直留下去。另外，应届生就像一张白纸，团队可以完全按照自己的想法来培养，最终能得到和公司理念高度一致的人才。如果管理者想要从头组建一个团队，不妨试试吸纳没经验的应届生。但是如果团队需要立即开展工作，就要选择有些经验的人，虽然一时的工资成本较高，但团队不用花费时间和资源去培养，长远来看成本其实是比较低的。

2.1.4 为什么不用“空降部队”

有些团队管理者喜欢在团队发展的重要时期任用“空降部队”，认为这样能给团队注入新的活力。所谓“空降部队”，就是从团队外部聘请的管理层或技术骨干，他们自身能力很强，甚至在业界非常有名。有些管理者把这些人当作改革利器，殊不知盲目选择“空降部队”，也可能造成团队内部混乱。

小刘是一家公司的HR，公司这两年迅猛发展，公司的骨干员工都是实干家，虽然执行力超强，眼界和管理能力却跟不上公司发展，所以小刘和总经理商量后开始寻找人才。小刘找到了本行业优秀的人才，前前后后来了不少，却没有一位能留在公司超过1年的，最短的只待了1个月。这些人才不仅没能为团队带来新气象，还弄得团队内部怨声载道。

公司的骨干们都在私下抱怨："老板看不上自己人，公司刚有起色就过河拆桥。我们这些老员工为公司服务十几年，还没有人家一个专家头衔好使。他们是专家，那活儿都让他们干吧，以后再有问题别找我们了。"

这些外聘人才也叫苦不迭：团队里都是"老古板"，对管理工作完全没概念。而且自己在公司根基不稳，老员工又不配合，什么工作都不好开展。

而最倒霉的是基层员工，他们被新领导弄得晕头转向。今天A总上任说自己带来的是最新的管理理念，本以为找到了工作目标，结果工作做到一半，A总就离职了。然后，新来的B总，又把A总之前说的全部推翻，按B总说的做到一半，结果B总又辞职了。周而复始，员工们每天都在重复没有意义、没法落地的事情。

HR小刘也很失落，她物色一位"空降兵"其实并不容易，需要长期跟踪维护，费尽心思，结果人没干多久就辞职了，白费功夫不说，还引来了许多员工的抱怨。所以她有时也会跟总经理抱怨："要的人找到了，非常优秀，就看你能不能留住了。"

"空降部队"反复"阵亡"对团队损耗很大，实力雄厚的团队还能承受住，根基不稳的初创公司可能会因此面临灭顶之灾，经济和文化上的损失都是他们无法承受的。其实，并不是说不能用"空降部队"，也不是说团队必须有优秀的出身才能请"空降部队"，而是管理者不能只看名气和阅历，而是要选择思维活跃，适合自己公司的"空降部队"。

1. 能力强

无论"空降部队"在什么知名公司工作过、职位如何高端，都要充分了解团队的情况，能干活、能出绩效，而不是生搬硬套所谓的新理念。

2. 降成本

使用“空降部队”往往都成本不低，管理者在选择的时候要慢点，掂量一下自己的团队能否负担得起人家的薪酬。另外，不要拿老员工的福利去补贴“空降部队”，寒了老员工的心。

3. 懂业务

“空降部队”的核心能力是提升业务的能力。这要求他们能快速理解业务、快速理解团队，而不是总在津津乐道自己过去已取得的成绩。

2.2 知人：你真的了解你的员工吗

知人是知人善任的第二步，管理者只有足够了解自己的员工，才能为他们做出最恰当的安排，提升整个团队的工作效率。

2.2.1 没事多与员工聊聊人生

许多管理者喜欢公私分明，与员工只谈工作，这样的沟通方式其实存在一些弊端。管理者与员工的关系疏远，不利于管理者充分了解员工，帮助员工提升各方面的综合能力。因此，管理者没事要多与员工聊聊人生，拉近与员工的距离，以了解他们的人生目标和发展方向，也就是常说的帮助员工做职业规划。

什么是职业规划？职业规划相当于未来工作的一个预备表，表示自己在未来一段时间内将完成某件事情。职业规划是个人在职场中为自己设立的目标，管理者通过员工的职业规划可以明确很多有价值的信息，如图 2-1 所示。

图 2-1 管理者通过了解员工的职业规划可以获得的信息

1. 员工发展心态

大部分员工的职业规划都呈现出奋斗的姿态，有些人的积极向上是真的想要开创一番事业，而有些人的积极向上只是一种托词，实际上他对自己接下来要做什么并没有明确的规划。因此，管理者可以从员工的职业规划中看出他们的心态，即他是不是真的想更上一层楼。

2. 员工思维理念

管理者在和员工聊职业规划时，不要把场面弄得太正式，最好就像和朋友聊天一样。一是避免员工早有准备，尽可能听到员工的真实想法；二是考察员工思维理念，看他们适不适合作储备人才。

所谓的思维理念就是指逻辑思维能力，很多员工在突击式检查时很难把自己的职业规划有条理地告诉领导，即使之前有过思考，可突然之间进行复盘，很多人就会出现逻辑混乱的情况。相反，那些能在这样的时刻头头是道地诉说自己主张的人，肯定已经在心中反复将职业规划琢磨过了，而且逻辑思维能力比较好，更适合成为储备人才。

3. 职业方向定位

职业方向是指员工对自己未来发展的自我定位，即自己朝哪个方向走，最终要成为怎样的人才。例如，一个员工想在两年之内晋升为部门主管，那么两年和部门主管这两点就是员工对自己工作的时间定位和职位定位。

管理者通过员工在职业规划中对自己的定位可以看出，员工对自己未来的目标有没有明确的执行措施。如果员工的职业方向定位非常模糊，管理者可以适当敲打他：“你未来两年想取得什么成就（或你未来两年想有什么收获）？”

清晰的职业方向定位证明员工不仅有目标，还有清晰的实现目标的方法，这样的员工既有大局观又有执行力，是非常难得的人才。

2.2.2 员工没你想的那么差

在一份关于职场员工跳槽原因的调查统计中，薪水太少只排在了第五位，而排在前四位的分别是没有受到尊重、没参与组织决策、意见没有受到重视以及付出的努力没有得到回报。由此可以看出，给钱少并不一定是员工辞职的主因，没有实现自我价值才是。在日常工作中，管理者经常会限制员工的创新行为，理由是员工太差了，其实员工没有管理者想的那么差，而是管理者没有增加他们工作的内生动力，员工认为在为别人工作，自然缺乏激情。

以著名的本福尔德号为例，迈克尔·阿伯拉肖夫舰长在接管本福尔德号时，这艘导弹驱逐舰虽然拥有先进的装备，但工作效率低下，士气低迷，大部分士兵都想提前退役，尽快离开这个令人讨厌的地方。

阿伯拉肖夫舰长的管理方法简单来说就是从执行者的角度确立目标，让每位士兵认为这是自己的船。经过调整，以往散漫的士兵很快学会了遵守纪律，仿佛一夜之间大家都找到了方向。阿伯拉肖夫舰长发自内心地尊重和信任士兵，让每个人明白：这是你的船，你干得好船才能好，船好你才会更好。如此便发挥出了士兵最大的潜力。那么，阿伯拉肖夫舰长是如何做的呢？

1. 最糟糕的士兵也不是无药可救

本福尔德号上有个叫埃利奥特的军官，是被另一艘战舰上的人排挤过来的，原因是他有些过于自信，遭到了很多人的妒忌，导致他经常受到羞辱。然后，他被上司以“不能胜任工作”为由驱逐到了本福尔德号上。

阿伯拉肖夫舰长却觉得埃利奥特是个最有天赋的军官。他年仅23岁，却能背诵并理解整本海军手册，还能清晰地解释海军部队的整个运作流程，比很多有经验的老军官还要优秀。他唯一的缺点就是太过年轻，不懂与其他士兵相处，因此才有了之前的遭遇。

阿伯拉肖夫舰长了解情况后，告诉他，本福尔德号上每个人都有自己的尊严，这里没人会贬低他，当然他也不能贬低别人。埃利奥特最终改掉了盛气凌人的毛病，成了本福尔德号上最优秀的军官之一。在服役期满后，他对自己的未来充满信心，因为他知道如何去领导别人并且从未怀疑过自己的能力。

这段故事告诉我们，在职场上，最糟糕的员工也不是无药可救的，管理者不要轻易为他们贴上标签，否定他们的价值。管理者要为员工传递这样的信息："你也许曾犯过错，但我会给你改正的机会，你要抓住机会证明自己。"管理者的这份宽容会让员工更有安全感，从而愿意去努力尝试改变。

2. 从士兵的角度看问题

阿伯拉肖夫担任舰长不久后发现，本福尔德号上的士兵其实都非常聪明，他们有很多绝妙的创意，但是却没有被之前的长官重视。于是他开始营造一种轻松的文化氛围，试图与每一名士兵拉近距离，建立私人关系。

通过谈话阿伯拉肖夫舰长发现，本福尔德号上的士兵家庭条件都一般，其中 50% 的人参军是因为他们的家庭没有能力支持他们读书，而 30% 的人是为了逃离家乡的糟糕环境。这些士兵都是优秀、勤奋的年轻人，因为普通人家的孩子上升通道有限，所以他们希望通过参军来改变命运。

同样，大部分职场人没有优渥的家庭背景，他们加入公司，都是为了养活自己的家庭。因此，作为管理者一定要了解自己员工的背景，为他们提供真正需要的福利，以赢得他们的心。管理者再宏伟的愿景也是需要员工去落实的，如果管理者连员工的出身、背景都不知道，又怎能从他们的角度思考问题呢？

所以，作为管理者，不要总是站在高处空谈大道理、讲情怀，要发自内心地多为员工想一想。当员工发现管理者真诚地为他们着想时，会从心底对管理者产生尊重和信任，这会让团队更有凝聚力和执行力。

3. 公平对待自己的士兵

本福尔德号上有一名士兵由于贪杯，第二天没有随舰起航。因为一个人的缺席，导致整艘战舰陷入危险状态，这不是简单的上班迟到。阿伯拉肖夫舰长没有包庇他，而是按照规定对他进行了增加30天工作日的处罚。

然而，在处罚期间这位士兵的母亲突然病危，他想请7天假回家探望。因为本福尔德号马上要执行长达6个月的海外任务，如果这时不请假回家，他得7个月之后才能见到母亲。可按照部队规定，这名士兵要承担自己的过错，30天内不准离开战舰。最后，阿伯拉肖夫舰长给了他7天假期，但将“禁闭期”顺延了7天。

这名士兵回来后，像变了个人一样，工作特别努力，因为他感受到了舰长对他的尊重，还给了他非常公平的对待，所以他发誓要努力工作回报舰长的信任。后来，这名士兵学会了在敌军各舰之间传输数据的计算机系统。服役期满后，他在阿伯拉肖夫舰长的帮助下，到空中交通控制学校学习，最终以第一名的成绩毕业，成为最优秀的空中拦截控制员。

这个故事告诉管理者，尊重并信任员工，可以激发他的潜能。虽然这名士兵犯错在先，但阿伯拉肖夫舰长并没有对他进行粗暴对待，反而在他母亲患病期间，允许他回家看望，这一行为彻底改变了这名士兵对军队的看法，让他从内心生出了信任感和归属感。

阿伯拉肖夫舰长把握了情与法的界限，既没有让规定为情感让步，又让士兵得到了尊重。所以，这名士兵后期表现出的刻苦训练、超越自我等行为，更多的是来自自我驱动，也就是说这名士兵愿意主动为了战舰而努力，因为他觉得这种行为是有价值的。

在职场中，很多管理者都在思考如何留住人才。大部分管理者把员工离职的原因简单归咎为不想干、跳槽挣高工资等，但实际上有的人跳槽是为了离开自己的上级。可怕的是，很多管理者还没有意识到这个问题。如果每位管理者公平对待自己的下属，不断提高自己的领导力，让团队里的每个人都能感受到温暖，这个团队才能拴住人心。

2.2.3 发现员工的核心诉求

工作是大部分人日常生活的重要组成部分。有些人每天怀着“混日子”的心情上班，这其实是一种很危险的状态，因为这既不能让他把工作做好，又很难让他为团队创造价值。最好的工作状态应该是自我驱动的。因此，管理者要多发现员工的核心诉求，明确他们想要什么，愿意为什么而付出努力，以此来让他们为了团队而自愿工作。

下面是员工在工作中常见的 5 种诉求。

1. 生理需求

人不是机器，不会像机器一样工作，所以不能被当作机器。身体是革命的本钱，透支员工健康换来的效益，是无法长久维持的。

2. 经济需求

经济需求是人们工作的最基本诉求，同时也是管理者的管理利器。现在的员工不喜欢管理者画“大饼”，他更喜欢实际的、能切实改善生活的奖励。

3. 心理需求

团队常见的两种管理特征会压制人的成长需求，一是过于精细的分工，二是命令式的管理。虽然很多流水线上的工作岗位被机器取代，但并不代表在非流水线上没有纯机械化的工作。工作内容的高度细分，让每个人都变成了流水线上的螺丝钉，不用思考，只要按章执行就可以，人的创造力在不断退化。现在很多公司实行的人性化管理、全员参与制等实践，就是为了避免员工被当成执行的机器。管理者在实际管理中应该注意，思考和创新才是人最大的价值，不要完全用章程扼杀员工的创造力。

4. 社交需求

自古以来，工作已经成为人与人建立关系的重要方式。人们背井离乡加入一个团队谋生，工作关系也成为大多数人在家庭关系之外与他人的重要关系。因此，很多员工会对工作有社交需求，希望通过工作拓展自己的人脉圈。这就要求管理者营造一个良好的团队氛围，让内部同事保持良好关系，同时安排一些外部拓展活动，如行业讲座、培训等，让员工有机会接触行业内其他优秀的人才。

5. 权力需求

谷歌在建立人才管理体系时，有一项是给予生产线上的工人自主权，这个举措让生产效率提升了30%，它满足了员工对权力的需求。正所谓“不想当将军的士兵不是好士兵”，没有人愿意做一辈子基层员工。管理者应该为员工规划出晋升通道，让他们相信在团队工作能有光明的未来。

2.3 用人：领导者的主要工作就是“用人”

知人善任的重点是任用人才，再优秀的人才，如果管理者不会用，也无法为团队创造价值。员工就像棋子，而管理者就是执子下棋的人，只有做好谋划，才能让每个棋子发挥最大的作用。

2.3.1 价值观相同的员工最好用

近些年，很多大公司招聘时会对应试者做价值观测试，即考察员工的价值观与公司文化的匹配程度。例如，京东有一张能力价值考核表，考核应试者是否适合在京东工作。价值观测试分很低的人在京东内部被称为“废铁”，一般不会被录取，即使通过了面试，也会在实习期被劝退。

而有些员工的价值观测试分很高，但绩效不达标，这类员工被称为“铁”，一般至少会给予一次转岗机会或培训机会，让员工自己进行调整。如果转岗或培训后，绩效仍不达标，京东才会辞退他。

还有些员工价值观测试分在90分左右，绩效也能达标，这类员工被称为“钢”，他们在京东内部占比80%左右，是公司的核心和主体。

另外，还有一类员工价值观测试分非常高，能力也非常强，这类员工被称为“金子”，他们占据京东内部的前20%，可能是高层管理者，也可能是技术骨干。

最后一类员工能力非常强，但价值观与京东极不匹配，这类人被称为“铁锈”。一般不容易被发现，但可能会在未来的某一天对公司造成重大破坏。因此，京东对待这些人的原则是宁愿职位空着，也不会要“铁锈”。

可见，价值观已经逐渐成为公司划分员工层次的重要标准。价值观是员工日常处事的行为准则，决定了员工在遇到问题时会产生什么想法，做出什么行为。价值观与公司文化相契合的员工，在遇到问题时会做出对公司有利的选择，反之则会给公司带来麻烦。管理者可以从员工的价值观看出他对事物的评价标准、认知和需求情况以及未来职业期望，进而对该员工进行最合理的安排。

1. 对事物的评价标准

价值观对人们认识世界和改造世界的行为具有导向作用，一是价值观影响人们对事物的评价；二是价值观影响人们做出的具体行为。例如，在日常工作中，不同的员工会对同一件事做出不同的理解，进而采取不同的行动。这也是为什么员工会有优秀与平庸之分。

2. 认知和需求情况

价值观是在家庭和社会影响下逐渐形成的，它会影响人们的认知，进而让人们形成不同的需求。例如，有些人追求安稳，就会选择朝九晚五、加班不多的工作；有些人追求挑战，就会选择机遇与风险并存、较为繁忙的工作。

3. 职业期望

价值观还影响着人们对职业方向和目标的选择，这些因素会影响人们的工作态度和绩效水平，从而决定这个人在行业中的发展。例如，团队中有些人期望在行业中有所成就，他就会主动学习相关知识，积极争取进步；而有些人只是为了工作而工作，很少会去主动学习，只求每天做完工作就好。

2.3.2 能者上，中者让，弱者下

管理团队就像修剪花木，经常性地修剪枝叶，可以降低整体的营养负荷，让花木长得更漂亮。而且经常拿着剪刀，在花木周围转悠，对枝干、叶子也是一种无形的督促，可以使枝干、叶子努力成长。

因此，管理者在管理团队时要进行有效取舍，秉持“能者上，中者让，弱者下”的原则对员工进行优胜劣汰，即让能力强的人担当要职，让能力一般的人让出重要岗位，淘汰能力弱的人。

那么，如何判断员工是能者、中者还是弱者呢？主要看他们为团队创造的价值，干成事的是中者，干好事的是能者，不干事的是弱者。康佳公司在用人时，就特别注意“能者上，中者让，弱者下”，无论员工当下处于什么岗位，只要公司发现他们的才能，就会立即提拔，把他们放在重要职位上，让他们有机会发挥才智。

通过这种用人机制，康佳公司的员工积极性非常高。每一年，康佳公司都会对优秀员工进行表彰，对他们进行奖励和提拔。同时，公司还会让团队中倒数 5% 的弱者出局，从而为新员工提供机会。

逆水行舟，不进则退。团队要想有所发展就必须遵守法则，不断激励员工进步，因为只有真正的精英才不会被淘汰。只有让员工形成危机意识，常存忧患之心，才能杜绝员工在团队中不思进取。

而“中者让”是杜绝体制僵化的重要法宝。很多公司的晋升都是论资排辈，员工不是“能升了”而是“该升了”。这样非常不利于激发新员工的积极性，员工会觉得：“反正干满 10 年肯定能升管理层，

那我现在为什么要努力呢？”华为曾经让资深员工集体辞职，重新竞聘上岗，就是为了杜绝论资排辈的现象，让真正有能力的员工坐到重要的位置上。

让能力一般的人让位给能力强的人，可以保证团队由能力强的人来领导，这样的团队会更有活力。

在“能者上，中者让，弱者下”这样的用人原则下，“弱者下”是不可避免的一件事。而对于任何一位管理者来说，将员工淘汰，都是一件于心不忍的事，因为亲口说出“公司决定辞退你”这样的话很残忍，甚至会引发矛盾。所以，管理者要学会让被淘汰的员工体面地离开，降低辞退员工对团队带来的不良影响。

有些管理者在辞退员工时，把场面弄得十分紧张，甚至说出“不想干了就辞职”之类的话，结果伤害了员工的自尊心，也影响了公司形象，还降低了在职员工对自己的评价。那么，怎样平和地辞退员工呢？先看看下面这个小笑话。

老板：“打工是挣不了大钱的。”

员工：“那怎么才能挣大钱呢？”

老板：“以你的本事，可以选择创业，自己当老板。”

员工：“谢谢老板的肯定，我现在就辞职。”

当然，这只是一个笑话。现实中辞退一名员工要复杂得多。但这个笑话说明，管理者就算要辞退员工，也要让员工感受到尊重和赏识，主动选择离开。对此，管理者可以采取委婉的暗示法，让员工自己提出离职。如果员工虽被暗示，但依然装糊涂，管理者就要直接与之沟通了，正面向其提出辞退决定并说明原因。

另外，在辞退员工后，管理者要按劳动法的规定给予员工赔偿金。管理者在这个问题上千万不要贪小便宜，一旦碰上难缠的员工，要求与公司仲裁甚至打官司，会给公司带来比赔偿金更大的损失。

2.3.3 换人不含糊，用人不皱眉

管理者要手腕强硬，心志坚定，不能前怕狼后怕虎，犹豫不决。考

察不行的人就马上淘汰，认定优秀的人才就大胆重用。只有换人不含糊，用人不皱眉，才能发现更多优秀的员工，才能让能力突出的员工快速提升能力，发挥自己最大的潜能。

淘汰、替换员工是团队的常态，留着不合格的员工在团队里，对团队，对其他的员工，对被淘汰的员工，都是不负责任的。阿里巴巴 CEO 张勇说："我的信条是心要善，刀要快。对事情要负责，对人要理解，要感同身受。"一个优秀的团队管理者必然是"杀人如麻"的，不合适的人要赶快剔除，不要拖累团队和员工。蚂蚁金服的彭蕾也讲过，有时不得不让一些老同事、老朋友离开时也会很难过，但为了做好工作，必须这么做。

而用人不皱眉则是指管理者要给自己推举上位的员工以充分的信任和施展的空间，让他能施展自己的才干。不要打着"监督"的名号，工作的大小细节都要过问，把权力牢牢抓在自己手里，表面上给了员工权力，实际上员工还是按照管理者的思维在工作，这样对团队是起不到革新作用的。

2.3.4 用人要疑，疑人也可用

有句话叫"用人不疑，疑人不用"，这是古代一些政治家的用人原则。但是在如今的商业市场则不适用，因为它有些绝对和保守，比较科学的做法是"用人要疑，疑人也可用"。它的意思是：第一，管理者对自己的员工，不能完全信任，要建立考核机制，用数字说话。第二，某位员工即使有些小毛病，但是只要他能为公司创造更大的价值，也可大胆起用。

之所以"用人要疑"，是因为人心易变，靠得住的只有制度。西方国家在制定法律时，会把人先假设为十恶不赦之徒，然后对他的各种行为加以约束，分门别类写得一清二楚，然后在末尾加上一句"这些都是对付坏人的，我们希望你是好人，用不上这些"。正因为有这样的思维模式，很多西方公司都会在事前制定详细的制度，以此来约束人的行为，按照制度对行为进行奖惩。

有的公司则有些不同。在引进 KPI 制度之前，如果公司要任命一名员工当领导，大多没有详细的制度，而是上级领导先找这名员工谈话，告诉他要好好干，如果没干好，出了事，上级会追究责任。如果这名员工犯的错误很多人又重复犯了，领导才会引起重视，进行制度规范。

这其实是一种“亡羊补牢”的思路，虽然前期给予了员工足够的信任，但他所犯的错误已经给公司造成了损失，尽管后期制定了制度避免其他员工再犯，但这一次的损失是无法弥补的。所以，“用人要疑”比“用人不疑”要好，对员工“丑话说在前面”，可以防止他们对团队造成致命的伤害。

而“疑人也要用”是因为“疑”只是管理者的主观判断，未必准确。例如，小张成绩不好上课睡觉，老师就认为他是昨天熬夜玩游戏，没好好休息；小李成绩好上课睡觉，老师就认为他是昨晚熬夜学习累坏了。

在职场中有这样一个现象，领导如果喜欢某个人，那个人的团队业绩就蹭蹭上涨；领导如果讨厌某个人，那个人的团队就士气低迷，业绩下滑。这是因为领导会在无形中为喜欢的人的团队倾注更多的资源支持，这是一种不自觉的行为，有时领导自己也很难发现。

所以，真正考验管理者领导力的是他能不能带出一些自己不喜欢的员工。如果管理者仅因为讨厌某个人，就为他贴上了“不行”的标签，而不愿为其提供发展机会，很可能抹杀了一个潜在的人才。因此，要学会“疑人也可用”，弱化自己的好恶，将公司的整体利益放在首位，这才是一个成熟的管理者应有的气度和胸襟。

2.3.5 《西游记》中的用人之道

想必大家都读过经典名著《西游记》。它不仅是一部文学巨著，还是一部管理学巨著。作者借观音菩萨之口，表达了识人、用人的智慧，对今天的管理者有着丰富的借鉴意义。

《西游记》中的唐僧是文中武力值最低的一个，但他却是团队中绝对的核心人物，那么观音菩萨究竟看中了他哪些优点呢？

1. 材质优良

材质优良是指唐僧的先天条件好。首先，他出身名门，前世为如来佛座下金蝉子，佛缘深厚，有很强的专业背景；其次，唐僧从出生起就受佛学熏陶，是个真正能理解取经意义的人，对业务的理解非常深刻；最后，唐僧相貌堂堂，温文尔雅，招人喜欢，更能凝聚团队。

2. 品德有口皆碑

第一，唐僧一心一意礼佛，不管是荣华富贵还是享乐都不放在眼里，是个心志坚定的人；第二，唐僧善于交际，情商很高，取经途中徒弟们很多行为粗鄙吓人，他一一施礼道歉，是一个极有耐心的人；第三，唐僧作为团队核心，公正克己，是一个有原则的人；第四，唐僧有善心，即使面对妖魔鬼怪也秉持先感化再打杀的原则，是一个能平衡法与情的人；第五，唐僧忠诚守信，信守皇帝的嘱托，就算粉身碎骨也要求取真经，是个能努力满足客户要求的人；第六，唐僧在遇到难题时，会预先听取徒弟们的意见，是一个不独断专行的人。

3. 虽文弱，却有大勇

第一，唐僧勇于承担责任。唐僧在知道西天大雷音寺有大乘佛法，可度众生后，立刻主动请缨，前往西天取经。证明唐僧在工作中积极主动，会将团体利益放在首位。

第二，唐僧勇于承认错误。唐僧曾因肉眼不识白骨精，一气之下驱逐了孙悟空。但后来意识到自己的错误，主动向孙悟空认错，证明他虚怀若谷，不会为了面子而让团队损失重要人才。

第三，唐僧勇于战胜困难。唐僧取经历经九九八十一难，在这个过程中他从未想过放弃。这证明唐僧在工作过程中面对问题不会轻易放弃，可以带领团队战胜困难迈向成功。

唐僧的确腾不得云、驾不得雾，也无法斩妖除魔，但西天取经这个工作任务取经是主，降妖除魔是次。因此，唐僧是当之无愧的领导者，他不仅专业背景深厚，而且为人中正平和，能将团队中性格突出的员工凝聚起来，坚持不懈地完成任务。

除了唐僧这个团队核心，观音菩萨还给这个取经的团队配了三个副手，他们个性鲜明、能力出众，恰好弥补了唐僧的缺点，让整个团队趋于完美。

第一，孙悟空。他能力出众，上天入地无所不能，是团队中业绩最出色的员工。但他过于注重工作结果，忽视与他人合作，有时甚至连唐僧都无法压制他。观音菩萨保证了他在团队中第一副手的位置，给了他发挥自己才华的最大空间，而且还让他第一个加入团队，与唐僧培养师徒情谊，让他与团队一把手建立亲密关系。同时，也制定了制度（紧箍咒），防止权力滥用，保证唐僧还是整个团队的目标执行人。

第二，猪八戒。他个性鲜明，懂生活，会享受，是团队中的开心果。他是语言巨人，行动矮子，遇到麻烦，他很少会主动承担责任，甚至动不动就要散伙走人，忠诚度差。但他却是团队中不可缺少的一员。猪八戒随遇而安，工资待遇要求低，而且容易满足。有时精英员工孙悟空不开心了，把一些脏累差的活儿交给他，他也能完成。他的存在缓和了团队的紧张氛围，让员工的内部关系变得更好。

而且，他非常尊敬师父，孙悟空有不对的地方，他会直言指正，某种程度上增加了对孙悟空的监督和牵制，保证了唐僧的权威。

第三，沙僧。在唐僧的团队中，唐僧只管发号施令，孙悟空只知降妖伏魔，不做小事，猪八戒很少主动承担工作。无疑，团队中缺少一个任劳任怨、踏实肯干的人，而沙僧正好承担了这个角色。沙僧任劳任怨，不冒进，不抢功，忠于自己的职责，护卫师父。所以，沙僧是唐僧最信任的人，虽然能力有限，无法担当重任，但他对工作负责，又有很强的执行力，是维持团队正常运转的保证。

观音菩萨组建的西行团队少而精，团队内部建立了有效的制约机制。唐僧直接管理孙悟空，平时让其充分发挥能动作用，但在无法控制其发展时有紧箍咒力挽狂澜；孙悟空对猪八戒有管理权力，但无法限制猪八戒的言论自由，这让他受到了一定的舆论监督；猪八戒对团队的忠诚度不够，但迫于孙悟空的威慑，无法对团队造成实质性的伤害；沙僧负责一些后勤工作，对一线事务几乎不插嘴，保障了孙悟空大展身手的空间。整个团队长期保持融洽、高效、奋进的氛围，当然会战无不胜，最终圆满完成任务。

管理者可以借鉴《西游记》中的用人智慧，调整自己的团队，保证团队中的每个人都可以为团队贡献价值。

2.4 留人：留下老员工才能提升运转效率

知人善任的最终目的是留人。管理者和员工在职场中是相互依存的关系，管理者需要员工执行目标，带领团队更好地发展；而员工则需要管理者指导与提携，才能更快成事，提升个人价值。因此，管理者要想办法留下老员工，让最了解团队的一群人带领团队获得更好的发展。

2.4.1 学会抓住核心人才，人多不一定力量大

那些存在得比较久的公司通常在留住人才方面做得很好，那么留住人才到底意味着什么呢？

人才是指有一定专业知识或技能，可以创造价值的人，是人力资源中能力较高的劳动者。可以说，人才是社会和公司发展的第一资源。虽然每个管理者都知道要留住人才，但并不是所有人都会付诸行动。现代公司几乎都设有人力资源部门，但他们大多只负责招人，完成招聘指标即可，并不去想如何留住人才。公司不重视员工流失，优秀员工留不住，公司发展就会停滞。

而且放任“人员流动”变成一件稀松平常的事情，还会让人越招越多，平白增加了招人成本，让公司表面看上去红红火火，实际只是空中楼阁。

在一些公司管理者的眼中，薪资结构越不合理越好，他们甚至以员工流失率高为荣，因为他们认为，员工流失率越高，就证明公司可以长期压榨新员工的价值，毕竟新员工的用工成本比较低。这样做的结果就是让公司更快地死在路上。

公司能否成为行业的领头羊，取决于每位员工共同的努力，而团队的核心人才，往往是团队运行的关键，看似无足轻重，实则牵一发而动全身。另外，从经营成本考虑，留人其实比招新人成本要低。

那么，人员流动率在多少才算合理呢？有 75% 的管理者认为，15% 以下的员工流失率是合理的，其中 55% 的管理者认为最好把员工流失率

控制在5%～10%，而几乎100%的管理者认为，超过20%的员工流失率会影响公司发展。可见，人才可以决定公司的核心竞争力，一个都是优秀人才的团队，更能抵御市场波动，即使失败了，也能东山再起，而不会像那些由“虾兵蟹将”组成的团队一样就此四分五裂。

一位优秀的核心人才，可以抵两三名普通员工的价值，但他的薪水也许只是两名员工的薪水，而且他的稳定性和工作业绩肯定会比两名普通员工要高得多。正如二八法则表示的：决定事物发展的关键性因素，都取决于少数的20%。同样，在人才管理过程中，管理者也要学会抓住少数的核心人才，而不是靠着多招人壮大团队。

管理者想办法留住核心人才还能对其他员工起到激励作用，让更多员工看见公司是愿意为人才倾注时间和金钱的，从而吸引更多人才留在团队。

2.4.2　薪酬福利是“金手铐”

对大多数人来说，工作的主要目的就是赚钱养家糊口，以自己的时间和劳动力来换取报酬。因此，作为管理者，留住员工最好的办法，就是让他赚到钱，让他不仅有与付出相匹配的收入，还有赚到更多钱的希望。

如果一个员工认为他的付出与收获不成正比，很多工作没有得到相应回报，未来也不会赚到更多的钱，那么他很可能已经在寻找“下家”了。一些管理者喜欢给员工画饼，让他们有“奔头”，从而选择留下来，但这个“饼”一定要让员工够得着，否则“饼”画得太高太虚，员工的付出长时间得不到反馈，也会选择离职。

薪酬福利是管理者留住员工的法宝，只有让员工赚到钱，管理者的宏伟设想才能得到认可，否则这些遥远的目标不过是管理者的自我安慰罢了，与员工的关系不大。那么，怎么让员工赚到钱？

第一，制定合理的涨薪制度。管理者需要把工作目标和涨薪关联到一起，当员工知道做哪些事能涨薪时，他会非常有干劲。

第二，完善绩效考核办法。有压力才有动力是不假，但是只有压力没有激励，员工也不会有动力。只有一边施压，一边奖励，才能让员工愿意迎难而上。

第三，合伙人制度。越是顶尖的人才，想要的就越多。以他们的能力到哪家公司都会有不错的报酬，管理者想要留住这些人才，可以让他们成为公司的合伙人，让他们更加忠诚和卖力地为公司创造价值。因为公司发展得越好，他们获得的收益越大。

2.4.3 让员工有事可做

虽然大多数人说想要找一份清闲钱多的工作，但如果实际工作内容只是坐在工位前发呆，很多人还是会辞职。因为这份工作是对人精神的消磨，没有让员工实现任何价值，更没有任何成就感，完全就是在虚度光阴。作为管理者，一定要让员工有事可做，做出成绩，否则就是对双方资源的浪费。那么，如何让员工有事可做？

第一，让员工付出该付出的劳动。天下没有免费的午餐，员工获取了报酬，自然就要付出劳动，管理者要为员工安排工作任务，保证他们在工作时间有工作可干。

第二，要求员工为公司提供相应的价值。公司的运营离不开各种人才，只有他们充分发挥了才能，公司才能迅速发展。因此，管理者要向员工要结果。员工不能只负责执行工作，还要保证自己的工作能为公司创造价值，以证明自己是公司不可缺少的人才。

第三，帮助员工实现自我价值。员工来到公司不仅希望得到报酬，还希望能施展才学、实现理想，所以管理者要给他们施展抱负的机会。

第四，帮助员工锻炼自身能力。员工在正常工作之余，还会有成长的需求，便于以后获得更好的生存和发展。因此，管理者要注重对员工的培养，让他们有学习的机会。

除了让员工有事可做外，管理者还要敢于放权。管理者不给机会，就永远不会发现员工是好是坏，每个人都有自己做事的方式，放手让员工去实践，管理者负责监督和检查，员工得到锻炼的同时，管理者也能思考更多重要的事。

第 3 章

培养员工：高手都是培养出来的

没有一个员工刚到公司就能胜任所有工作，也没有公司每次都能招募到天才员工。因此，团队需要一套完善的培养制度，为公司“制造”人才。优秀的培养制度，能把普通员工变成精英，也能将精英进一步提升为团队的灵魂人物。

3.1 新手是如何进化的

新员工从入职到成为熟练工需要经历长时间的培养。管理者需要把握好培养过程中的每一关，不仅让新员工能快速上手工作，还要让他融入团队，对团队产生归属感。

3.1.1 新人入职，让他知道来干什么

新员工培养的第一步，管理者需要让他知道来干什么，即对未来的工作内容、团队成员、绩效指标形成一个大致的概念，初步制定自己的职业规划。

小李是A公司的一名新员工，今天是他上班的第一天。刚到公司，部门主管就热情地接待了他，并给他安排好了座位，还介绍了周围的同事给他认识。原本有些紧张的小李逐渐放松下来。

上午，部门主管找小李谈话，给他介绍了公司文化、发展战略等，还给了他一张调查问卷，让他填写了专业能力、家庭背景、职业规划与兴趣爱好。随后部门主管明确安排了小李本周的工作内容，并详细告诉他每天要做什么、怎么做以及相关工作找谁沟通。

下班之后，部门主管牵头为小李举办了欢迎会，在欢迎会上小李对各位同事又有了更深的了解，还与几位志同道合的同事互换了联系方式。

在这一周的工作中，小李觉得处处都很顺利。部门主管每天会询问他的工作成果，遇到问题也很少责骂，而是耐心纠正并指出工作的重难点。此外，部门主管还安排了一位老同事从旁协助他，这位老同事给了他许多工作以及人际关系上的建议，让小李觉得自己已经慢慢是团队中的一员了。

3.1.2 新人过渡，让他知道如何能做好

新人培养的第二步，管理者需要让他知道如何能做好。这是一个痛苦的转变时期，员工需要改变刚入职时无压力的状态，逐渐明确工作要求，并且想办法短时间内去达到它。

小李入职两周了，他已经适应了团队的工作节奏，并且跟周围同事相处得还不错。负责指导他的老同事不再像第一周那样手把手指导他了，他开始独立负责一些工作，老员工只是从旁提醒或者干脆让小李观察自己是如何做的。

部门主管开始交代给小李一些跨部门的工作，小李学会了写规范的公司邮件、发传真、接听内部电话，并且认识了许多其他部门的同事，知道了以后工作有什么问题分别去找谁帮忙。

小李最近的工作虽然有些复杂，但他觉得自己成长了许多。独立完成工作的成就感也让他越来越喜爱这份工作，越来越适应这家公司了。

3.1.3 新人进阶，让他接受挑战性任务

新人培养的第三步，管理者需要让他接受挑战性任务，走出舒适区。适当的压力可以督促新员工成长，让他们目标更清晰，效率更高。

小李入职一个月后，部门主管让他独立负责了一个小项目，只跟他说了工作要求和考核指标要求，并没有像之前一样告诉他具体的执行方法。

小李因为风趣健谈，和客户沟通得非常顺畅，项目最终成功完成。但在项目进行过程中，小李因经验不足，准备不充分，差点曲解了客户的意思，还好客户没有计较，保住了订单。

部门主管对小李顺利完成项目进行了表扬和奖励，但也对项目进行过程中的“小插曲”进行了批评，并让他多向部门中业务做得好的同事学习，见客户之前做好充足的准备。

小李很感激部门主管在他入职不久就给了他锻炼的机会，他回去之后反思了自己最近的工作，并列出了学习清单，准备深入学习业务知识，争取下一次不再犯错。

3.1.4 提升信任，与他建立互信关系

新人培养第四步，管理者需要与他建立互信关系。很多管理者缺乏表扬的技巧，认为员工工作做得好给他物质奖励就可以了，口头表扬就可以省略了，殊不知自己错过了与员工拉近关系的最佳时机。

小李发现部门同事都很喜欢部门主管，直言与他相处非常“舒服”。有一次，部门开会讨论退改项目解决方案，大家讨论了半天都没有结果。结果，小李开玩笑提出的一个建议，却给了团队新灵感。后来，团队根据小李的建议，成功解决了问题，避免了项目被取消的危机。

事后，让小李没想到的是，自己只提了一个建议，并没有参与项目的整改，部门主管在向上申报的时候居然把他的名字也加到了项目组里，让上级领导知道是他提出的整改思路。而且部门主管还在之后的例会上点名表扬了小李，让他分享思路，并鼓励他继续为团队项目提出建议。

经过这件事，小李工作更加努力了，并且对部门主管知无不言。因为他知道部门主管能看到他的努力，并且信任他的能力。

3.1.5 新人进化，让他融入团队主动完成工作

新人培养的最后一步，管理者需要让他融入团队主动完成工作。新员工的优势是不缺乏创造性，但有时会找不准发挥创造性的方向。管理者需要指导他们如何融入团队，主动且正确地发挥自己的价值。

小李入职已经三个月了，最近他发现部门主管在开会时喜欢询问他的意见，这让他每次开会时都必须全神贯注。开始小李有些不习惯，生怕自己发言不当被老员工笑话，但是自从自己有时能提出一些有价值的建议后，小李就有了自信，开始主动在会议上发言，老员工们也会认真思考他的建议，提出异议或表示肯定。

部门主管开始让小李主导一些需要团队合作的工作。小李必须主动联系各部门的同事，并和他们商量工作方案，合作过程中与同事出现的一些小摩擦也必须自己解决。

小李经过三个月的成长，工作已经逐步迈入正轨。他与部门同事和

领导之间相处得非常融洽，能处理好需要合作的工作，也能解决合作过程中出现的分歧。小李觉得整个团队的工作氛围非常好，不仅没有限制他的想法，还给了他充分发挥才能的空间，他觉得自己在这家公司一定能获得成长。

3.2 老员工也有进步空间

很多管理者认为只有新员工需要培训，老员工已熟悉工作无须再培训，这个想法是错误的。老员工一旦遭遇职业瓶颈，就很可能因为想要寻求更大的发展而选择离职。如果公司想要留住优秀的老员工，就要给他们提供成长空间。

3.2.1 职业技能培训，从老员工到专家

老员工对各项工作的操作方法都比较熟悉，也适应了目前工作岗位的节奏，很容易下意识凭着经验做事，工作不容易出错，但也很难再有新突破。因此，团队要为老员工安排职业技能培训，帮助他们从熟练工进一步提升成为专家。

安排职业技能培训，给老员工增长技能的机会，帮助他们继续深造，让他们看到工作发展的更多可能性，有助于老员工重拾初入公司时的热情与动力，战胜逐渐到来的职业倦态。

管理者需要注意，老员工的技能培训不能像新员工一样局限在技能方法层面，而要多注意结合真实的行业案例、具体问题来授课。也可以让老员工自己提出问题或建议，然后分组讨论或头脑风暴，促使老员工更积极地参与培训，帮助他们进一步提升自身能力。

例如，大众汽车就很注重老员工的继续教育培训。公司内部安排了出厂训练、出国训练、专题报告、案例研讨等不同形式的培训课程，注重知识与案例相结合，帮助老员工补充新知识，不断增强团队的实力。

3.2.2 职业素养培训，防止职业倦怠

一个老员工能力再好，如果没有职业素养，管理者也很难信任他。职业素养指的是敬业精神、团队精神、忠诚意识等工作过程中必备的道德品质。老员工是团队的中流砥柱，负责团队中的大部分工作，如果他们不够敬业，或者跟团队不是“一条心”，就很容易在工作过程中懈怠，给团队未来的发展埋下隐患。

因此，公司要经常给老员工安排职业素养培训，培养他们的敬业精神，让他们能够自发、积极地工作。这样既能保证他们的工作质量，又能让他们为新员工做出榜样，最终形成高素质团队。

例如，通用电气公司（以下简称GE）建立了克劳顿维尔大学，开启了创办企业大学的先河。在此后的60年中，克劳顿维尔大学帮助GE完成了数次企业变革，成为其人才发展的摇篮。

从1981年开始，GE的公司文化从“控制”转变为“素质”。希望通过GE的环境，让每个人成为最好的自己，从而让GE变得更好。GE就是这样以文化驱动学习，帮助员工提升职业素养，使公司获得了更好的发展。

3.2.3 职业生涯发展培训，创造更大发展空间

对于老员工来说，物质奖励的激励效果只是一时的，更大的发展空间和发展前景才能让他们重拾战斗力。

安排职业生涯发展相关的培训，帮助老员工制订自己的发展规划，让老员工发现自己学习与成长的机会，例如，明确的岗位晋升通道、拓展工作广度和深度的机会、深造的机会等。老员工可以在这些培训中看到自己工作发展的更多可能性，从而愿意留在公司继续探索。

例如，IBM公司为了帮助员工实现个人发展，设置了“专业”和“管理”两种职业生涯发展通道。根据员工的意愿，如果想往管理方向发展，那么公司会着重考察这个员工是否有管理的潜力，如果有，则会优先加入公司管理人才库中，并为其安排为期三个月的经理培训，如果员工取

得合格成绩，就会在出现管理人才空缺时被安排上岗。

同样，“专业”的职业生涯发展通道也是根据员工意愿对其进行培训考核，最终合格的员工可获得“高级技术专家”职称，以实现其在自己的专业领域横向发展的职业梦想。

3.3 接班人该怎么选择

管理者培养员工的另一个目的是寻找接班人，为团队储备管理人才。团队里除了管理者之外应该还有其他能承担管理责任的员工，他们能在管理者调职、请假、出差时迅速接替管理者的工作，保证团队的稳定运转。

3.3.1 寻找忠诚的、高潜力的员工

能代替管理者管理团队的员工必然要在团队中有一定的威望，而且某一方面能力突出，让其他员工能够信服。

首先，这个员工的工作业绩一定要好。虽说业务能力的好坏不能代表管理能力的好坏，但一个被认为具有“高潜力”的人，通常在面对任何挑战时，都能出色完成工作。一个能完美完成所有工作，并且在任何时候都“不掉链子”、干劲十足的人，又怎么会没人信服呢？

其次，接班人要忠于团队和公司。管理者不同于一线员工，他们的工作是确定工作方向、做出决策，也就是说他们的失误带来的后果更严重。因此，选择一个忠诚的接班人至少能保证他们代替管理者做出的决策都是有利于公司和团队的，不会偏离公司的大目标。

一个忠诚且能力突出的接班人是团队的防护网，能减少管理者突然出现问题给团队造成的损失，保证团队在短时间内恢复正常运转。

3.3.2 培养几位不同类型的接班人

很多管理者会不自觉地倾向于培养和自己类似的人，原因是对他们更信任，因为人的本能就是会更信任与自己同一种族、同一文化背景、相同教育经历或兴趣的人。这些与自己类似的人会让管理者生出一种舒适感，从而更愿意与他们接触。

但是，如今的市场环境竞争激烈，管理者选择接班人不能只考虑舒适感，还要培养多元化的人才来满足市场需求。同样，团队越多元化，就越有能力解决经验之外的问题，就越不容易“钻牛角尖”。

因此，管理者需要为团队培养几位不同类型的接班人，以应对多变的市场需求。虽然培养接班人是一项极耗精力的工作，但从回报来看，这种投入是值得的。一旦培养成功，管理者就可以直接把工作分配给他们，让他们负责督促一线员工，而自己只需要找他们询问结果就可以了。这样一来，管理者的工作就能变得更加简单。

3.3.3 从基层开始，培养资历

如何培养一位有能力、能服众的接班人？第一步就是让他从基层做起，培养资历。基层工作是职场工作的基础，更是晋升的重要参考。从基层工作做起，有利于接班人深入了解一线工作的实际情况，从而在未来能做出更贴合实际的决策。另外，基层员工人数最多，从基层历练上来的管理者，更了解团队和基层员工，更能服众。

管理者作为团队的掌舵人，最忌讳工作不接地气，做出不切实际的决策。而接地气最有效的方法就是从基层做起，亲身体会一线工作的实际情况。因此，管理者的接班人必须从基层做起。

工作的实际情况包括四个方面：一是基层工作涉及的人、事、物；二是基层工作的具体流程、关键环节和细节；三是基层工作存在的潜在风险；四是基层员工的生存状态以及他们的需求和痛点。

掌握这些工作的实际情况，可以让接班人在成为管理者后有效抓住基层工作的关键点，对现有基层工作的不足进行改进，从而做出更加合理的决策。

基层员工的数量庞大，负责着公司的绝大部分工作，管理好这些基层员工，就相当于管理好了公司。管理者如果想要基层员工工作积极努力、不偷懒，就需要站在他们中间，深入了解他们。只有掌握了员工工作的第一手情况，才能让接班人避免在以后的管理工作中脱离实际。

从接班人的个人发展来说，从基层做起，能看出他是否具备超凡的素质和能力，并且在正式成为管理者后也能免去很多质疑。而且这些从基层被一路提拔的人，更会感谢公司的知遇之恩，对公司会更加忠诚。

基层是公司的根，预备役的管理人才从基层出发，不管是对提升员工价值，还是对保持公司基业长青来说都有重要意义。

3.3.4 从轮岗开始，锻炼能力

轮岗制度除了让新员工快速找到职业方向外，对锻炼接班人能力也有着积极作用。岗位轮换对培养接班人有以下四个优点。

1. 习惯保持紧张的学习状态

经年累月待在同一个部门，每天重复相同的工作，很容易进入疲劳期。随着工作越来越得心应手，员工就会形成惯性思维，按照经验去处理问题，很少再去思考新的解决方法。这不利于接班人形成开阔的视野和全局思维，也容易降低他们的学习能力和欲望。

然而，换了一个岗位后，面对全新的团队和业务，接班人要想干好，就必须主动学习新鲜事物，尽快适应，进入状态。相当于被动走出了工作疲劳期，进入了一个新的阶段，重新开始成长。不断轮岗能让这种积极的状态持续保持，接班人也能加速成长。

2. 积累跨领域的方法经验

不同部门虽在同一家公司，但工作方式和方法各有差异，有值得借鉴的经验，也有需要舍弃的陋习。如果多年保持不变，那这个部门工作中的问题就永远无法解决。但如果部门管理者经历过轮岗，他就可以从全局出发考虑问题，也能将一些好的经验带到部门中，改变部门中的不良习惯。

3. 降低沟通协调成本

部门之间相对割裂，互不认识，很可能造成沟通成本高，工作效率低。但如果部门的管理者在上任之前经历过轮岗，他就能熟悉各个部门的人事关系，工作时的沟通也能更加顺畅。

4. 增强个人免疫力

在一个部门待久了，同事之间比较熟悉，很容易因为人情关系形成利益牵扯，从而干扰决策的公正性。例如，在评奖评优活动中，如果管理者被个人感情迷惑，就难以站在公平、公正的角度来考虑人选。但如果管理者经历过轮岗，就不会对某几个同事有过深的感情，也能更理智地做出决策。

第 4 章

安排工作：工作分配是管理者的必备能力

分配工作是团队管理者的一项重要任务。管理者作为团队领导不仅要做到人尽其才，还要从宏观上把握工作进程和执行结果，以确保每项工作都能顺利完成。

4.1 设置有效的目标和计划

安排工作的第一步是设置有效的目标和计划。管理者需要把工作目标进行分解，然后让团队的每个员工都能得到清晰具体的个人目标，从而做到劲往一处使。

4.1.1 目标制定：遵循SMART原则

SMART 原则主要包括以下五个方面。

1. 具体的（Specific）

目标必须是具体的。管理者制定的目标要切中特定的工作环节，不能模糊不清。几乎所有成功的团队都有一个明确的目标，反观很多团队没有取得成功的原因就是目标不够明确，态度模棱两可，从而致使在执行目标计划时，缺少明确的方向，或者是因为管理者没有将明确的目标传达给自己团队的员工。例如，某个团队的目标是“今天要完成 50% 的销售额”。这个目标虽然有数字，看起来很具体，但 50% 的工作量是一个概数，实际上并不明确。如果把这个目标变成“今天要完成第一项任务 50% 的工作量”，这样目标就具体了。

2. 可测量（Measurable）

目标必须是可以衡量的。管理者制定的目标必须量化，可以清晰获得验证绩效指标的有效数据或信息。判断制订的目标能否实现，取决于目标是否能衡量。制定的目标明确而不模糊是衡量目标是否达成的标准，要有一组明确的数据作参考。但大方向性质的目标就很难衡量，这说明不是所有目标都可以被衡量。例如，“今天我要拜访两家公司，并完成1个团队建设方案”这个目标就是可衡量的，而“今天我要多拜访几个客户”这个目标就很难被衡量。

3. 可达到的（Attainable）

目标必须是可以达到的。这是指制定的目标可以通过努力得以实现，要避免设立过高或过低的目标。如果一位管理者为了自己的利益，使用不适当的行政手段，把自己制定的不符合实际情况的目标强加于员工身上，就会造成团队成员心理或者行为上的抗拒。

有一个终端零售门店，整体规模不大，单件商品价格不高，客流量也不多，管理者却把月总销售额定为200万元。员工完不成，大多都消极应对，月销售目标渐渐没了意义。

4. 相关的（Relevant）

管理者制定目标要脚踏实地，看得见、摸得着，可以进行证明与观察。目标的相关性是指制定的目标要和其他目标具有一定的关联，否则就算实现了单一的目标，对团队整体发展意义也并不是很大。

5. 时间的（Time-based）

目标的截止期限必须明确。目标的时限性是指目标有一定的时间限制，管理者应该特别注重目标的截止期限。倘若目标没有时限性，将会导致绩效考核不公正，从而降低团队成员的工作热情。例如，“我要完成100万元的销售额”这个目标就没有具体的时间限定，在什么时间完成这些销售额？可以是1个月，也可以是1年。如果时间成本与成果产出不能对应，这个目标就失去了激励作用。

4.1.2 目标分解：自上而下法+自下而上法

有了清晰的整体目标，接下来管理者需要将目标分解成具体可操作的小目标，下发给每个员工。目标分解有两种方法，一是自上而下法，二是自下而上法。

自上而下法指的是由管理者制定工作目标，然后再逐级分解给各个店铺、各个小组、各位团队成员的方法。

对于那些不太了解精细化管理的管理者，在制定目标时，采用的都是相同的方法。首先确定一个目标，然后命令下属把目标分解到每位员工身上。

这样制定目标真的正确吗？

在制定目标的时候，除了销售额这个层面，还要综合考虑市场、产品、效益、客户等层面。所以除了销售额、销售量目标以外，还应该制定市场占有量目标、增加客户数量目标、老客户回购率目标、客户满意率目标、产品效益目标等。

因此，制定目标是一个比较复杂的工作，无论公司规模大小，管理者要想做到目标化管理，就应该把上述层面全部考虑进去，实现目标的全面化和体系化。

也有些管理者想要制定一个更加科学的目标，这时他们就需要先分析上一年度的问题，找出原因，然后再综合考虑各种因素（市场容量、市场竞争情况、政策发展方向、公司战略、产品情况等），最后制定出一个合理的工作目标并分解下去。

那么自上而下具体应该怎么分解呢？有以下 6 种方法。

1. 团队成员的分解

部门总目标制定好以后，应该先分解给团队的每个成员。

2. 各级市场的分解

大公司的经营范围非常广，甚至可以遍布全国，这时，目标就要分解到各个省、各个市、各个区。它们各自需要完成多少目标？重点地区、非重点地区分别是什么？存量地区分解多少？开发多少增量市场？这些都是管理者应该要考虑的。

3. 客户方面的分解

各级经销商、代理商应该分解多少？老客户数量增加或减少了多少？增加了多少个新客户？除此之外，还要分析客户的结构：大、中、小客户的数量分别是多少？他们在总量中的占比分别是多少？这些数据一定要明确。

4. 产品方面的分解

产品的分解包括很多方面，比如销售情况、销售比例、产品库存、重点产品及目标额、新产品的铺货率、销售量等。

实际上，这样分解还不够细化。管理者最好能够了解每一位客户的消费需求，为每一位重点客户量身定制一份年度购物计划表，计划表中的数据目标一定要明确、清晰。

5. 月度、季度、年度的分解

月度、季度、年度目标应依据上一年的月度、季度、年度目标制定，以数字形式体现，把年度目标分解到季度，再进一步将季度目标分解到月度，落实到团队每一位员工身上。

6. 利润的分解

当管理者完成上述分解任务后，就可以把目标分解表交给财务部门，由财务部门计算出完成目标可以获得的利润。如果没有问题的话，就可以提交给上级，要是出现利润问题，调整之后再提交上去。

在制定目标时，财务部门的作用千万不能被忽略。要是没有相关数据的支持，再厉害的管理者也无计可施。因为公司是一个整体，人力资源、财务、制造等部门都有各自存在的意义。

自上而下法虽然是一种传统的目标分解方法，但和自下而上法相比，后者具有更多优势，也更符合现代化管理的潮流。自下而上法指的是，团队成员制定好目标，然后逐级向上报告，最后汇总成工作目标的方法。目前，自下而上法正在被越来越多的公司采用，主要是因为它具有以下三方面的优势。

1. 可以提高员工的工作责任感

如果由管理者制定工作目标，员工会认为目标是管理者意志的体现，他们只是被动的接受者，这会让他们有被强迫的感觉，在完成目标时不情不愿的。

而自下而上法首先要征求员工的意见，他们可以自己做主，从而提高了目标执行者的主观能动性。通常人们对主动争取的东西有强烈的责任感，愿意为它负责。

2. 便于员工管理

工作目标一般都是逐年递增的，而且管理者通常都希望完成的工作越多越好，所以制定出来的目标难免不切实际。如果把这样的目标分解给员工，他们肯定会抱怨。

在这种情况下，员工们会找出非常多的理由，例如产品吸引力不够、销售人员数量太少、市场竞争太大、销售策略不合理等，给管理者管理工作带来非常多的麻烦。

如果让员工自己制定目标，管理者只需审核目标是否合理并提出建议。例如，员工制定的目标过低，管理者可以提议向其他员工的目标看齐；员工制定的目标过高，管理者可以建议他认真分析产品的市场情况及以往的销售情况，重新制定目标。

让员工自己制定目标能让管理者对自己的员工有更加透彻的了解，有利于更好地管理员工，完善管理工作。

3. 更好地了解市场和消费者情况

制定目标不是简单地罗列数字。这个目标不管是管理者来定，还是员工自己来定，都必须有科学合理的依据，例如销售地区的客户数、销售阶段、市场竞争情况、消费者需求情况、消费者结构等。

在员工自己制定目标的时候，由于他们对上述因素最为了解，所以提交的数据最能反映市场和消费者的真实情况。通过这些数据，管理者可以更好地了解市场和消费者情况。

既然自下而上法有这么多优势，那么管理者应该怎样去使用这种方法呢？需要掌握以下四个步骤。

第一步：员工自己制定

员工根据自己以前的工作情况以及目标完成情况，制定出与契合自己的工作目标（包括月度目标、季度目标、年度目标），然后再制定每位客户、每种商品的目标，制定好以后交给自己的领导。

第二步：逐级向上报告

员工将自己的目标提交给组长，组长再提交给经理。经理需要对员工提交的目标进行分析，并做适当调整，然后再提交给部门负责人。这样一来，就实现了目标的逐级上报。

第三步：明确目标

部门负责人在得到各个级别的工作目标后，要对其进行细致分析，判断这些目标是否符合公司战略，有没有达到公司总体目标要求。如果存在偏差，部门负责人应该对这些目标进行全面调整，并上报给董事长审核。

第四步：分解目标

把最后确定好的目标分解到每位员工身上，让经理、组长、员工签署目标责任书，正式认领自己的目标。

在现代团队管理中，自下而上法已经变得越来越常见，管理者应该加以重视。每位管理者都应该把自下而上法的步骤掌握好，争取制定出更加合理的目标，并把目标更好地分解给每位员工。

4.1.3 签订目标责任书：为实现目标保驾护航

完成制定和分解目标的工作以后，为了让目标顺利实现，管理者还应该让每位员工签订目标责任书。

签订目标责任书主要有以下目的。

（1）提高每位员工的竞争意识、责任意识。

（2）健全公司的竞争机制。

（3）让员工对自己的目标更加重视，给他们施加一定的工作压力，并把这个压力变成动力。

（4）让员工的大思路与公司保持一致。

（5）将工作目标用书面形式展示出来，便于管理者把控目标执行过程。

在现代化公司当中，让员工签订目标责任书是一项必不可少的工作。下面是一份年度销售目标责任书模板，各位管理者在制定目标责任书的时候，可以借鉴，图 4-1 所示。

××××公司

2018 年度销售目标责任书

根据公司销售总目标，并综合考虑市场竞争、历史销售业绩、产品实际情况等多种因素，为了充分调动每位销售员工的工作积极性和工作热情，保证公司销售总目标能够顺利实现，在公平、公正、自愿基础上，特别制定“2018 年度销售目标责任书”，并在该责任书中明确每位销售人员的目标和责任。

一、销售目标责任人：　　　　　　　　销售地区：

二、销售目标任务：

三、完成销售目标的时间期限：2018 年 1 月 1 日—12 月 31 日

四、销售责任人应尽的义务：

在签订年度销售目标责任书以后，责任人应该履行以下几项义务：

1. 把完成工作目标作为未来工作的重心，做好规划，勤奋工作，要尽自己最大的努力去完成目标。如果目前的销售模式存在问题，要及时改进，公司也将不定期进行监督、考核。

2. 做好市场分析，及时向主管提交分析报告，为公司战略的制定提供有价值的依据。

3. 严格控制销售成本，做到不泄露公司机密、不违背职业道德，切实保障公司利益。

4. 自愿接受销售主管、公司高层等领导的监督。

5. 在销售过程中，不得做与工作无关的事情，不得从事销售之外的第二职业，不能损坏公司声誉。

6. 严格遵守公司规章制度。

7. 严格遵守国家的法律、法规。

图 4-1　目标责任书模板

五、考核办法

各责任人应该按照工作目标，安排好自己的销售工作。公司会成立一个或多个考核小组，对各责任人的销售工作进行考核。

六、奖惩方案

1. 奖励标准

把完成目标的情况作为奖励标准。如果100%完成了工作目标，那就要获得相应的奖励，奖励数额根据个人销售额和销售利润来确定。

2. 奖励方式

公司可以提供现金、旅游、股份等多种奖励方式，具体由责任人和公司协商决定。

3. 对于没有完成销售目标的责任人，公司要对其进行考核，根据考核结果决定是否对责任人做出处罚。

监督人：　　　　　　　　　　　　责任人：

年　月　日　　　　　　　　　　年　月　日

图 4-1（续）

在这份目标责任书模板当中包含的奖励措施，可以在一定程度上起到激励员工的作用，目标责任书也就间接成了公司对员工的承诺书。

如果管理者只把工作目标下达给员工，而没有目标责任书的话，员工可能只看得到目标而看不到完成目标以后的奖励，这会极大地降低他们的积极性。有了这份目标责任书，员工可以明确知道自己完成目标后可以得到的奖励，工作起来也就更有动力。

4.1.4 建立看板：让目标进度可视化

可视化正逐渐成为现代化管理越来越重要的特征，而看板则是实现可视化的一个重要方式。对管理者来说，用看板来管理员工，不仅可以清楚地掌握他们的目标进度，还可以知道哪些员工是相对落后的，进而对他们的工作进行有效指导。所以，管理者必须掌握好看板管理的知识。

在进行可视化的看板管理时，公司之间会存在差异，但有句谚语说

“万变不离其宗”，我们只要掌握了“宗”，就足以应付其中的“万变”。

下面为大家详细介绍看板管理中的“宗”，让管理者可以更好地把看板管理利用起来。看板管理为什么具有那么大的魅力呢？因为它有如下优点。

（1）传递信息，统一认识。团队成员有自己的想法和见解，团队管理者可以通过看板来引导大家形成统一的认知，朝着共同目标前进。通过看板传递信息，既准确又迅速，还能避免传递过程中出现漏洞。

（2）刊登业务文章，熟悉业务。看板可以经常刊登一些提高员工业务技术和意识的文章，这有利于员工整体技能的提升，让员工在平时就能学习业务技能。特别是对于新员工来说，当业务上有不懂的问题又找不到人帮忙时，看板上刊登的内容就可以帮助其熟悉业务知识，明确工作要求。

（3）奖优罚劣，营造氛围。团队成员的工作业绩可以通过看板显示出来，起到激励作用。以业绩作为衡量标准，让考核制度更为公平公正。看板有效防止了考核过程中出现认知偏差，让员工体验到绩效考核的公平性，从而积极参与到竞争当中，让工作充满活力。

（4）强势宣传引导，形成意识。在看板上宣传优秀员工的业绩，或者是对表现极差的员工进行批评，都能强化员工的竞争意识，起到引导作用。同时，看板中展现的团队在各个方面的改善情况，能让参与的员工获得成就感，还能让其他员工学到优秀的工作方法与技巧。

（5）明确状况，推进工作。在看板上展示出的工作数据、计划等内容，能更好地让团队管理者对工作进程进行判断与跟进。而看板上公布的计划书，也在时刻鞭策着员工加大工作力度，适当形成压力，强化了团队的责任心。

（6）加强客户印象，树立良好的公司形象。当客户或者是高层领导来时，看板上展示的精彩内容，能让他们迅速、全面地了解团队的工作状况，留下一个良好的印象。

作为一个团队管理者，如果想要实现看板的可视化管理，应该做好以下三项工作。

（1）在建立看板时，一定要保证它可以最大限度地发挥可视化作用。

（2）在使用看板之前，要考虑到可能出现的问题，然后在使用过程中尽量规避这些问题。如果问题出现了，管理者要积极整改。

（3）要保证看板可以及时反馈销售人员的目标进度。

为了保证看板可视化作用可以最大限度地发挥出来，管理者必须注意以下四点。

第一点，把看板放在一个非常显眼的位置。

第二点，在布置看板的时候，要保证其合理性。

第三点，看板中的内容一定要醒目，要让自己和员工都能看清。

第四点，做好看板的内容设计，要把最重要的内容展示在上面。

4.1.5 把握执行关键期：月初紧+月中查+月末冲

管理者不仅需要分解目标，还需要把目标执行的过程管理好，特别是执行过程中的重要节点，例如月初、月中、月末等。

1. 月初紧

我们做任何事情，都希望尽快取得成果。所以，管理者应该在月初的时候就让员工争取做到工作目标“开门红”。

那么管理者如何让员工做到“开门红”呢？可以从以下几方面着手，如图 4-2 所示。

1. 增强员工的自信

2. 提高自己的管理能力

3. 调节团队氛围和员工心态

4. 调整团队中的人员分配

5. 为员工提供更多的学习机会

图 4-2　管理者提高员工业绩的五大方法

（1）增强员工的自信

有些员工在工作的时候时常抱有消极心态，既对自己没有自信，也对产品没有信心，工作时畏难情绪严重。在这种情况下，他们怎么能做好工作、提高业绩呢？

这时，管理者要尽力去增强员工的自信心，改变他们对工作的观念和心态。可以多找员工谈话，了解他们的想法，在谈话过程中多跟他们讲一些业绩突出员工的案例，消除他们的畏难情绪。

（2）提高自己的管理能力

“一个狮子带领的团队要优于一只绵羊带领的团队”。作为管理者，你的能力必须达到一定水平，才可以带出有能力的员工。如果一个管理者的业绩都非常差，又怎能要求员工有好的业绩呢？

（3）调节团队氛围和员工心态

一般情况下，团队的销售员工压力非常大，如果心态调整不好，就会对目标的完成造成影响。如果员工在月初的业绩比较差，管理者不能苛责他们，还是要以鼓励为主，如果有条件，还可以提高目标奖励。

（4）调整团队中的人员分配

在新的一个月开始的时候，管理者应该根据上个月的目标完成情况适当调整团队人员。也许有些员工不适合现在的工作，那就要调整他的岗位。

（5）为员工提供更多的学习机会

员工和团队要想成长，都离不开坚持不懈的学习。管理者可以在每月的第一天，拿出一小时左右的时间，对所有员工进行培训，让他们及时总结工作经验，学习最新的工作方法和技巧，为这个月的工作打下良好的基础。俗话说“活到老，学到老”，就算是那些经验比较丰富的员工，也应该多参加这样的活动。

2. 月中检

很多管理者认为，只要工作结果是好的，工作过程不重要，这种想法是不正确的。如果工作结果不理想，症结肯定出现在工作过程中。

很多管理者觉得自己没有精力和时间去管理工作过程，索性只看个结果。如果你的员工素质参差不齐，要想让他们每个人都可以跟上公司的节拍，就不能只要结果，而是应该在工作过程中，不定时检查他们的工作，加强对他们的监督，以此来保证团队整体步调一致。

做好月中的工作，最重要的就是要检验员工的工作质量，督促后进者。

月中意味着这个月已经过半了。管理者需要对员工的目标完成情况进行了解，看看他们有没有完成 50% 的月目标，可不可以在月末的时候顺利完成总目标。

在这个过程中，管理者通常会发现有些员工的业绩非常差，按照这个进度是一定完不成目标的。但无论他们上半月的业绩有多差，也不能改变已经确定下来的工作目标，只能采取一些措施来督促这些后进员工。

首先，要判断后进员工的工作方向是否正确。这个方向体现在产品和客户两个方面。例如，有些员工明明很努力地在推销产品，但就是没有业绩，究其原因，是对产品没有足够的了解，导致在跟客户推销的时候，找不到那个可以吸引客户的重点，所以，他们看似很努力，做的却都是没有意义的工作。

对于这种员工，管理者要安排他们对产品进行系统学习，让他们了解产品的最大优势，以便以后进行推销的时候能抓住重点，帮助他们更好地完成工作目标。

如果方向没有问题，那就要判断员工的工作方法是否正确。目前，各类产品都有非常严重的同质化倾向，选择哪一家公司的产品其实都差不多，谁都不能随便说自己家的产品是独一无二的。这样一来，你的员工就必须在工作时有创新意识，用公司文化、销售理念、市场竞争优势等吸引客户，管理者需要检验他们有没有把这些理解透彻，有没有把这些传递给客户等。

如果上述两点都没有问题，但员工业绩还是比较差的话，那很可能就是工作技巧方面的问题了。在和客户交流的时候，有没有说不该说的话？有没有做不该做的动作？管理者要告诉你的员工，在和客户交流的过程中，应该有敏捷的思维，清晰的思路，态度要温和、亲切，将客户当作“上帝”。

要是以上三种情况都不符合，那就有懈怠的嫌疑了。对于这种员工，管理者就应该进行适当惩罚。

3. 月末冲

“到月末了，大家冲一把吧。”这是大多数管理者惯用的说辞。但这句话起不了太大的作用。月末是执行目标过程中一个非常重要的阶段，管理者一定要重视。

月末是员工创造奇迹的时候，都铆足了劲全力冲刺。这个时候，管理者要帮助他们发挥最大的冲劲。

在月末这个阶段，许多员工由于没有完成目标，逐渐产生消极情绪，导致工作没有动力。管理者要多激励员工，帮他们摆脱这种不好的情绪。具体可以从以下两个方面着手。

（1）提高员工士气

治疗消极情绪最好的办法就是提高士气。再有能力的团队，如果士气低迷，也不会努力工作。所以，管理者先要做的就是提高员工士气，给他们加油鼓劲。例如，承诺业绩达标后免费旅游、现金奖励等。员工们受到实物奖励的刺激，会变得更有动力，从而提振士气。

（2）多夸奖多表扬

所有人都喜欢被夸奖、被表扬，并且会尽力避免受到批评，这是人的本能——趋利避害。所以，如果想让员工在月末冲刺达标，就要多夸奖、多表扬他们。

管理者可以对员工说：“上半个月，大家的工作做得非常不错，表现也非常棒。现在已经是月末了，希望大家继续保持，我相信大家一定可以顺利完成目标。”听到这种话，员工会觉得自己是被信任的，工作起来就会更加卖力。

4.2 布置工作的 6 个步骤

设置了清晰的目标，管理者就可以布置工作了。布置工作分为 6 步，分别是明确任务、设置完成时间、制定完成标准、与员工确认任务、监督完成过程、验收并考核。

4.2.1 明确任务具体到个人

通常在有了目标后，管理者还需将任务进行分解，让每个人清楚地知道自己应该干什么。

首先，管理者要考察与目标相关的所有工作，确保自己理解了这些工作，包括存在哪些问题或困难程度如何。然后，管理者就可以向干这项工作的员工说明工作的性质和目标了，要保证说明过程清晰且明确。

管理者切记不要把马上需要自己亲自处理或非常保密的工作布置出去，因为如果员工对工作不了解，很可能会造成工作延误或泄密。

其次，管理者需要对员工进行完整的评价，了解员工完成工作的速度以及质量，根据自己对工作的期望，为他们安排最合适的工作。这样，管理者才能让员工发挥最大的作用。

刘经理是新上任的部门经理，因上任不久，刘经理还没能完全适应自己的新角色。最近，部门要准备年终会议，而这个工作以前是刘经理负责的，但刘经理升职后，还没有确定新的负责人。因现在的下属员工都是原来的同事，刘经理不好意思命令他们，于是就让几个负责行政的员工一起考虑一下，看谁来负责。结果，几天后，刘经理与这几位员工商量年终会议的筹备事宜时，发现他们谁都没准备。

刘经理很苦恼，于是，他找原来的领导商量这件事。原来的领导告诉他，他现在是部门经理，工作时一定要跳出原来的员工角色，把自己看作指挥者。任何工作任务，必须明确到人，并且说清楚执行目标和期限，否则员工很难主动承担工作。刘经理听完领导的话恍然大悟，随即调整了布置任务的方式，这样的现象再也没有出现过。

这就是典型的任务布置不明确，大部分员工在没有奖励时自我驱动能力差，而且不会主动承担责任。管理者如果不想工作被一拖再拖，就要明确任务归属，告诉员工哪些是他应该承担的责任。

4.2.2 设置任务完成的时间

在职场中有个奇怪的现象：领导要求 10 天内做完的事情，绝不会在第 9 天做好。管理者每次安排的截止日期似乎都刚刚好，这或许是因为员工在工作过程中开了“小差”，但更多是因为管理者没有将任务的截止时间设定好。

大多数管理者觉得，只要告诉员工什么时间完工就行了。这的确没错，但放任不管执行过程，可能就会出现截止日期刚刚好的现象。而且执行过程中有什么问题，推进程度怎样，管理者完全不知道。

因此，在布置工作后，管理者不但要设定最后的截止时间，还要设定任务推进的汇报时间。员工在任务推进的几个节点汇报工作进度，可以让管理者了解任务进度。这样既能帮助管理者把握全局节奏，又能让管理者在发现纰漏后及时纠正。

王经理自从升任部门经理后，每天的工作重点就变成了救急。有一次他跟自己的老朋友抱怨道：“每次工作任务是布置下去了，但因为没有时间限制，员工每次都拖到最后才来交差。每次出了问题留给我补漏的时间特别短，有一次差点就救不回来了。自从当了这个经理，我每天心力交瘁，还不如在一线省心。”

王经理的困扰就源自他没有设置完成任务的具体时间。不少管理者很少在布置任务时明确具体截止时间，而这些管理者的团队效率通常都很低。因此，管理者布置任务时，一定要限定时间，这是提升团队整体效率的保障。

4.2.3 跟下属一起制定任务标准

有时候，管理者认为自己职位高、经验丰富，就是权威，所以布置工作时，常以命令的口气要求员工无条件执行。然而，每个人的知识结构并不相同，也许新员工可能会提出更加行之有效的办法。所以，管理者在制定任务标准时，不能独断专行，要让员工参与到讨论中，了解员工的想法，共同决定任务标准。

A公司是一家金属加工企业，经过多年努力拿到了行业标准认证书，扩大了市场。这家公司的管理者认为，公司之所以能取得如此成绩，是因为每次在布置任务时，自己都会跟员工一起来明确这件事的标准。因此，每次会议都能获得解决问题的思路。另外，让员工自己来明确任务的目标和标准，也减少了很多拖延和抱怨的现象。

所以，管理者在布置具体任务时，可以引导执行人自己明确任务的标准，从而深入理解任务本身，形成自我驱动。

4.2.4 确认员工准确理解了任务

由于沟通漏斗的存在，有时候员工不能马上理解领导交代的工作。于是会出现管理者认为员工听懂了，而员工却不懂装懂，带着疑惑开展工作的现象。因此，管理者在布置完工作后要让员工重复一遍工作重点，并检查有无遗漏，以确保员工正确地执行任务。

当员工重复了一遍，管理者确认无误，才能算员工真正理解工作了。管理者这时就可以放心将工作交给他了。

沟通漏斗的存在，并不代表员工能力差或没认真听。因为管理者掌握的资源与员工不同，管理者认为很简单的事，也许员工从未接触过，自然就无法理解管理者的意思。事实上，工作中50%的障碍来自沟通，只有员工始终保持和管理者方向一致，工作才能顺利完成。包括前文提到的制定任务标准，也都是促进员工对工作的理解。

除了让员工重复一遍任务外，管理者还可以让员工在接受任务后，说一说具体计划，这也可以达到促进理解的目的。

在这一点上，很多管理者都因为布置工作比较匆忙，而忽略了员工对工作的理解。特别是离开基层工作岗位时间较长的管理者，这种问题越发严重。因此，任何一位管理者都有必要在首次布置任务后，重复确认员工是否理解了任务本身，确保执行过程不走偏。

4.2.5 任务布置后，需要有监督

跟进与报备是配套的工作。管理者布置工作后，要关心工作进度，同时强化员工向领导汇报问题的意识。而且，在工作开展过程中，出现一些意料之外的问题不可避免，如果员工在自己的权限范围内无法处理，则可借助完整的报备制度提升解决问题的速度。

管理就是对任务的监督与跟踪。据统计，有监督的任务，完成率高达95%，而没有监督的任务，完成率不足60%，可见其中的差距。另外，监督对员工来说是一种无形的压力，它能时时督促员工去努力完成工作，减少员工工作过程中的低效率行为。因此，一位优秀的管理者，一定要学会任务过程中的监督，这样可以提升执行者的专注度，让工作保质保量完成。

4.2.6 验收并考核

布置工作需要有头有尾，既然布置了，管理者就必须验收与考核。考核，既是管理者对员工提出要求的依据，也是对管理者管理成效的验收。如果没有验收和考核，工作就可能会无疾而终，长此以往，员工得不到反馈，自然就不会再对工作特别上心，管理者的权威也会荡然无存。

任何一项工作最重要的都是结果，只有真实的成绩，才能促进团队的发展。事实上，大部分管理者在布置任务后非常关注结果，但对结果进行考核的，却不足一半。员工完成工作和不完成工作，其结果并没有明显差别，最终导致员工的工作积极性低，工作效率低，管理者的管理成效差。

因此，管理者不仅要注重工作结果，验收每项工作任务，还要对结果进行合理考核。奖励完成好的，惩罚未完成的，让员工有压力、有危机感，这样布置的工作才会得到落实。

4.3 员工学会汇报，领导更轻松

检查验收工作也是管理者的一项重要工作。如果管理者一项一项去检查，那一定会浪费很多时间。但是如果让员工学会汇报，不仅管理者能更轻松，整体的工作效率也能更高。

4.3.1 如何与员工约定工作汇报的时间

管理者不直接负责一线工作，但是如果让员工随时来汇报，许多管理者又没有时间处理。所以管理者需要和员工约定一个汇报时间，而这个工作可以让员工自己来完成。

员工可以对目标的完成度进行细致梳理，以形成明确的时间规划，然后将其中重要的时间节点作为向管理者汇报的时间。员工在对工作进行规划管理时，能够通过数据分析摸清思路，也能够通过研究市场环境制定适合自己的发展战略。通过分析行业、市场环境大趋势，找准定位，配合技巧对发展方针进行创新，提高工作效率，降低时间成本。

整理时间规划要以时间为导向，将任务完成的全程划分为不同的阶段，具体要注意以下几个方面。

（1）回顾。对上一阶段工作进行回顾，对计划完成度进行点评与梳理，针对不足之处找到对策。

（2）当季市场分析。任何一个行业都会有旺季与淡季，团队成员要针对当季市场状况进行相应分析，采取不同的措施。

（3）客户关系。包括新客户开发与老客户维护两方面，即如何促进潜在客户成单，如何对原有客户进行维护保证其品牌忠诚度。

（4）销售方式。每个人都有自己适合的、习惯的销售方式与方法。而这个方法是需要根据市场环境变化不断调整的。

（5）目标时间。目标可以分为阶段性小目标、季度性大目标以及年度性总目标，针对几类目标进行不同的方法论论证，以达到更好的剖析工作任务的效果。

（6）总结。对目标计划进行总结论证，将几方面因素综合并且形成一个相对完整、全面的，以时间为主导的目标完成体系。

这样一份时间规划，不仅利于管理者对员工时间规划安排有一个详细的了解，以免浪费人力资源，也能够使员工对自己未来一个阶段的工作有一个细致梳理。通过双向作用，最大限度减少资源浪费，提高工作效率。

4.3.2 阶段性工作汇报如何安排

除了汇报时间，管理者还要安排阶段性工作汇报，也就是让员工在工作过程中主动汇报目标完成的内容情况、客户意愿度、客户购买意向等，以便于管理者在目标完成的每个阶段进行相应的记录与汇总。

北京一家教育机构有一套明确的阶段汇报制度，员工需要在完成季度总目标的10%、50%、100%时进行相应的总结汇报。该公司的销售额因该制度对比于规模相似的公司总是能够略胜一筹。

完成目标的10%时，属于目标周期前期，对于方法、措施上出现的错误仍有很大机会可以挽回，故在完成10%的时候可以根据目标计划对比整体效率是否偏低，进而分析是否有大的方向性错误，从而及时改正。

完成目标的50%时，可以根据工作计划、同行业务量水平、团体整体水平，判断出自己的能力与工作效率处于行业什么位置，需要对比同行不断自省，反思是否在工作方法上出现问题，是否还有改进的余地。

完成目标的100%时，针对目标完成进度进行总结，总结出相对于同行的优势与劣势，对下一季度目标提前进行规划。

在上述案例中，该公司员工能够通过不同阶段的汇报对数据报表进行分析研究，挖掘深层问题，然后从工作进度了解目标完成程度及背后的产生原因。故该公司的员工能够在各个阶段进行自省，对工作情况也能了然于胸。

4.3.3 如何对待不会汇报工作的员工

A 经理和 B 经理一同喝咖啡，其间他们聊起自己的下属。

A 经理："你的员工工作都那么积极，部门有什么事都主动干，你可轻松了。"

B 经理："别提了，其他人确实不错，唯独那个小张让人头疼。"

A 经理："怎么回事？"

B 经理："小张跟我一同进入公司，经验和能力都不差，就是不会汇报工作。以前没觉得，现在部门的事情多了，每次把任务交给他，他也不知道跟我反馈，每次都是我去问他，有时候我忙忘了，就耽误事。"

A 经理："那确实很麻烦，你打算怎么办？"

B 经理："总不能因为这个问题就辞退他吧？再看看吧。如果他还是不会汇报工作，就只能让他干点无关紧要的工作了。总不能天天追着他要工作吧，弄得我像在摆架子一样。"

案例中的小张可能怎么也想不到，自己在上级的三言两语中就马上要被边缘化了。员工不会汇报工作的确是个问题，但管理者也不能消极处理，这样最终受害的是公司。

员工不懂汇报，管理者不能只从员工身上找原因，还要对自己进行反思。

1. 员工方面

（1）放不下面子

小张和 B 经理的工作年限差不多，两人一同进入公司，B 经理却成了自己的领导，小张作为下属，多少会觉得丢脸。更何况还要定期汇报，及时反馈，更会让小张觉得有"低人一等"的感觉。

（2）对领导不信服

小张可能觉得自己的能力和资历都不差，尽管已经和 B 经理是上下级关系，但并不甘心，也不信服。他从不汇报的行为正是在表达不满的情绪。

2. 领导方面

（1）放不下身段，被动等汇报

在案例中，B经理最后也没能放下身段，主动去了解情况，而是等待员工自觉改善状况。当问题始终无法解决时，B经理也没有选择深入了解问题的本质原因，而是选择孤立小张。

（2）不提醒不纠正，选择主观处理

B经理在初次发现问题时，就应当及时提醒或纠正小张的问题，但他一直拖到问题严重了，也没有和小张沟通，最后全凭主观意愿处理问题，可以说是一种不负责任的管理方式。

对于公司而言，这样的管理方式看似合理，却没有真正解决问题，反而让公司损失了一名能力不错的老员工。案例中的情况，管理者可以分3个步骤来解决，如图4-3所示。

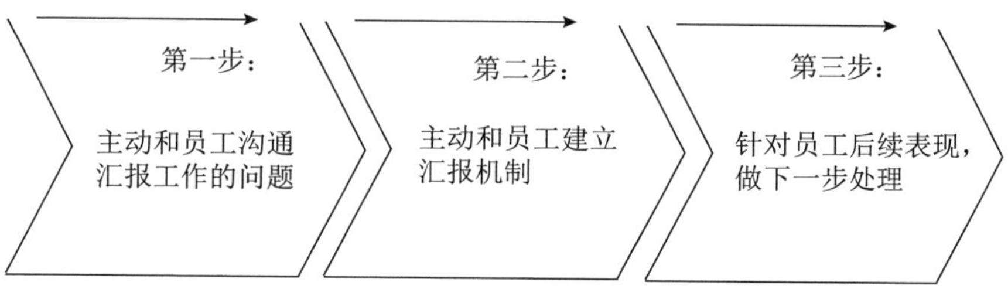

图4-3　解决员工不会汇报工作的3个步骤

第一步，主动和员工沟通汇报工作的问题。

在工作中，管理者应该是主动方。如果出现问题，管理者最好主动找员工沟通，客观指出问题，了解真实原因。

1. 先肯定，再指出问题

例如，管理者可以说：“我们在一起工作这么久，我觉得你能力不错，业绩也很好，但是汇报工作不够及时，也影响了咱们部门的工作效率，不知你意识到了吗？”

管理者在指出问题时先给予员工肯定，这样能消除员工的抵触情绪，让问题更容易切入。

2. 先找个人原因，再找下属问题

员工一般很反感管理者不管什么问题，直接就是一顿指责。所以，管理者要放下架子，站在员工的角度来说问题。

例如，管理者可以说："是不是我安排工作时没有交代清楚，你又不好意思问，所以才忽略了汇报，还是你有什么其他原因？"

在没有找到原因之前，管理者不要直接下结论，要给员工留有说明的余地。这样的沟通，才能让员工更坦诚，更愿意表达自己的真实想法。

3. 先听取建议，再表态

在提出解决方案前，管理者可以先给员工一个提建议的机会。

例如，管理者可以说："我也有很多事情要去处理，不能事事去找你了解情况。虽说你办事我放心，但我也需要及时了解工作进度。这样不影响工作效率，你也能展示自己的工作成绩。所以，对于汇报这件事，你觉得咱们要怎么解决？"

有时候，管理者会直接要求员工你要这样做或你要那样做，无形之中打消了员工说话的积极性。但如果管理者在提问时充分体现了对员工的尊重，员工自然也乐意提出自己的建议。

第二步，主动和员工建立汇报机制。

通过第一步的沟通，管理者已经对问题出现的原因有所了解。所以，第二步管理者就需要制订一个具体方案。

1. 共同制订汇报时间表

管理者可以根据任务周期制订汇报时间表。例如，除特殊情况外，每周或每月汇报一次等。在职场中，大多数员工只做领导要求的事情，制定了时间表，员工就会把汇报当作一项工作来做。

2. 以书面形式做好记录

制订好汇报方案后，必须以书面形式做好记录并签字确认。同时，

管理者要对员工说明这种签字确认的行为是彼此的约定，这种做法既是对员工的提醒和约束，又是动力和鼓舞。试想，如果你和领导保证过一定会做好某件事，是不是一直会想着把它做好？

第三步，针对员工后续表现，做下一步处理。

如果员工在之后的工作中，能够按照约定进行汇报，管理者要及时给予肯定和表扬。但如果管理者把该做的都做了，员工依然没有改正，管理者也无须迁就，按规定处理即可。管理者想对员工进行处理，必须做到有理有据，不能依靠主观感受。

1. 不再交办任何一项重要工作

对于不能辞退或调离的员工，管理者可以选择此后尽量避免交办该员工重要且紧急的事务。如果因为该员工没有及时汇报而导致工作出现了问题，管理者要严格按照公司规定处理。

2. 辞退或调离

如果可以辞退或调离，管理者要提前整理出该员工的客观表现，真实列出员工的行为及带来的负面影响作为辞退或调离的依据，并当面与员工进行说明。

第 5 章

数据分析是提升效率的“神器”

数据分析在团队管理中具有重要作用。管理者可以利用数据分析来帮助员工制定工作目标，对员工的工作进行考核及分析。

数据分析的方法与工具种类良多，本章将进行具体介绍。同时，还会指导管理者开展数据管理工作，让数据管理成为提高团队工作效率的“神器”。

5.1 数据分析的方法

数据分析属于统计学领域。它是指依据实际情况，选择恰当的统计分析方法处理、分析收集来的数据，最后对分析得出的结论进行详细研究和总结的过程。对团队管理者来说，数据分析对管理员工有着重要作用。

数据分析的方法多种多样，每种数据分析方法都有各自的特点和针对性。在对员工的业绩、成长情况、目标完成情况等进行数据分析时，管理者需要依据实际情况灵活采用不同的分析方法。

5.1.1 对比分析法

对比分析法包括纵向对比和横向对比。纵向对比是指将不同时期的指标数据放在同一条件下进行比较，比如，本季度业绩与去年同期或是与上季度业绩对比；而横向对比则是指将不同的指标在同一段时间内进行比较，比如，同期的不同部门、不同员工之间的业绩对比。

以员工的销售数据为例，当管理者需要对员工的销售业绩做横向对比分析时，需要看某个时间段内第一名员工与最后一名员工之间的业绩差距。

如果将某一年员工的销售业绩做横向对比，员工 A 的销售业绩最高，员工 B 的销售业绩最低，管理者就可以计算二者的销售业绩差距，然后针对这一结果做进一步的分析。比如，为什么员工 A 可以达到如此高的销售业绩，他采用了何种策略；为什么员工 B 的销售业绩不尽如人意，是否可以帮助 B 改善这一情况。发现并解决这些问题，正是对比分析的最终目的。

对比分析法能够把员工实际的工作业绩转换成具体、精准的数据，让他们清楚地看到彼此的差距。它让员工产生一定的压力与紧迫感，激发员工的上进心。这种方式能够帮助团队营造良性的竞争氛围。

5.1.2 分组分析法

分组分析法是把研究主体按照某一标志分成几个不同性质的组，然后在分组的基础上对当前存在的问题作进一步分析，以便正确解决问题。

在进行分组的过程中，管理者必须保证组与组之间的差距尽可能大，而组内部的差距尽可能小。这样做能够让组与组之间更容易、更直观地反映出问题，让分组分析法发挥应有的作用。

管理者需要根据某一标准，比如，是否达到团队所要求的业绩目标，收集每个小组在同一时期内的业绩数据并进行计算统计。管理者可以将那些没有达到要求的团队分成一组，将达到要求的团队分成另外一组。

在分组完成后，管理者需要仔细研究组内各个团队的实际情况。在经过大量数据分析后，如果管理者认为某几个团队一起工作能带来更高的效率，就可以将这些团队合并，解决人员冗余和工作效率低的问题。

但合并团队并非单纯地将两个团队或多个团队组合到一起，而是有选择性地将两个或多个团队中的优秀员工聚集起来，将优质资源聚集起来，组成一个更为有效的大团队，以此提高员工的工作效率，实现团队利益的最大化。

5.1.3 平均分析法

平均分析法就是指利用平均指标来比较某一现象在同一时期或不同时期的水平，以反映该现象在特定时间、条件下某一数量特征的平均水平。对于团队来说，平均指标可以反映出团队在某一时期、某一方面的平均水平。

在管理过程中，管理者需要对各种平均指标进行对比，比如，人力资源中职工的平均年龄、平均学习水平、平均工资等；生产所用的原材料平均消耗、单位产品平均成本以及平均劳动生产率等。需要注意的是，管理者在进行不同团队之间的比较时，必须使用平均指标，因为平均指标可以不受团队总体规模的限制。

在对员工进行考核的过程中，如果需要分析员工各方面的工作情况并对员工做出最公正的评价，那么，管理者就可以利用平均分析法，明确每一位员工的工作业绩与员工总体业绩平均值的对比情况，据此对员工奖励或处罚。

管理者在使用平均分析法时，需要注意以下两点。

（1）管理者要把总平均数和组平均数结合起来分析。这有利于管理者正确认识总体结构对平均水平的影响。

（2）管理者要把平均指标与变异指标结合起来分析。这有利于管理者更全面地认识和评价总体水平。因为平均指标说明总体的一般水平，反映集中趋势；变异指标则说明总体内部的差异程度，反映离散趋势。

所以，管理者需要把平均指标和变异指标结合起来分析，这有利于管理者细致分析、总结总体内部差异和总体一般水平，从而采取相应的调整措施。

5.2 数据分析的工具

在进行数据分析时，管理者需要用到一些分析工具。数据分析工具类型多、针对性强，若使用不当会对管理工作造成负面影响。主流的数据分析工具主要有三类，分别是Excel、BI工具、R和Python等编程语言。本章将具体介绍它们的区别、优势，帮助管理者了解哪种数据分析方式最适合自己的工作。

5.2.1 Excel：最基本的数据分析工具

Excel是管理者在进行数据分析时可以使用的最基本的数据分析工

具。Excel 具有数据处理、统计分析、辅助决策等功能，被普遍应用于管理、统计、金融等领域。Excel 的数据分析功能主要包括以下几个方面，如图 5-1 所示。

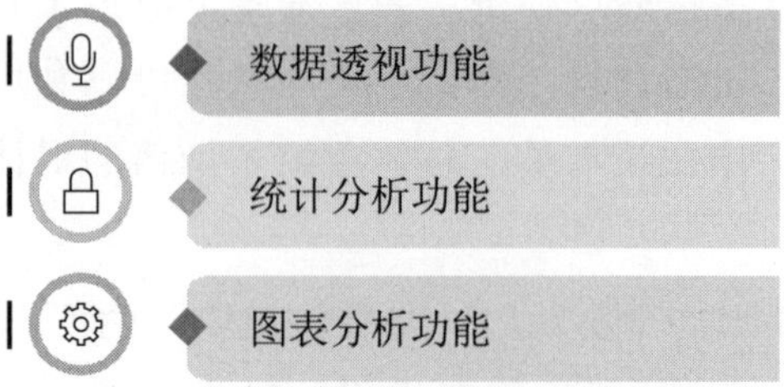

图 5-1　Excel 主要的数据分析功能

1. 数据透视功能

Excel 的数据透视功能可以实现筛选、排序、分类汇总等操作，并能够生成汇总表格。数据透视可以迅速汇总大量数据，管理者可以使用数据透视表分析数值数据。

2. 统计分析功能

Excel 能够完成数据的统计、分析和处理，功能强大且简单实用。在分析大量数据时，管理者不需要使用多张电子表格，也不需要在其他应用中工作，Excel 图表引擎能够帮助管理者以直观的图表形式显示分析结果。

Excel 提供专门的数据分析工具。管理者只需为分析工具提供数据和参数，数据分析工具就会自动输出相应的结果。分析工具库使 Excel 具备了更多的统计分析功能，比如描述统计分析、相关与回归分析、时间序列分析、抽样工具等。

3. 图表分析功能

Excel 提供 14 种类型的图表，每种图表类型又细分为若干子图表类型，同时 Excel 还拥有 20 种自定义类型图表。常用的图表类型有以下几种。

（1）柱形图：柱形图用长条显示数据点的值，可以显示一段时间内数据的变化，也可以显示不同组数据间的比较关系。管理者想看团队或某位员工一段时间内的业绩变化情况，可以采用柱形图。

（2）折线图：折线图用点表示同一系列数值的情况并用直线将这些点连接起来，能够显示某一时期数据的变化及变化趋势。管理者想看团队或某位员工一段时间内的业绩变化趋势，可以采用折线图。

（3）饼图：饼图只能用于同一个数据系列间各数据的比较，其能够表明每一项数据占该系列数据总和的比例。管理者想看同一团队内员工的业绩在总业绩中的占比，可以采用饼图。

5.2.2 BI工具：为数据分析而生

BI 工具是为数据分析而生的，其目的是缩短从数据分析到决策的时间，通过数据来影响决策。Excel 除了数据分析之外还有很多功能，而 BI 工具则是专门用于数据分析的。

BI 工具是依照数据分析流程而设计的。其数据分析流程为：数据处理—数据建模—数据可视化，最终用图表来识别问题并得出结果。

若数据量过大，那么 Excel 就无法完成数据透视表，同时如果管理者用 Excel 来显示图形，需要花费大量时间去编辑图表。而 BI 工具可以弥补 Excel 在这些方面的不足。

BI 工具主要分为三种：Tableau、Power BI、Fine Report。

1. Tableau

Tableau 的本质是 Excel 的数据透视表和数据透视图，其可视化效果比 Excel 更好。此外，Tableau 还提供数据清洗功能和智能分析功能。这些都是 Tableau 的产品优势。

2. Power BI

Power BI 的优势为其业务模型和数据分析功能，且 Power BI 的数据分析功能极其强大。管理者可以通过 Power Pivot 和 DAX 语言以编写公式的方式来进行复杂的数据分析。

但 Power BI 上手难度大，对管理者的学习能力要求较高。

3. Fine Report

Fine Report 的自助服务数据分析十分适合团队管理者。只需通过简单的操作，管理者就可以借助 Fine Report 设计各种样式的报告并便捷地构建数据决策分析系统。

Fine Report 可以连接到各种数据库，能够方便快捷地自定义各种样式，有利于管理者制作周报、月报、季报、年报，其功能包括报告创建、报告管理、数据输入等。此外，Fine Report 同样具有可视化功能，能为管理者提供多样的仪表板模板和自行开发的可视插件库。

5.2.3 R和Python等编程语言：灵活的数据分析工具

R 和 Python 等编程语言是第三类数据分析工具。尽管 Excel、BI 工具已覆盖了数据分析的大多数应用场景，但它们基本上都是定制化的。而 R 和 Python 等编程语言是不一样的，它们强大且灵活，管理者可以编写代码来执行任何操作。那么，R 和 Python 等编程语言可以实现哪些 Excel、BI 工具难以实现的功能呢？

1. 专业统计分析功能

R 语言擅长统计分析，比如通过算法对聚类进行分类和回归分析等。R 语言可以回答很多问题，比如：数据的分布是正态分布、三角分布还是其他类型的分布；数据是否在可控范围内；不同数据对结果的影响如何；某个参数发生变化会带来什么影响等。

2. 独立预测分析功能

R 和 Python 等编程语言具有独立预测分析功能，管理者可以借助独立预测工具预测员工的行为。比如，员工做某项工作会花费多长时间、错误率是多少等。

Excel、BI 工具、R 和 Python 等编程语言存在重叠的功能，同时也十分互补。在选择数据分析工具之前，管理者首先要明确自己进行数据分析的目的，进而选择最适合的数据分析工具。

5.3 如何开展数据分析工作

数据管理是数据分析工作的前提。在开展数据分析工作时，管理者要先提高数据管理意识，同时也要引起员工对数据管理工作的重视。此外，管理者需要健全数据管理机制，完善相关制度，为数据分析工作提供制度保障。

5.3.1 提高团队对数据管理的认识

数据是数据分析、管理的基础。数据的准确性、科学性决定数据分析结果的正确性。当管理者给予数据分析、管理系统足够的重视并制定相关决策时，数据分析、管理系统的错误率会有效降低。

除了管理者，员工也应该重视数据分析、管理工作。因为员工是开展数据管理工作的主体。员工应该把握好各自工作环节的数据管理工作，避免产生垃圾数据、错误数据。若发现错误数据、垃圾数据，员工应及时将其清除，确保数据的正确性和完整性。当集体员工都重视数据分析、管理工作时，数据分析的准确率就会飞速提升。

此外，团队应注重使用先进信息技术进行数据分析、管理工作，信息技术是实现数据分析与管理的重要手段，其先进性影响了数据分析、管理系统的质量。

5.3.2 健全管理机制，完善管理制度

为了更好地开展数据分析、管理工作，管理者必须健全职能部门，完善管理制度，为数据分析、管理提供制度保障。

数据分析、管理工作应有专门部门负责，因此管理者应成立数据分析、管理领导小组及数据分析、管理部门，将数据的监管职责授权给数据分析、管理部门，由数据分析、管理部门统一管理监控数据。在这个过程中，各有关职责部门应给予配合。

此外，各部门也应设立相应的数据处理岗位。同时，管理者还需要制定《数据管理办法》等规章制度，明确数据分析、管理部门的职责、工作程序、考核奖惩等。团队可以建立数据通报制度，制定信息采集、审核、录入、传递等环节的标准流程，使数据监管与运用逐步规范。

为保证数据的真实性和有效性，管理者必须把控好数据录入环节，控制好数据产生的源头。管理者需要做好以下几个方面，如图 5-2 所示。

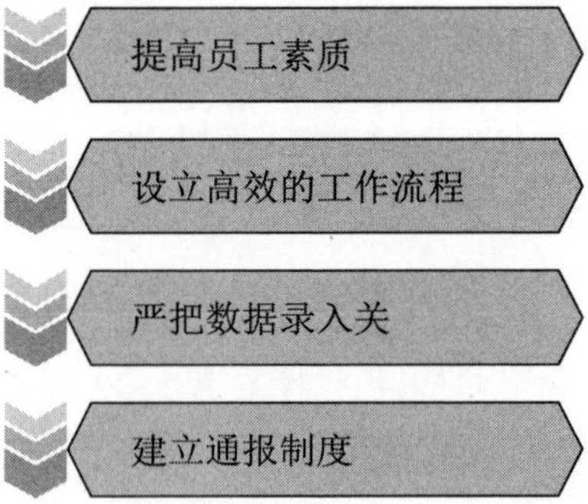

图 5-2　保证数据真实性、有效性的要点

1. 提高员工素质

管理者需要对数据录入人员进行工作流程、职责规定等方面的培训，帮助其明确自身职责及数据录入的质量标准，同时明确管理软件的问题提交、处理、反馈程序。而数据问题由数据管理部门统一接收、解决并反馈，为数据管理工作提供保障。

2. 设计高效的工作流程

管理者要结合实际情况设计工作流程，细化岗位职责，以便有效提高数据收集及数据管理的效率。

3. 严把数据录入关卡

能够被录入系统的数据一定是规范、安全、经过审核并通过的数据。管理者需要严把数据采集、审核、录入关卡，确保数据的准确性。

4. 建立通报制度

建立数据分析、管理工作的通报制度非常重要。管理者可以使用“一月一通报、一月一考核”的方法，按时在团队内部系统通报各部门征管数据的质量以及完成情况。同时，在每月例会上，管理者也要让数据管理部门的负责人对上月数据质量进行通报，如发现问题，及时制订整改方案。

同时，在已建立机制的基础上，管理者还要进一步完善数据分析、管理的办法，建立项目管理制度、信息发布制度等。此外，管理者还需要建立与数据处理相适应的业务配套制度、信息技术安全制度，为数据分析、管理工作提供保障。

第 6 章

有效沟通：沟通是保证团队高效运转的基础

沟通不畅是大部分团队出现问题的主要原因。有效的沟通不仅可以提升团队的工作效率，还可以让团队内部少一些误解，多一些理解，从而更有凝聚力。

6.1 沟通应避免假、大、空

有些领导认为沟通就是我说你听，于是每天给员工讲一些没有营养的大道理，告诉员工要努力、要上进，最后磨破了嘴皮子也没什么效果，还落得一个假、大、空的名声。事实上，久经职场的员工们早已对职场“鸡汤”产生免疫，他们更想听到真正有用的见解或者看到管理者的身体力行。

6.1.1 好领导都是讲故事的高手

有时，我们会发现自己上学时学的专业知识很容易就忘了，但小时候听故事记住的道理却很难遗忘。故事形象生动，表现力强，比起干涩的大道理，员工更容易被故事感染。很多知名公司管理者都很重视故事这一表达形式，IBM 公司甚至专门请了有 15 年好莱坞剧本编辑经验的剧作家担任公司顾问，耐克公司同样也邀请了好莱坞著名编剧担任“首席故事官”，负责训练经理们讲故事。

之所以不惜重金来践行故事这种沟通模式，是因为在这些大公司看来，管理者的讲话方式应该是生动且具有说服力的。一个包含重点、有人情味的故事，远比一堆统计数据更有说服力和影响力。

管理者讲故事不是单纯地向员工传达故事本身，而是告诉员工包含在故事中的重要信息，因此这个故事的设计应该是有讲究、有方法的。企业管理专家诺尔·迪奇总结出了管理者常给员工讲的三种故事类型。

第一种，我是谁，我怎么样。这种故事的主要内容是管理者个人的丰富经历和成功经验，它可以丰满管理者在员工心中的形象，从而拉近管理者与员工的距离。

第二种，我们是谁，我们要怎么样。这种故事的主要内容是团队发展和建设的目标，它可以激发团队协作精神，让团队更有凝聚力。

第三种，我们将来会怎么样。这种故事的主要内容是公司未来愿景，它可以激发员工工作积极性，让员工更有奔头。

上述三种故事有各自不同的作用，但无论是哪种故事，都应包含关键的五项要素，如图 6-1 所示。

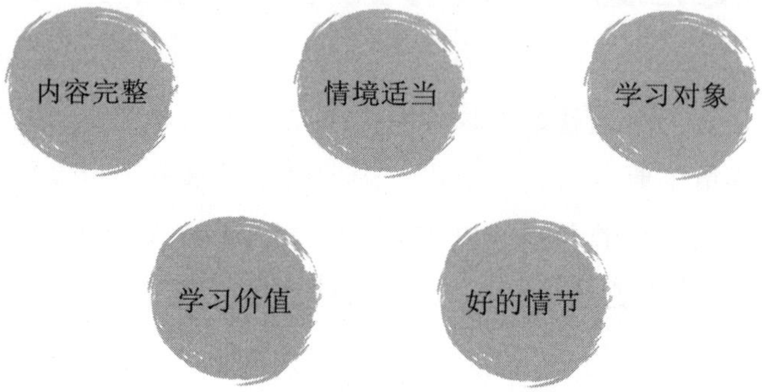

图 6-1　好故事的五要素

1. 内容完整

内容完整是好故事的基础。如果管理者想要传递完整的信息，充分表达其中的精神内涵，就要保证故事有头有尾，完整且详细。

2. 情境适当

故事的发生一般都会依托一定的情境。只有情境和所表达的内涵相一致，故事才能被更好地理解和领会，发挥出积极的作用。因此，管理者在讲故事时，一定要注意对情境的塑造，让故事更真实、更有代入感。

3. 学习对象

故事中的学习对象，能起到榜样的作用。例如，管理者在输出公司价值观时，就可以在故事中塑造一个秉持价值观的标杆形象，方便员工学习。

4. 学习价值

管理者讲故事目的是希望员工能从中学到知识、受到教育、获得进步，因此好故事一定要有学习价值，让员工听了之后有所收获。

5. 好的情节

好的情节设置是故事吸引人的前提，只有真正被故事吸引住了，员工才能更好地理解其中蕴含的道理。因此，管理者要清楚员工想什么、需要什么、忌讳什么等，把故事讲到员工的痛点上，让其被故事所吸引。

6.1.2 问对问题，让员工自己找答案

员工在工作中遇到问题可能会向管理者提问，这时管理者应该如何应对呢？不专业的管理者，当员工问问题时，会立马给出答案。而专业的管理者，不会直接告诉员工答案，他会问员工是否经过深思熟虑，并引导员工自己找答案。

管理者直接帮员工解决问题，会让员工养成一有问题就找领导要答案的习惯，从而把管理者变成了执行者。这样会导致管理者越来越忙，而员工成长越来越慢。

因此，面对员工的问题，最好的解决方式不是给答案，而是提问题。管理学大师彼得·德鲁克曾说："优秀的管理者都是一切问题到此为止的人。优秀的员工都是提前准备好答案的人。"

当员工向领导问问题时，必须提前准备几套方案供领导选择。管理者要做的是选择题，而不是填空题。作为一个专业的管理者，如果员工来问问题时没有准备好方案，管理者要做的不是直接给员工答案，而是问问题，引导员工站在领导的角度、客户的角度去思考问题，想出解决办法。

下面是货物不能按时到达时，管理者与员工沟通的案例。

小李："王总，铁路货运和公路货运都爆仓了，咱们的货可能没法按时送到了。您看怎么办？"

王总："赶紧去联系空运，运费多一点没关系，货必须按时送到。"

过了一会儿小李又回来了，说："如果改空运，运费得上浮30%。您看呢？"

王总："不行，我们只能增加10%的运费。你跟货运那边说，这本来就是他们的责任。"

过一会儿小李又回来了，说："他们说陆运盯紧一点，应该也能按时到。您看呢？"

王总有些生气："什么叫应该？如果没有100%的把握，必须空运。要是出了问题，我们会面临巨额赔偿。"

这样来来回回折腾了好几次，问题还是没有解决，最后王总亲自出面才和货运公司沟通好。为什么两个人反而解决不了问题呢？归根结底，是王总的沟通思维出了问题。王总在沟通过程中直接给出了答案，把员工小李变成了传声筒，实际上还是王总在和货运公司沟通。如果王总按照下面的方式沟通，引导小李自己解决问题，事情就能更快解决。

小李："王总，铁路货运和公路货运都爆仓了，咱们的货可能没法按时送到了。您看怎么办？"

王总："这个客户很重要，货物必须按时送到，你有什么办法吗？"

小李："可以改空运，但是运费会上浮。"

王总："空运的确很保险，但我们的运费预算是××，你觉得上浮多少我们双方都能接受呢？"

小李："10%～20%吧。太低了货运公司也不会同意，太高了就超出我们的预算了。"

王总："那么你要如何说服他们接受10%，而不是20%呢？"

小李："我们是他们公司的大客户，而且货不能按时到责任在他们。我会告诉他们上浮10%是我们的底线，他们要是不想终止合作关系，应该会考虑的。"

王总："可以，就按你的思路跟他们交涉吧。"

这样，通过一个一个问题引导员工自己想出解决方案，既能让员工的能力得到锻炼，又能让员工更有信心对待接下来的工作。这个案例告诉我们，作为一个管理者，不要总是包揽一切，不把思想还给员工，员工只能做一个提线木偶，自然很难拥有令人满意的执行力。

6.1.3 员工只看领导做什么，而非说什么

管理者是团队的排头兵也是榜样，很多员工都会下意识地模仿领导的行为和态度。因此，管理者要想让员工高效工作、奋发上进，就必须先严格要求自己。只有以身作则，才能得到员工的信任与服从。

如果管理者想树立威信，就更应该留意自己的每一句话、每一个行动。如果在员工眼中，管理者是一个消极怠工、口无遮拦的人，他们就很难去发自内心地信任管理者，充其量只做做表面功夫。高情商的管理者都明白，只有让员工从心里觉得自己是可以信赖的，才能激发他们去主动承担责任。

微软公司的首席执行官史蒂夫·鲍尔默，有着超强的执行力和自律意识，是微软公司有名的行动家。在工作上，鲍尔默异常严厉，不管是对待自己还是对待员工。同时，他还提出，经理人不能经常说空话，想让员工做到的，自己应该先做到。因此，微软的管理层不存在自己不做事只让员工做事的情况。另外，勤奋也是鲍尔默一直践行的管理原则，他对微软的每件事情、每个工作环节都了如指掌，同时要求自己的经理们也这么做。所以，他成了员工们当之无愧的榜样。

员工时刻都在观察领导。如果一个团队拥有一个像史蒂夫·鲍尔默这样严于律己的管理者，不管什么要求，都自己先做到，那么他就会成为最严格的监督者，让所有员工受到这种自律气氛的感染，从而按照管理者的标准去要求自己。

日本三洋电机公司总经理井植薰说过："不能制造优秀的自己，怎么谈得上制造优秀的人才。优秀的领导人才能制造出优秀的人，优秀的人才能制造优秀的商品。更优秀的自己和更优秀的他人，就是三洋电机的特色。"

井植薰在实际管理过程也在时刻践行这句话。他这种极度自律的管理方式，感染了三洋电机公司的所有员工。自从升任为三洋电机公司的总经理后，井植薰就没有为自己制定过额外的标准，凡是要求员工做到的，他都会自己先做到。公司规定的制度，他都是第一个实践的人，并且严格履行。

因为当时手机等通信设备还没有普及，一旦出现紧急事务需要处理

找不到负责人，就可能会误了大事，所以三洋电机公司规定员工每次外出时都要让公司中的一个人知道他的去向。在这项规定推行之前，井植薰就开始实践了。他每次外出时都会告诉公司中的一个人，就连私事也没有例外。因此，当这项制度推行后，全体员工都没有怨言。

井植薰在公司谈话时经常讲："管理者如果认为公司的规则只为普通员工而制定的话，就大错特错了。它应该是公司所有人都必须遵守的规矩，包括总经理、公司总裁、董事长等高层。假如因为自己是公司高层，下面的事有人代劳，就以为迟到几分钟没关系，那是绝对行不通的。大家都听过'上行下效'吧？管理者做出了榜样，下面就有人模仿。这种模仿，长此以往会造成公司上下的懒散作风，足以让一个前景不错的公司走向失败。"

有一次，一位记者问他："您现在年纪不小了，还总是以身作则，会不会吃不消？"井植薰回答道："再累也要坚持。不以身作则，对员工就没有影响力和号召力。我作为三洋电机公司的总经理，公司上下有7万双眼睛盯着我，我必须谨言慎行，不能做出坏的表率。"

如果管理者总是严格要求别人，很少严格要求自己，久而久之，员工便会习惯管理者的处事方式。那么当他们走上管理岗位时，也会成为只要求别人，不要求自己的领导，从而形成恶性循环。这种恶性循环一旦形成，对公司发展和个人进步都没有好处。

员工的眼睛是雪亮的，如果领导行为有偏差，即使他的发言再完美，也不会打动员工；即使他制定的制度再完善，员工也不会去努力施行。一个优秀的管理者并不是靠制度和权威，而是靠个人魅力和品格来让员工信服。员工在决定要不要追随一位领导时，更多的是看他的品格，是看他实际做了什么，是看他的自制力和纪律性。只有那些懂得律人先律己的管理者，才能真正在员工心中树立权威，才能打造出优秀的团队。

6.1.4 如果你强调什么，就检查什么

有些管理者经常喜欢跟员工强调自己觉得重要的事，但是强调完又不检查、不考核，导致这件事情只能停留在"口头重要"的程度，永远

不能落实。因此，管理者对待自己日常强调的事情，应该及时检查和考核，否则就等于不重视，员工不去做也是理所当然的。例如，酒后驾车行为就是因为加强了检查，才能被有效遏制。然而，检查不是单纯的业绩考核，它需要管理者做到事前预防、事中分析、事后改进。

1. 什么重要就预防什么

检查不能只存在于事中。如果管理者觉得某件事情真的很重要，就要确保其结果一定是好的。因为不管是事中检查出了错误还是考核结果不好进行事后补救，其造成的损失都已经是无法挽回的了。因此，管理者在事前就应该加强“预防”，让这件重要的事情按照正确的步骤被执行。

2. 什么重要就分析什么

在工作过程中，影响工作结果的因素有很多。例如，某工厂经常出现发错货的问题，管理者对此制定了考核政策，按照员工的发错率给予奖励或惩罚，但问题并未得到有效遏制，甚至加大罚款力度也没有解决该问题。最终经过管理者的分析发现，发错货的原因是有一个员工是色盲，所以无论自己制定什么样的制度都不能避免他发错颜色。解决该问题的最好办法是调离该员工。

这个案例说明，管理者在检查重要问题时不能只看表面，而要深入问题的本质进行研究。管理者只有找对问题的方向，员工才能有效执行，否则管理者的强调也只能是空喊口号而已。

3. 什么重要就细化什么

还以前文发错货的问题为例，发错货作为管理者反复强调的一件事情，导致它出现的原因可能有近百个，包括新员工不熟练、拣货手法错误、货物摆放错误等。管理者不可能把每个因素都检查一遍，因此，管理者需要找到这近百个问题的本质原因，只强调、检查最核心的因素。

4. 什么重要就改进什么

有时工作出现问题，并不是员工操作错误，而是缺少辅助工具或设备存在缺陷，需要增加技术支持、优化设备。所以，管理者在检查时如果发现这样的问题，就要及时改进。不要总强调员工的职责，而忽略了自己的职责。

5. 什么重要就关心什么

有时工作出现问题的确是员工的原因，但却是公司制度不合理造成的。例如，员工发错货可能是因为疲劳，而员工会出现工作疲劳，却是因为公司很少安排员工轮换或休息。因此，管理者在检查自己强调的问题时，还要注意挖掘深层原因，不要一味只让员工改正，动不动就批评指责，要用关心替代检查，让管理更加人性化。

6.2 有效批评也是一种合理的沟通方式

使用合适的方法对员工进行批评问责也是一种与员工沟通的有效方式。合理的批评问责能够帮助员工认识到自己的不足并督促其改正缺点，对其成长具有积极的促进作用。

在对员工进行批评问责时，管理者必须明白批评不等于责骂，批评前必须要考虑到员工的想法，这样才能使批评问责发挥出积极的作用，帮助员工改正错误。

6.2.1 公开表扬，私下批评

在团队管理过程中，表扬与批评两件事是管理者无法避免的，它们都是与员工沟通的方式。但管理者必须做到“公开表扬，私下批评”。这种批评方式能够避免管理者与员工产生冲突。下面结合具体案例来看。

上海某公司的某管理者性情十分急躁，员工工作稍有差池，其便会大发雷霆，不顾场合地批评员工。因此该公司里时常出现这样一个场景：管理者在办公室大声斥责一名员工，其他员工在一边噤若寒蝉。

公司的员工都知道这位管理者喜欢批评人。为了少受批评，每个员工都仅做分内的事情，多余的工作一概不管。因为做得多难免会错得多，谁也不想在同事面前被该管理者批评。在这样的工作状态下，公司自然难以发展。

若管理者当众批评做错事的员工，会激起其逆反心理。不但员工难以接受，管理者的预期沟通效果也无法达到。若管理者将批评放在私下进行，员工的自尊心能得到保护，其会相对容易接受批评，也能充分地与管理者交流沟通。这样就能达到有效沟通的目的。

“公开表扬，私下批评”是一种有效的员工管理方式。它照顾到了员工的情绪，避免员工和管理者产生冲突，双方也能够在相对理智的情况下就事论事。管理者能够客观地指出员工的错误，员工也能够坦诚地表达自己的观点，因而沟通会更加有效。

6.2.2 “对事不对人”是批评的原则

很多管理者在批评员工时，往往会因为情绪过于激动而使双方陷入僵局，有悖于沟通的目的。有效批评要求管理者在批评员工时摒弃对员工本人的主观认知，将重心放在解决问题上。通俗来讲，就是“对事不对人”。

对事不对人能够让管理者更准确地关注问题本身。若对问题本身的关注度不够，不但无法了解问题的本质，也无法找到解决问题的正确方法。因此，管理者批评员工时应尽量准确、具体，以问题本身为出发点解决问题，不能因为员工某件事做错了，就认为这个员工能力不行。比如，用“总是”“根本”等言辞来否定员工，都是不可取的。

摒除对员工的偏见，对事不对人也是管理者对员工的尊重。

举例来说，某位管理者脾气比较暴躁，对工作一丝不苟。若平时他看到员工工作不负责或者员工的工作让他不满意，他总是会忍不住当面指出来。一天，该管理者又忍不住在会议上当着众人的面斥责了一名员工。这名员工平时工作十分出色，工作失误在他身上并不常见。

意识到这一点，管理者马上对自己的冲动行为进行了弥补。

下班之后，他找到那名员工对他说：“今天委屈你了，你平时的工作其实是十分出色的。我是因为大家工作状态欠佳才对你进行批评的，并不是针对你个人，如果我的话让你觉得不舒服，请原谅我。不过你此次的工作质量仍有提高空间，相信你能做到。”管理者的这番话安慰了这名员工的沮丧心理，之后其工作也更加认真了。

对事不对人的批评更加公正，也更容易被员工接受。若管理者的批评有失公平，很容易引起员工的不满，甚至会使员工不再信任管理者。同时，虽说批评要对事不对人，但是在批评员工时，管理者也要考虑到员工的差异性，做到因人而异。

若管理者知道某个员工的性格比较冲动，就不要使用一些攻击性强的词汇来批评他，而应该心平气和、语重心长地劝诫他。

批评员工本身是一件不愉快的事情，管理者需要让这种沟通变得更有成效。想要指正员工的错误并对其进行辅导，让员工从错误中吸取教训同时又不产生抗拒心理，实现良性的沟通，这并非易事。因此管理者在与员工沟通时，必须坚持公平公正、对事不对人的原则。

6.2.3 指出问题所在，胜过一味批评

正所谓“金无足赤，人无完人”。员工犯错是在所难免的，因此管理者在批评员工时应对员工晓之以理，而不是一味宣泄情绪。管理者要客观评价员工的过错，帮助其分析犯错的原因并鼓舞员工勇于面对错误。过度的批评只会使员工和管理者之间产生矛盾。下面来看一个例子。

某销售公司的管理者因为某销售员当月业绩下滑而对其大发雷霆。对于管理者的批评，该销售员非常不悦。因为他的销售业绩一向很好，年年被评为优秀员工。而这个月该销售员被分派到刚开发的新市场，客户数量较少，导致当月业绩有所下滑。该销售员觉得管理者只看数字，不问事实，对自己不公平。

在此案例中，管理者的批评并没有起到积极的效果，不但没有激发该销售员的工作积极性，还挫伤了他的工作热情。

上述案例并不是个例。一些管理者在批评员工时往往过于严苛，这只会适得其反。在批评过程中保持对员工的尊重是管理者的基本素养。同时，管理者要清楚，批评是一种与员工的沟通方式，其目的不仅限于引起员工对所犯错误的重视、追究员工的责任，还包括警示员工不要再犯类似的错误。

在批评过程中，管理者要指出员工的问题所在，针对其所犯错误给出建议，让员工明白问题产生的原因以及解决的办法。

管理者可以引用一些有助于自己说明问题的资料。例如，“你的工作的标准速度是每小时五十件，此前你总会到达甚至超越这个标准，但资料显示你上个月平均每小时只生产了四十件。”这种具体的资料更容易让员工了解自己的问题所在。

6.2.4 问清缘由，及时改正

导致员工工作出现问题的原因是多方面的。管理者必须弄清问题产生的缘由，才能帮助员工及时改正，提升效率。

首先，在和员工进行沟通时，管理者要和员工讨论问题产生的原因。在讨论过程中，管理者应该多以开放式问题来询问员工，比如，“什么事”“什么时候”等。这样的提问会使员工更愿意回答。当管理者找出问题的根源时，就可以进一步询问更具体的问题。

其次，在和员工进行沟通时，管理者要学会倾听。由于员工对工作的了解会更深入，其往往能更快地找出问题的原因。在这个沟通过程中，员工提出的意见和建议也是管理者需要思考的。在明确了问题产生的原因后，管理者也需要询问员工是否有合适的解决办法。员工的意见和建议可能会为问题提供新的解决思路。

最后，在确定了解决方案后，管理者需要让员工勇于承担责任。当管理者强调改进工作的责任在员工身上，并对员工承担责任的能力表示出信任时，员工的自信心会增强，工作效率也会提升。

6.2.5 用批评逆向激励员工

批评具有激励和约束两种作用。只要掌握好方法，管理者用批评也能够激励员工。

某老板有一名漂亮的女秘书，但其在工作中常因粗心而犯错。一天，该老板在看到这位秘书时，对她说："今天你穿的衣服很漂亮，十分适合你这样漂亮的小姐。"该老板的夸奖让女秘书受宠若惊。但该老板接着说："但不要骄傲，我相信你也能把工作处理得像你一样漂亮的。"从那天起，女秘书便很少在工作中再出错。

这名老板在向别人解释这件事时说："你看到过理发师给人刮胡子吗？他要先为人涂一些肥皂水，为了刮起来使人不觉得痛。"

这个故事被管理学界称为"肥皂水效应"，即将批评夹在表扬中。管理者将对员工的批评夹在表扬的话语中，能够减少批评话语的负面效应，使员工愉快地接受批评。

人有一种与生俱来的心理防卫机制。员工受到批评时，首先会想："我真的错了吗？"然后就下潜意识地找理由为自己辩解。所以，管理者的批评很难被员工接受。肥皂水效应正是考虑到了人们的这种心理活动。

管理者在批评员工时，一定要考虑对方的内心想法。在面对员工的缺点、失误以及小错误时，采取此种批评里夹着表扬的方式，能有效把批评转化为激励。

还有一种常见的批评方式，叫善意的批评，即管理者对表现较好但自满自足的员工进行批评。这种善意的批评是为了让员工保持清醒的头脑与平常心，也能对员工起到激励的作用。

6.3 倾听胜过千言万语

管理者要学会倾听，让员工充分表达自己的意见和想法，从而保证沟通的效果。有些管理者跟员工谈话时，喜欢自己滔滔不绝地讲，本来应该是员工主导的环节，结果变成了管理者一个人的说教时间。等管理者讲完了，员工随意敷衍一句就结束了对话，结果员工想说的一句也没说成，谈话也没有效果。

6.3.1 传达共情，用心倾听

在倾听过程中，传达共情、换位思考是非常重要的。毕竟每个人都希望自己在表述时，对方能用心倾听，并站在自己的角度上思考问题。

例如，员工说："去高档小区做地推根本就行不通，小区出入都需要刷门禁卡，如果我们强行混入，马上就会遭到保安驱逐，不仅起不到宣传的作用，还会损害公司形象。"

管理者应该这样回应："你说得很有道理。这样不仅有损品牌形象，还会让你的业务难做，确实应该另想法子去推广。"

管理者如果能这样设身处地为员工着想，理解下属的想法，而不是对下属强加指责，单纯地认为下属在推卸责任，那么沟通可能就不会变得那么困难了，上下级的摩擦也能适当减少。要如何才能做到共情式倾听呢？

1. 全然投入

共情式倾听需要管理者先放弃以自我为中心看待问题的惯性思维，全然投入员工的个人体验中。

张经理特别喜欢找员工谈话，但每次谈话都会克制不住自己的表达欲望。有一次，他找HR小林商量改进员工培训的问题，小林向他反映了一些新进员工的问题和对公司的反馈，可还没等小林说完，张经理就打断了他，然后发表了一通自己认为新进员工应该如何做的观点，全然不管实际情况。小林直到走出办公室，也没能把新员工的意见反映给张经理。

案例中的张经理已经意识到了沟通的重要性，但始终以自我为中心看待问题，开口闭口都是"我认为你要怎么样"，没有站在员工的角度去想他们认为好的培训应该是怎样的。如果张经理意识不到这一点，就很难做出接地气的决策。

2. 放下偏见

和共情式倾听相对的是倾向性倾听。也就是说管理者在倾听前就已经有了自己的偏好，在倾听时会不自觉地按照自己的想法思考，反而把他人的言语当成了耳旁风。

销售部的小王平时工作认真努力，业绩也不错，但总是在处理事情时不注重细节，有些小马虎。有一次，小王交给刘经理的资料中少了一份客户资料，小王向刘经理解释说是因为客户要作调整所以资料还需要修改。结果刘经理听完小王的解释，还是对他说了一句“你怎么就不能仔细一点呢？”小王觉得很莫名其妙，明明是客户的问题，但刘经理的言语中还是在责怪他不仔细，这让他觉得很不舒服。

刘经理在这个案例中犯的错误就是倾向性倾听。他在开始听之前，心中已经认定了小王是因为不够仔细才会犯错误，所以在这个倾向性的引导下，共情力被削弱，于是就脱口说出了自己认定的答案。这样的沟通很难产生共鸣，而且会打击小王改正自己缺点的积极性，让他始终只能做一个“不仔细”的人。

3. 放下同情

管理者在沟通过程中要注意有一种情绪跟共情很接近，那就是同情。同情指的是跟别人一起体验情绪，多关注过去的感受；而共情则指的是到他人内心去体验情绪，多关注当下的感受。

小董因为和办公室的老员工发生了冲突，遭到了排挤。陈经理好心找小董谈话，结果还没等小董说完冲突的原因，陈经理就开始讲述自己刚进公司时的经历。陈经理持续讲了30分钟自己的经历，然后劝小董说公司不是学校，让小董谦虚一点多和老员工交流、多参加他们的活动。小董直到走出办公室也没觉得自己得到了安慰，而且陈经理并没有帮他解决被排挤的问题。最后小董因为实在处理不好同事关系，选择了辞职。而陈经理还一直觉得是小董年轻气盛、小题大做。

这个案例中陈经理就是用同情式倾听和小董谈话，其实从陈经理开始讲述自己的经历时，整个谈话的重心就从小董身上转移到了陈经理身上。小董无法从陈经理的悲惨经历里获得安慰，反而会觉得这件事没有引起陈经理的重视，他只不过是在敷衍自己罢了。

同情是可以不介入他人的内心，就与其产生情感联系的方法，而共情则需要进入对方的内心，倾听对方的心里话。有时候我们为了贪图捷径，会下意识用同情替代共情。同情会阻碍管理者真正理解员工的内心世界。管理者在倾听时，要把员工当作最特别的存在，以他们为中心，关注他们当下的情绪，挖掘他们隐藏起来的自己。

6.3.2 适时回应，表达尊重

在沟通过程中，管理者不能唱独角戏，但管理者也不能让员工唱独角戏。因此，管理者在倾听员工的汇报时要积极回应，这个回应不同于反馈。反馈是要提出解决办法，而回应则是为了继续获取信息。

例如，管理者在听员工讲话时，如果某些细节没有讲清楚或自己没有听清楚，可以在员工讲话停顿时去询问，或者如果遇到了自己比较感兴趣的话题，可以在员工讲完时深入了解一下。另外，管理者还可以回答一些语气词作为回应，如“嗯”“对”“是啊”等。这样做既能让员工感受到管理者确实在认真倾听，又能让谈话顺利推进，有利于管理者获取更多的信息。

一般，管理者的回应主要有三种表现形式。

1. 冷漠

这种形式主要表现为“你说你的，我没有任何反应”。管理者的冷漠会在无形中制造紧张氛围，员工不知道管理者对他的汇报是否满意，会逐渐开始紧张，进而越来越小声，希望能马上结束这场汇报。这样是不利于管理者获取信息的，因为员工可能因为紧张省略内容或者不敢说出自己的真实想法。

2. 同情

这种形式主要表现为“这样确实太难为你了”。管理者在某些问题上对员工表示同情，可以消除他们的负面情绪，让谈话更好推进。员工会觉得管理者并不是不理解他的难处，进而也会更愿意和管理者说出心里话。

3. 关切

这种形式主要表现为“太难为你了，我能帮上什么忙吗？”这样的表达方式在引起员工共鸣方面比同情更有用，而且管理者能通过询问的方式引导员工想出解决问题的办法，从而真正帮员工解决问题。

6.3.3 如何通过倾听寻找关键信息

著名作家鲍威尔说：“我们要聆听的是话语中的含义，而非文字。在真诚的聆听中，我们能穿透文字，发觉对方的内心。”

倾听的主要目的是理解员工要表达的意思，同时准确理解员工、明确关键信息也是推进沟通的关键条件。成功的管理者倾听时都会伴随思考，他们会不断搜寻员工表达的矛盾点以及核心要点，明确员工对事情的看法，在员工说完时，第一时间给出中肯的意见。如此，不仅会使沟通变得更加顺畅，还会获得员工的好感与尊重。

那么，管理者该如何倾听出关键信息呢？

1. 听完全部信息

倾听的大忌就是打断对方。管理者有时会认为自己已经找到了重点，就直接告诉员工不要往下说了，然后匆忙定下结论。而这个结论很可能是有失偏颇的，而且终止员工的汇报对员工也很不尊重。管理者在倾听时要耐心一点，不要听到一半就心不在焉，这样很容易错过关键信息。

2. 注意细节

管理者在倾听时可以记录一些自己觉得重要的点和细节，最好能整理出它们之间的联系，有时关键信息就隐藏在细节中。

3. 听对方的感情色彩

员工汇报时的感情能体现出他对某些问题的态度，例如，语速快的地方可能是不重要的信息，加强重音和语调的地方可能是想要强调的信息。管理者要注意员工汇报时语调、重音、语速等的变化，以看出员工对问题的真实态度。

4. 注意潜台词

有时员工因畏惧领导的权威，不敢直接表达一些信息，就会借助“潜台词”。所谓“潜台词”是指人们在不方便直接表达时使用的说辞，例如员工说：“这次的项目就连××（某业务骨干）也是这样认为的”，他可能是想表达这个方案已经没有修改的余地了，而且他已经找最权威的人检验过了。管理者通过这些潜台词，可以清楚地了解员工对问题的真实看法。

5. 克服习惯性思维

其实，人们总是会下意识对听到的话进行评价，这种习惯性思维会导致管理者只能听到自己想听到的信息。管理者要想倾听取得好的效果，就必须打破习惯性思维的束缚，保持客观和理性。

6.3.4 防止倾听时出现主观价值判断

有些管理者在倾听时会下意识地主观判断问题的对错，得出一个表面客观，实际上却带有个人好恶的结论。这对员工来说是非常不公平的，而且会阻碍管理者和员工的相互理解，并加深彼此之间的隔阂。

有一年，孔子和自己的弟子外出游学，来到了陈国和蔡国的交界处。当时因各国战乱不断，百姓担惊受怕，所以庄稼收成也不是很好。孔子一行走到半路吃光了带的粮食，陷入缺粮危机，甚至连野菜汤都喝不上。不忍心让师父挨饿，弟子颜回和子贡四处询问，才找到了一点米。

颜回和子贡打算把其中一部分米煮成粥，分给大家喝，然后另一部分米煮成饭，给孔子吃。于是颜回负责做饭，子贡负责熬粥，不一会儿米煮软了该用甑子蒸了，颜回把米和米汤分开，把半熟的米倒进甑子里，可甑子里掉进了一些尘土，刚好落在米饭上，颜回舍不得扔了脏掉的米饭就把这些米饭吃掉了。

这一幕刚好被子贡看见了，他很生气，因为他认为颜回在偷吃米饭。于是子贡把这件事告诉了孔子。孔子却说："我相信颜回的品格，但我也相信你，而且这是你亲眼看到的，不如等他来了我问一问他。"

过了一会儿，颜回把蒸熟的米饭端来给孔子。孔子说："刚刚休息时梦见了我的祖先，我看还是先用这些饭祭奠祖先，然后再吃吧。"颜回连忙对孔子说："这饭不能用来祭奠祖先，我在蒸饭时把尘土掉进了里面，我觉得扔了可惜，就把脏的部分吃掉了。脏了的米饭怎么能祭祀祖先呢？"孔子听了，甚是欣慰，对大家说："很多时候我们以为自己亲眼所见就是事实，但实际上我们看见的不一定是事实，所以我们在对一件事作判断时，一定要先全面地了解它。"

这个小故事证明了主观臆断并不能还原事件的全貌，反而可能让人们在没有根据的情况下误解别人，非常不利于彼此之间建立信任关系。因此，管理者要时刻避免倾听时出现主观价值判断，对员工的工作评价要从事件本身出发，而不是从他过往的表现出发。

以下是三种常见的误解类型。

1. 过度的个人化解读

在出现不好的局面时，人们依照经验，将曾经的原因进行对号入座。例如，在项目进行出现问题时，管理者会首先认为是平时业绩不好的员工犯了错。

2. 恶意归因过失

人们有时会对善行表示怀疑，将其归因到某些坏事上去。例如，经常顶撞领导的员工，最近突然收敛了许多，管理者并不会认为他已经改过自新了，反而会觉得他在酝酿什么坏事。

3. 夸大阴谋论断

有时人们喜欢将问题复杂化，把它和权力等因素关联起来，得出一种阴谋论断。例如，上级领导没有给自己回信，却回了其他人的邮件。有些人就会认为："领导是不是更偏爱另一支团队，我们团队在年底可能争不上优秀了。"

那么，管理者要如何防止倾听时出现主观价值判断，并且让自己的疑虑不至于失控呢？以下 3 种策略，可以帮助管理者在倾听时避免出现主观价值判断的情况。

1. 注意地位的影响

那些较为弱势的人容易在和高位者对话时出现过度警觉的情况，而高位者则会下意识地主导谈话，这样则会加剧彼此之间的误解。因此，管理者倾听时要注意不给员工压迫感，多评价事件而不是人。

2. 反驳自己

如果管理者已经就某事得出了结论，不要急于输出，而是要试着去证明一下结论是错的。因为当人们一旦确定了某种结论，就会倾向于搜集支持结论的证据，并排斥其他信息。

3. 与反对方进行交谈

在倾听过程中，管理者不要急于反对员工和自己不同的观点。管理者要鼓励员工多表达相反的意见，并重新评估自己对于事实的解读，综合双方的观点以得出正确的结论。

6.4 放低姿态，学会引导

管理者特别是长期待在管理岗位的人很容易在和员工说话时摆出一副高姿态，觉得员工应该任何事都主动退让。这样的管理者其实已经和员工疏远了，很难听到员工的真心话。管理者要学会放低姿态，和员工平等对话，从而完成高质量的沟通。

6.4.1 好领导从不跟员工硬碰硬

管理者与员工大部分时间都可以和谐相处，但也会出现员工顶撞管理者的情况。当管理者被员工当众指责时，应该如何做呢？是互相指责，甚至大打出手，还是隐忍控制、一言不发？要想成为一名优秀的管理专家，管理者必须有处理这种突发事件的能力，既不能跟员工硬碰硬，也不能直接“冷”处理。

管理者被员工顶撞有两种情况：一是因公，二是因私。管理者对于这两种情况要做到区别对待。

1. 因公顶撞

员工因公事顶撞管理者，证明其出发点是好的，只是没掌握好方式。对于这样的员工，管理者要秉公处理，不可与员工针尖对麦芒，最好与员工就事论事。不管员工的建议能不能被采纳，管理者都要与员工说清楚原因，切忌直接用权威否定员工。

2. 因私顶撞

员工因私事顶撞管理者，证明其有需求未得到满足。如果员工是因为个人利益分配问题而不满，管理者能立即答复的就马上答复，不能立即答复的，可以承诺事后调查。但是，如果是违背原则的要求，管理者要立即拒绝，不能逾越道德底线。

一般员工是不敢主动顶撞管理者的，他可能从小事中积累了怨气，然后逐渐扩大，直到忍无可忍，才出言顶撞。因此，管理者要具体问题具体分析，放低姿态，积极沟通，化解矛盾。

（1）积极沟通

员工顶撞管理者的主要原因是双方的沟通出现了问题。如果双方都冷淡对待，或是一方主动而另一方被动，很容易越闹越僵。管理者作为领导，应该主动和员工沟通，消除误解。管理者可以直接约员工到办公室面谈，也可以用邮件沟通。不论采用哪种方式，管理者切忌强词夺理，也不可强迫员工屈服。正确的做法是攻心，对员工摆事实、讲道理，耐心解释、细心说明，让员工心悦诚服。

（2）泄洪排沙

以静制动也是管理者应对员工顶撞的好办法。正所谓堵不如疏，管理者可以先让员工把情绪宣泄完了，再进行沟通。在员工心情平静后，管理者要找准时机帮助员工明辨是非，进行批评或引导。通常员工发泄之后，情绪会缓和，这也证明了员工把管理者当作主心骨，有一种情感和心理上的依赖。

有时员工顶撞管理者，可能会伴随激烈的言辞和夸张的动作，加之有些员工本来就性格暴躁，故意惹管理者生气，这个时候，管理者要以静制动，避免硬碰硬，待其恢复理智，再平缓地指出其不足之处，使员工仿佛一拳打在棉花上——有劲使不上，从而避免激化矛盾。

（3）旁敲侧击

有的员工自以为有背景，可能会做出轻视自己上级领导的事情；有的员工因为自己资格老，不把年轻领导放在眼里；还有的员工因为自己无欲无求，不把工作安排当回事。这些人是顶撞领导的常客，他们认为管理者也不能把他们怎么样。

对于这种类型的员工，管理者不可轻易让步，不仅要从正面做出批评，还要对其旁敲侧击，提醒其注意自己的职责和位置。当然，有些员工因个人私利没有实现，故意制造麻烦刁难管理者，管理者切忌向这种员工妥协，要义正词严地对他进行批评，如果情形特别严重，可以让上级部门领导与其谈话。

（4）勿以权势压人

如果管理者在日常管理中对员工厚此薄彼，在升职、培训、加薪等方面执行的标准有偏颇，视员工利益为无物，就很容易与员工发生冲突。在这个前提下，员工顶撞管理者就理所应当了。所以，管理者要发扬民主作用，尊重员工，尽量避免和员工发生冲突。

不管是高层管理者，还是一线员工，都是平等的。员工有权表达自己的观点，管理者要充分尊重员工，维护员工的权益，而不是一味打压和抑制。鸦雀无声，是一种稳定；畅所欲言，也是一种稳定，然而前者隐藏着危机，后者却代表着生机。

（5）得理主动让三分

员工顶撞管理者可以算作一种失礼之举，管理者在处理员工顶撞时，可以用以退为进的方式让员工成为理亏的一方。如果能和和气气地商量，就不要板着脸说教；如果能私下处理问题，就不要公开指责；如果能够通过暗示解决，就不要当众让员工难堪。管理者如果能得理主动让三分，低调处理问题，那么在员工情绪平复后必然会心怀感激。

6.4.2 不要试图在员工有情绪的时候讲道理

沟通专家道格拉斯·斯通曾言："来自负面情绪的干扰，会让谈话偏离既定的主题。"一般，负面情绪分两种：一是爆发式情绪，如争吵或争执；二是沉默式情绪，如沉默对抗或逃离沟通现场。电视剧《完美关系》中，卫哲帮铃铛网处理裁员问题，在与员工沟通时，一个员工突然拿出枪扬言要自杀，破坏了安全的沟通氛围，让谈话无法继续。

因此，管理者要注意不要在员工有情绪的时候强行讲道理，否则沟通可能会朝着不可控的方向发展，甚至出现无法挽回的后果。管理者要帮助员工疏导情绪，让其尽快恢复理智，从而把谈话拉回正轨。下面是两个疏导情绪的小技巧。

1. 暂停对话，避免战火扩大

在员工情绪激动时，讲任何道理都会变成火上浇油，让对方更加难以冷静。这时最佳的处理方法是暂停对话，安抚对方的情绪，恢复谈话的安全氛围。

例如，员工对管理者的批评表示不满并且情绪非常激动，管理者可以这样说："小张，不好意思，如果我的话让你不舒服了，我可以道歉。"

这里的道歉并不是承认自己的观点错了，而是承认自己一时言行失当。管理者主动示好，可以让员工的行为变得不占理。而且管理者没有与员工互相指责，也可以让员工心里少生些怨气，快速恢复到正常状态。员工会觉得："领导都主动道歉了，那我是不是也要好好说话。"

2. 用"照镜子法"复制对方的感受，表达理解

当生活中遇到不开心的事情，很多人都会向朋友、家人倾诉，这时我们并不希望他们帮忙分析问题，而是希望他们跟我们同仇敌忾，一起吐槽几句。这就是沟通过程中的"照镜子法"，简单说来，就是对方表达了什么感受，我们也表达什么感受，像照镜子一样"复制"对方的感受。

哈佛大学教授罗杰·费希尔和心理学家丹尼尔·夏皮罗指出："人们的情感需求有五类，一是渴望被认同；二是希望找到同类；三是希望有自主权；四是希望地位被认可；五是希望能被尊重。"而"照镜子法"恰好满足了这五类情感需求。

例如，当员工因客户反复修改方案而情绪暴躁时，管理者可以这样说："这个客户就是事多，你多费心，等事情结束了我请大家吃饭。"

管理者切忌在沟通时对抗员工的情绪，而是要多认可和理解。实际上，员工也知道得满足客户的要求，但如果这时管理者跟他上纲上线讲职业素养，员工可能会更加烦躁，说不定会把情绪发泄到客户那里去。与其这样，管理者还不如让员工向自己发泄几句，员工排解了坏情绪，也能更好地投入工作。

6.4.3 把居高临下的绝对权威转换为平等对话

有的管理者喜欢摆架子，动不动就居高临下地跟员工说话，这会让自己在员工心中的形象大打折扣，也会让公司上下离心。如果管理者不肯放下架子，跟员工平等对话，员工就很难真心实意地跟管理者沟通。

管理者和员工之间一旦产生了难以逾越的鸿沟，沟通就会更加困难。放下架子，平等地跟员工对话，能使管理者在员工面前保持亲和力，从而使员工更加心甘情愿地服从指挥。管理者要想与员工平等对话，需注意以下几个问题。

1. 与下属统一战线

在管理过程中，常会出现“胳膊拧不过大腿”的情况，员工好心提出的建议，却被管理者草率地一票否决。这是权力消极应用的情况，因为管理者觉得自己权力大，就代表着真理，而其他人的建议只不过是在无理取闹罢了。真正有才能的管理者会和员工站在同一位置上，平等地商讨、争论。只有这样，才能真正得到真理。

2. 注意自身的生活习惯

平等对话的表现，除了说话的内容外，还有语气、动作、表情等。管理者要注意自己在和员工沟通时不经意流露出的小情绪，这些细节会直接关系到员工是否愿意和管理者更亲近。

3. 注重平等

在日常管理中，管理者要注意随时随地表现出随和、亲切的一面，不要总以领导自居，让员工觉得高不可攀，这样不仅不能和员工拉近距离，还会使自己在职场中越来越孤立无援。

同时，管理者还要注重和员工之间的人格平等。管理者和员工只是分工不同，没有人格上的差别。然而，因“地位效应”在某些人心中根深蒂固，他们认为地位越高的人越尊贵，地位越低的人越渺小，所以会下意识觉得自己高人一等。作为管理者，应该时刻牢记，所有人的人格都是平等的，它不会随着人的地位而改变，所以管理者应保持平等轻松的状态与员工沟通。

4. 尊重他人

人人都希望获得关系平等的交流，管理者在责备员工时，切忌用一些会伤害员工自尊心的词汇。这些词可能会让员工感觉受到了侮辱，进而情绪失控，和管理者起冲突。这样并不利于问题的解决，反而会激化矛盾，损害管理者形象。所以，管理者最好只就事论事，适当责备即可，员工知道错了，就不要再继续责备了。这时管理者还可以适当激励员工，让他更有干劲。

第 7 章

高效开会：开会不是形式主义而是提升效率的关键

开会是日常管理过程中的必备活动。但很多团队都出现过开会一整天，什么结论都没得出来，还白白浪费了时间的情况。这就是典型的因体制僵化，会议变成了形式主义。实际上，会议应该是工作效率的保障以及解决工作问题的最佳方式。

7.1 那么多会，都有什么用

会议可分为日例会（包括晨会和夕会）、周例会、月例会、年例会等。这么多会议都有什么用？管理者又该如何选择呢？

7.1.1 日例会：准备一天的工作

例会作为团队日常工作中的一项重要内容，不仅能帮助员工了解团队的发展近况，加强员工对团队的责任意识，还能总结先前的错误、问题，让员工在明确的指导下，完成团队下发的任务。

作为例会当中的一种，日例会（Daily Scrum）主要是为准备或总结一天的工作而召开的。它是为了让每一位团队成员都能了解到当前工作项目的进展情况。

每日例会的时间不宜超过 15 分钟，因为它是用来检视、同步、适应性地制订每日计划，以帮助团队更好完成工作的短小会议。

日例会可以分为晨会和夕会。

1. 晨会：明确必做工作

俗话说，一日之计在于晨。有些团队会召开晨会来部署当日的工作，但是团队管理者没有真正发挥出晨会的作用，只是停留在单向沟通层面，没有和员工进行双向交流，或者只是简单地安排一下当天的工作，而没有提出对工作的明确要求，又或是变成了员工的签到点名会。总而言之，这些都显示出许多团队的晨会安排比较随意，甚至成为一种形式主义。究其原因，有以下三点。

（1）有些团队虽然召开晨会，但没有对晨会的形式、内容等作统一的要求。

（2）有些团队的晨会缺乏双向性，只有管理者一人发言，缺少和员工的沟通交流，久而久之，员工就会失去积极性，进而影响工作。

（3）有些团队虽然意识到了晨会的重要性，但没有抓住召开晨会的核心目的。

由此可见，团队必须针对自身情况，制定一个可行的晨会管理制度。在晨会上，要多鼓舞团队员工，而非批评或处罚员工。因为在一天的起始，拥有一个良好的心态对今日的工作有很大帮助，而一个坏心情将不可避免地对员工当日的工作产生不良影响。所以在晨会上，管理者应该以激励员工为主，调动起员工积极的工作情绪。

开晨会时，一定要明确当日的必做工作。在正式开始工作之前，提前制订一个任务计划是非常关键的，因为计划可以让员工有努力的目标，而不至于漫无目的地过完这一天。

适当制定明确的工作要求，可以促进员工的工作进度，将工作压力转化为工作动力。而且明确当日的必做工作，不仅有利于促使员工积极工作，对加快团队任务进度也非常有帮助。

2. 夕会：检验工作，听取反馈

既然有晨会，那么相对应的，也有夕会。夕会就是在结束一天的工作后，团队召开的工作会议。夕会主要是检验当日工作的完成情况，以及反馈当日工作中发现的问题。

员工在一天的工作中，即使顺利完成任务，也不可避免地会遇到一些问题，这些问题可能并不会对工作产生很大影响，但既然有问题出现，那就说明工作中的某个环节必定存在差错，而且就算当时不影响工作，也不能保证其对日后的工作不会产生影响。

所以，从这点来说，召开夕会就非常有必要了。在夕会上，团队管理者除了检验员工当日完成的工作是否达到晨会上所要求的标准，还应该听取员工在当日工作过程中遇到的问题，即接收员工的问题反馈。

员工完成必做工作是基本要求，而将问题反馈给上级，明确问题出现后的下一步做法也是其分内的工作。把遇到的问题明确提出来，让团队员工以及管理者知道问题所在，共同应对、解决问题，不管是工作速度，还是工作质量，都会得到有效提升。

夕会对工作中出现的问题做反馈总结，可以帮助员工在下一次遇到相同或类似问题时，有相对应的处理办法，避免手足无措。而且，夕会上的工作量检验有利于团队建立起一种及时兑现目标承诺的文化氛围，让团队员工能互相学习经验教训，增强团队间的沟通交流效果。

7.1.2 周例会：分配小组任务

周例会具有总结计划、过程监控等作用，是增加团队每周业务量的一个重要方法。

但是，一些团队的周例会却开得很糟糕。例如，有些团队的周例会几乎全由领导来发表讲话，极少听取员工的工作意见与建议；有些团队的周例会属于流水账式，即由会议主持人宣布会议开始后，每个人按照既定的顺序发表讲话，全部讲完后，会议结束；还有些则是聊天式，大家随意说一通，到会议结束的时间了，各自散去，缺乏会议的组织性。

怎样才能将周例会开好，是一个团队全员都值得重视的问题。

召开会议，时间点的选择十分关键。在恰当的时间召开会议，有利于改善会议效果，周例会也不例外。

周例会的时间最好是每周工作日开始或工作日结束的当天。因为在一周的起始日召开会议，可以对刚结束周末休假状态的员工进行一个工作积极性的调动，帮助他们调整好这一周的工作状态，并且可以总结上一周的工作情况，布置这一周需要完成的工作，让员工有一个充分的准备。同样的，如果周例会在工作日结束的那天召开，管理者可以对一周的工作情况做一个总结反馈，预布置下一周的工作任务。

当然，除了时间点的选择，一天当中应该把周例会安排在什么时间段也是有讲究的，需要注意的是，会议的安排要尽量避开用餐或即将用餐的时间。

经过一上午的工作，员工正饥肠辘辘，如果在用餐时间段召开周例会，员工不仅无心开会，甚至还有可能缺席，导致会议效率低下，参加率降低，达不到预期效果。

在周例会上，管理者对员工的周工作量进行环比考核，是一项重要的工作，这是对员工连续两周工作量的评价。对员工进行有效的环比考核，有利于提升员工任务完成的质量与速度。

只有将工作完成量以具体数据形式呈现出来，员工才会比较容易产生工作实感。将工作量转化为直观数据，员工能更加清楚地了解到自己这两周的工作完成情况，间接推动团队每周业务量的增长。

考核周工作量要看两个指标：一是环比增长率，反映本周的工作量比上周增长了多少；二是环比发展速度，一般是指连续两周的工作量增长或下降程度。

团队通过对员工的周工作量进行环比考核，可以让员工反思自己在近期的工作表现。若是考核数据结果呈现增长趋势，说明近阶段工作状态良好，应该继续保持；若是呈现下降趋势，则说明近阶段工作效率有些低下，需要调整状态，继续努力，以便在下一个周工作量环比考核中有更好的成绩。

另外，管理者在周例会上还需要对员工进行周业绩环比考核。与周工作量环比考核类似，周业绩环比考核就是指将团队员工本周的工作业绩与上周的工作业绩以数据统计形式进行比较，从而对员工的工作业绩作出考核评价。

团队在对员工的周业绩进行环比考核的时候，可以采取横向环比法和倍数环比法两种方式。前者是指将考核指标结果与同期的同事的平均业绩进行比较，按照相对的好坏给予奖罚；后者是指先将各个考评因素进行随机排列，再按照一定顺序，对各个考评因素进行比较，得出各因素重要度之间的倍数关系。

横向环比法的优势在于见效快，可以充分鼓励团队成员之间的良性竞争，从而提高员工的工作效率，并且还能综合反映市场变化，减少市场变化对于员工业绩的影响；而倍数环比法由于有准确的历史数据做依靠，因而在团队考评者设定绩效考核权重时可以起到较大的作用，从而避免团队考评者对员工进行业绩考评时掺杂主观人为因素，保证了员工周业绩环比考核的公平性。如此一来，员工对周业绩的考核结果也会比较信服。

以“周”为时间节点，对团队员工做周业绩环比考核，以最终的业绩数据结果来激励员工，有利于员工产生竞争心理，为下一周的业绩目标奋斗努力。

周例会上的最后工作是要点总结。周要点总结是对团队一周工作完成情况的一个概括。需要注意的是，做周要点总结的时候，一定要用数据说话，即将相关的工作情况用数据形式展现出来。

由于数据简洁又具有直观性，所以用这种形式对周工作进行总结，既清晰明了，又能体现出管理者的工作能力。为了契合数据这种形式，采用表格书写的方式要比单纯写一篇文章更为适合，因为表格更有利于数据的读取与计算，如表 7-1 所示。

表 7-1　周要点总结表范例

<table>
<tr><td colspan="2">部门：　　　　组：　　　　姓名：　　　　职位：　　　　日期：</td></tr>
<tr><td rowspan="3">本周工作总结：
1. 只写目标完成的结果，不描写具体过程；
2. 用数据说话，一定要写出完成的百分比和绝对数值。例如：上周开展的××项目，已完成计划的 80%；
3. 无论结果是成功还是失败，都需要总结，不要避重就轻；
4. 写出重要的日常工作</td><td>目标完成情况：</td></tr>
<tr><td>目标达成与否的原因分析：</td></tr>
<tr><td>工作表现自评：</td></tr>
<tr><td>下周工作计划</td><td>主要工作事项：</td></tr>
</table>

7.1.3 月例会：周业绩环比

如果说周例会是增加每周业务量的重要方法，那么月例会的召开，则是业绩翻倍的引擎。在月例会上，团队管理者应该对员工的每周业绩情况进行图表分析，对员工的月工作量做数据分析，还要针对员工工作的情况兑现奖惩措施，以及根据本月业绩完成情况，对下月业绩考核做出修订。

一个月以“周”为时间节点来算就是4周。管理者需要对员工当月4周所完成的业绩做一个精准的统计，并在月例会上以图表的形式展现给全体员工。

针对每个行业团队的不同情况，管理者可以制作相对应的每周业绩图表，例如，可以针对所有员工的每周业绩情况做一个总体的统计图，也可以为每一个员工的每周业绩情况做一个具体的统计图。

制作员工每周业绩情况图表是为了通过观察图表上所展现的数据结果，对团队当月业绩完成情况进行分析，从而得到员工工作完成情况的反馈。若是图表中数据显示为未达标，则说明员工当月的业绩完成情况不佳，需要调整工作状态；若图表中数据显示达标或超额完成，则说明员工该月的工作状态良好，应该继续保持。

月工作量的数据分析与每周业绩情况图表分析类似。月工作量的数据分析可以使用Excel电子表格中的数据透视表来完成。

只有数据统计、分析工具远远不够，在做数据分析时，管理者必须明确分析的内容与目的，内容是员工的月工作量，目的则是通过最终的数据结果来观察员工每月工作完成情况，看是否有消极怠工的问题出现。

在确定数据分析内容以后，管理者需要进行数据的采集与处理，在这一过程中必须保证数据的准确性，即员工上报的月工作量必须真实有效，做数据处理时不能随意更改。只有保证数据准确，才能保证最后分析的结果准确且有针对性。

分析了员工的目标完成情况后，管理者就要根据当月业绩对员工进行奖惩，以激励员工下个月更努力地工作。每个团队都有一套自己的奖惩制度，不能让奖惩制度名存实亡。对于优秀的值得嘉奖的员工，团队应该予以奖励，对于工作业绩不佳甚至违反团队相关规章制度的员工，团队应该予以相应的惩处。

为了让奖惩措施公平公正地兑现，管理者应该遵循以下几条原则。

原则一：奖惩依据必须公开，一定要给出明确、具体的奖励或惩处理由，让员工清楚自己是因为什么原因而受到奖励或惩处的。

原则二：在奖惩兑现之前，一定要调查清楚事实情况，做到实事求是。

原则三：不能让主观情绪影响奖惩结果，例如，和某人关系很好，就给予更多的奖励；或是和某人关系很差，就给予更严厉的惩处。要根据奖惩制度严格兑现奖惩，做到不偏心不袒护。

原则四：承诺的嘉奖到了规定时间必须兑现，惩处也是同样的，做到不拖延、不夹带私心。

原则五：要合理、适当地给予奖惩，奖励不能过多，惩处也不能过重，奖励过多会导致员工唯利是图，不利于形成良性竞争，而惩处过重则会打击员工的进取心。

只有严格兑现奖惩，团队的奖惩制度才有说服力。在月例会上，管理者根据实际工作情况，对员工予以适当的奖励或惩处：一方面可以点燃员工的工作热情，激励员工继续努力工作；另一方面可以让员工反省自己的过失与不足，避免在下一阶段工作中发生同样的失误。

月例会的最后一项工作是下月业绩考核修订。业绩考核也被称作“业绩考评”或“考绩”。这是一种利用科学的定性定量的方法对团队员工实际工作或贡献进行的考核和评价的方法。对员工每月业绩进行考核，就是以“月”为一个周期来考评员工的工作表现与工作成果。

修订应有标准可循，而非无视实际情况，胡乱地、盲目地修改。因此，在修订业绩考核过程中，管理者必须保证修订完成的业绩考核制度在实际执行时能遵循以下五条原则。

1. 公平原则

公平是对员工进行业绩考核的前提。只有保证考核制度的公平性，才能真正发挥业绩考核对员工个人和团队整体的积极作用。

2. 严格原则

业绩考核制度不能流于形式，要有明确的考核标准，以及严格的流程。

3. 结合奖惩原则

在业绩考核制度中，应该结合奖惩，比如业绩与工资、奖金关联，以这种与物质利益相结合的方式来激励员工提升业绩。

4. 反馈原则

执行业绩考核制度，一定要把最终的考评结果反馈给被考评员工本人，肯定业绩成果的同时说明其存在的不足，形成与员工之间的双向交流，否则对员工进行业绩考核就失去了意义。

5. 差别原则

业绩考核的标准应有明确的差别，即对不同员工的不同工作业绩，要划定一个鲜明的层级范围。比如针对不同的业绩成果，设定不同的工资额度，并标明具体数字，让员工有标准可对照。

一个月的时间可以为员工业绩考核提供很多数据，也能够为团队发现业绩考核制度的不足提供机会，管理者可以根据这些数据对下月的业绩考核做出相应的修订。

7.1.4 年例会：展望来年大趋势

年例会可以说是一年中公司最重要的活动，年例会开好了，可以对一年的工作安排和沟通工作起到促进作用，反之就是浪费了一个提升组织建设、员工凝聚力的好机会。

开公司就像老板带着一群人去一个谁都没去过的地方。为了让这一群人坚定地跟自己走到最后，管理者要反复强调那个地方在哪里，那里有什么，打算怎么过去。越是在公司充满不确定性时，越要多讲这个话题，努力说服大家坚定地跟自己走。每次重复这个话题，也是管理者自己整理思路、坚定信心的过程。

年例会作为一年的终端和下一年的起点，管理者要既报喜，也报忧。报喜是为了帮助员工树立信心，告诉他们“我们离目的地不远了”；报忧是为了激发斗志，告诉他们“我们要想到达目的地就必须继续努力”。在这个过程中，管理者要建立“大家在一条船上”的责任意识，诚恳要求员工为了来年更好的业绩一起努力。

其中报喜的一项必备环节是表彰先进。这个环节的意义是塑造公司文化，通过树立榜样人物，让员工知道什么样的价值观是公司倡导的。所以，仅仅发布表彰名单是不够的，管理者还要让获奖员工致辞，说明这个奖背后的意义，这比管理者发言几小时更有意义。

另外，管理者不要都安排公司领导颁奖，这样会让公司形成一种权力至上的文化，可以让上一届获奖者或骨干员工，甚至优秀新人来颁奖，也许他们没达到被表彰的地步，但被选为颁奖者对他们也是一种激励，这样可以一举多得，激励更多的人。

年例会是汇聚人心的时刻。平时大家各自忙工作，交流都在通信软件和邮件上，在这类虚拟场景中，每个人听到的都是公事和道理，看不到对方的表情，感受不到对方的情绪，彼此之间的交流越来越程式化，越来越公事公办。这样虽然提高了效率，但时间长了，员工的感情淡了，彼此之间的摩擦会越来越多，从而在团队中形成紧张氛围。

心理学中有个奇怪的现象：当人们不了解其他人的工作内容时，会认为别人都在偷懒，只有自己在忙碌，一旦自己的工作遇到的困难比较多，就容易产生抱怨。而年例会正是快速打破隔膜，消融冷漠的好时机，同事之间相互表达感激和支持，大家相互温暖，相互砥砺。这也是为什么很多公司在开年例会时会安排一些娱乐节目，让大家一起包饺子或排练节目增进感情。

年例会也是启动新业务的最佳时机。总结了上一年的得失，增进了同事间的感情，该是时候点将发兵了。这时，不仅要展示新一年的愿景，还要让员工看到这些愿景与他们个人理想的关联性。管理者要告诉员工，达成目标后公司会变成什么样，员工又会有什么改变，最好能说明实际收益，还要阐明员工会获得的发展机会，让员工对下一年的工作充满信心。

7.2 会要怎么开，才最有效率

开会是管理者必须掌握的一项工作技能。有些管理者开会拖沓，废话连篇，导致员工们谈“会”色变。因此，管理者要学会高效开会，在最短的时间内得出结论，解决问题。

7.2.1 自上而下：说清楚重点

管理者一般是串联整个会议的核心。整个会议在管理者的引导下展开，最后的会议结果由管理者负责决策。这是一种自上而下的开会方式，它需要管理者熟悉开会技巧并能清晰地阐明重点内容，只有这样，会议才能快速得出结论。那么，管理者召集会议需要掌握哪些方法呢？

1. 明确期望

明确期望是阐明重点内容的第一个方法。开会的目的就是得出结论，解决问题，所以会议中的所有讨论都必须围绕核心话题展开。因此，管理者在开会之前就要把核心问题告诉员工，让他们有重点地去表达和输出观点，避免会议跑题，延长开会时间。

2. 保持中立，营造氛围

会议氛围紧张是不利于员工充分思考积极发言的。管理者作为会议主导者，要主动调节氛围，可以在会议开始时先讲几个小笑话，或者说一些生活中的问题，以有效缓解员工的紧张感，让他们快速进入状态。

会议自由发言阶段，气氛可能会突然变冷。管理者这时就要主动发言或者点名发言，以保证会议可以顺利推进下去。另外，管理者在点评员工发言时务必要收起自己的主观态度。因为管理者作为有权力的人，如果先表明了自己的倾向，会导致员工下意识地附和，让会议结果丧失客观性。所以，管理者切忌在会议过程中发表自己的观点，不管员工提出什么方案，管理者都要先客观记录，等到最后环节再发表自己的观点。

3. 信息可视化

管理者可能已经在会前下发了会议资料，但会中员工们讨论出的重点内容也许并不在资料范围内。这时，管理者就要充分发挥主观能动性，帮忙总结记录每个人的想法或结论，注意字迹工整，逻辑清晰，必要时可以借助表格、坐标或图形，以帮助员工明确会议的重点内容，集中他们的注意力。

4. 及时总结

会议中可能会讨论很多内容，其中掺杂着重要的内容和不重要的内容，管理者作为会议主导者要负责做会议总结，帮助员工把整个会议的精华内容理清楚，并再次重复强调会议结论，以加深员工的印象。除了这些总结式发言外，管理者还要具体分配每个人的任务，明确每个人的责任，把会议重点切实转化成每个人的工作内容，让员工在会议结束后直接就可以投入工作。

7.2.2　自下而上：把握住方向

还有一种开会方式是自下而上开会，这种方式一反管理者主导会议的常态，它由员工主导，需要员工主动提出方案，去说服管理者。这种方式的好处是可以充分激发员工的创造力和能动性，但开会时很容易发生分歧，导致整个会议偏离方向，所以，需要管理者把握住会议的大方向，及时缓和矛盾，纠正偏差。

经济学有一个理论叫“拍卖理论”，可以理解为管理者主持会议其实是一个对工作主导权进行拍卖的过程，谁能提出更好的方案，就能得到主导权。而员工在这种会议氛围中会更乐于把自己的意见说出来，互相驳斥、彼此交锋，甚至形成“吵架”的局面。

根据拍卖理论，参与拍卖的人越多，人们在竞价时就会越激进，就会投入更多的努力表达更多的信息，从而增加拍中的概率。为了获得工作主导权，员工会充分调动自己的积极性，主动在开会前做足功课，用更加详尽的方案来说服其他人和管理者。

而每一个新方案都能拓展现有思路，让整个问题的解决方式更完善、更稳健，整个团队最终完成任务的可能性和质量，都能得到显著提升。

自上而下开会可能会滋生搭便车效应，即管理者承担了开会的主要责任，员工内部可能出现在会议中偷懒、毫无贡献的人。而自下而上开会则不会有这个问题，参与会议的人越多，员工需要付出的努力就越大，这样不仅能提高开会效率，还能提升会议效果，让员工主动承担工作责任。

7.2.3 管控好开会的时间

很多管理者开起会来没完没了，说完主要的事还要再聊点别的，结果会议中有一半时间都讲了不重要的事。因此，管理者在开会时要注意管控好开会的节奏，设定好开始和结束时间，尽力压缩会议中用处不大的内容。

准时开始、准时结束不仅是在提升开会的效率，也是在尊重自己和他人的时间。除了开始和结束要准时，管理者还要限制每个议题的时间。一个议题如果讨论很久还没有得出结论，管理者就要立即推进下一个议题。

为了严格控制会议时间，管理者可以效仿其他公司在桌子上摆闹钟，做到打铃即散会。还有些制造业公司，把会议安排在车间或仓库，召开站立会议，以减少开会时间。这种站立会议不仅可以提高会议效率，还可以让员工集中注意力并在现场直接解决问题。

管理者在开日例会等内容较少的会议时也可以采用站立开会的方式，召集员工围成一圈，只交代重点事项，这样可以比平时在会议室开会压缩至少一半的时间。

7.2.4 开会之后，注意得出结果

成功的会议，一定是有结论的。得出具体结论或方案以促进工作的推进是会议的最终价值，否则开会只能是浪费时间。有时，管理者会留一些议题下次讨论，其实这个行为本身就错了。如果 1 月的议题到 12 月还在讨论，就证明这个议题本身不应该安排在 1 月。

小张是公司的 HR，人力资源部的王经理在 3 月的月初例会上给出的议题是为销售部找到合适的人。因为王经理是在会上才给出这个议题，团队的同事还没做准备就进了会议室。王经理自己也没有头绪，在会议一开始就让大家各自谈谈想法，因为准备不充分，小张和同事们只能硬着头皮谈想法，有的人说要侧重招应届生自己培养，有的人说要结合销售部最近的业务情况招有经验的人才。

大家各有各的道理，谁也说服不了谁。因为事前准备不充分，最后本应该 40 分钟结束的会议延长到两个小时也没有得出结论，王经理只得说，先工作，下次再讨论。

因为人力资源部反复开会也没能确定具体的招人方案，这个议题一直从 3 月讨论到了 4 月，直到 5 月才帮销售部找到合适的新员工。

这个案例中人力资源部王经理的主要错误就是不注重在开会之后得出结论。首先，王经理开会是临时起意，没有让员工提前准备方案，而是让员工在开会时当场想方案，导致自己和员工实际上对议题都没有深刻理解；其次，王经理没有对议题进行限定，而是让员工去随意讨论，既延长了会议时间，又没有正确引导员工的想法；最后，王经理没有发挥自己的能动作用对会议进行最后的总结确认，即说明招人能动用的资源，谁具体负责该工作以及招人的时间期限，导致人力资源部本应该 3 月解决的问题直到 4 月也没有头绪，不仅耽误了工作进度，还浪费了许多开会的时间。

如果管理者希望会议能推进当前的工作，就一定要注意在会后得出结论，把方案和每个人的职责确定下来，保证讨论出的工作方案能落地。

7.2.5 如何评估会议质量

会议的重要性不言而喻，那么管理者如何才能确定自己召开的是高质量会议呢？下面是评估会议质量的几个步骤。

1. 召开会议的必要性

曾经有调查显示，很多公司是为了开会而开会，流于表面，没有考虑会议的实际用处。因此，评估会议质量的第一步就是评估这个会议有没有必要召开，它的召开对于团队产生了多少作用，如果不开是不是一定无法解决当前的问题。

这一步非常重要，管理者在反思时会发现，有很多问题其实可以不用开会的方式解决。这样管理者在下一次遇到同样的问题时，就可以用更简单的方法解决问题，以达到减少开会频率的目的。

2. 会议是否达到了目的

一般，管理者在开会前都会确认举行此次会议的目的与意义。所以，在评估会议质量时，管理者一定要复盘会议是否达到了目的以及是否解决了想要解决的问题。只有达到了目的、完成了目标，这个会议才能算是成功的。哪怕只有一项目标没有完成，这个会议也不能算是成功。

3. 主要议题是否都是必要议题

主要议题即会议上需要解决的问题。因为议题越多，会议的时间就越长，所以管理者要保证会议的议题都是当下必须解决的问题。有些问题对现在的工作影响不大，就可以把这项议题从会议中删除。精简也是高质量会议的重要特征之一。

4. 会议是否在规定时间内完成

高质量会议不仅要求要得出结论，还要求管理者在规定时间内得出结论。如果管理者把会议延长了两个小时才得出结论，就证明会议过程一定存在问题，如员工迟到或早退、开会时接打电话、准备不充分等。

管理者要进行反思，消除拖慢会议进度的因素。

5. 会议资料和设备是否准备充分

充分的准备也是高质量会议的重要特征之一。如果会议资料或会议室设备存在问题，定然会拖慢会议进度，甚至会导致会议推迟或中断。管理者在评估会议时，一定不要忘了分析这些客观因素，不然再完善的会议规划也开不出高质量的会议。

7.2.6 如何召开远程会议

随着科技的发展，人们的工作方式也发生了变化，有些人相隔千里也可以共事。远程工作为公司团队带来了各种挑战，其中，沟通就是远程工作面临的头号问题。

远程会议的召集难度比普通会议要高，因为人员复杂，召集一次可能会协调好几天，所以远程会议必须更有目的性和计划性。下面就来介绍召开远程会议的方法。

1. 固定会议时间

远程会议可能会涉及跨地区沟通甚至跨国沟通，所以很难临时召开。最好的办法是管理者安排一个固定时间召开会议，如每周一或每个月的第一天。这样安排会议，有助于不同地区的员工协调时间，合理规划日程安排，并形成按时沟通的习惯。

2. 设定会议规则

远程会议召开不易，为了保证团队能充分利用每一次会议，管理者必须制定一套远程会议规则，从每个人的角度剔除影响会议效率的因素，最大限度减少会议中可能出现的意外事件。

下面是远程会议的常见规则：

（1）开会地点没有噪音。

（2）别人发言时关闭自己的麦克风。

（3）尽量视频通话，以看到每个人的面部表情。

（4）提前熟悉会议内容，做好发言准备。

（5）不要轻易打断别人发言，可以先记录下自己的意见，等别人发言后再进行说明。

（6）开会时不要做其他事情。

（7）每个人发言时应控制好时间，从最紧要的事情开始说明。

3. 提前规划议程

为了避免远程会议成为一场无效且混乱的谈话，管理者必须提前规划会议议程，并提前通过邮件或通信软件发给参会员工，让他们有15～20分钟的时间来弄清楚这次会议的目的。明确的讨论话题可以帮助员工提前为会议做准备，还能提高讨论的流畅程度，让每个人都能参与到讨论中。

4. 分配会议角色

远程会议不同于普通会议，管理者无法直接看到员工的面部表情，感受到他们的情绪，所以很难发现员工在开会时走神。

如何让员工在开远程会议时保持专注呢？管理者可以为参会员工分配不同的会议角色，让他们负责开会时的管理工作，如讨论记录员、发言计时员等，这样既可以提高会议的参与度，又可以让员工在别人发言时有事可做，始终保持专注。

5. 会议记录

会议记录对远程会议尤其重要，它可以帮助参加远程会议的员工统一并同步信息。管理者可以把会议记录上传至公共邮箱或者工作群中，建立一个集中的信息枢纽，帮助员工快速了解项目任务，保证团队始终在既定的轨道上运行。

为了保证会议记录的客观性，管理者可以指定一名员工记录讨论重点，指定另一名员工在会议结束时检查分配的任务，以保证会议记录的完整性和客观性。

6. 会后跟进

因为人员的分散性，管理者在远程会议结束后务必要跟进关键要点，确保参会员工都理解了会议内容。例如，在会议结束后通过邮件重复一遍会议决策，有助于员工明确信息。另外，管理者还需要询问员工参会体验以及是否有意见要反馈，以帮助改进会议，让未来的远程会议更高效。

7.3 协调会议，团队分歧早解决

团队成员在工作过程中难免会出现分歧，这时就需要一个协调会议，帮助团队员工解决分歧问题，顺利完成工作。

7.3.1 协调撞单尴尬

在工作中，可能员工之间会出现撞客户的情况，通俗来说就是撞单。撞单是指第一人联系了客户却没有做好相应的跟进工作，使得服务上出现缺失，该客户寻求与其他服务人员接洽，最终造成二人同时服务一个客户的情况。

在接待客户时，要尽量规避撞单。例如，汽车销售员在接待客户时，应首先询问客户原来是否来店里看过车，是否受到相关人员接待，若回答均为肯定，则应通知原接待人员，由他继续提供服务。

但是对于已发生的撞客户情况，又该怎么处理呢？针对这种情况，团队管理者就需要召开相应的协调会议，解决员工之间撞客户的问题，避免因为员工之间不愉快造成团队内部不和谐。

通过召开协调会议，团队管理者应该制定出一个专门的撞客户判定标准和问题发生时的协调技巧，让员工有标准可循，有方法可依。下面是三种撞客户的协调技巧。

（1）在正式成单前，若是A、B两名员工发现彼此都接待了同一客户，而该客户认可其中一人（前提是二人没有发生恶意抢单的行为），那么就由该员工继续跟进客户，给另一名员工补接其他客户。

（2）在正式成单前，A、B两名员工都按照正常接待顺序接待了客户，但是A员工跟进该客户时间更长、付出更多，则由A员工继续跟进该客户。

（3）如果一名老客户给A员工带来一名新客户，但是发现该新客户是B员工负责的客户，那么A员工应放弃对该新客户的追踪，由B员工继续追踪。

员工在接待客户时要对撞客户的判定标准有清楚的认知，在撞单行为发生后，一定要保留相关的、真实有效的接单证据，例如通话记录、客户资料档案等。如此才能让负责人根据撞单的评判标准作出评判，达成团队员工之间的友好协商，而非产生矛盾。

7.3.2 协调分配比例

有些时候，团队员工之间会互相合作，共同负责一名客户，也有些时候，因为发生了撞单现象，两名员工在一段时间内同时接待一名客户。这两种情况都涉及合作开单的业绩如何分配的问题。

为了应对这一问题，团队应该设计一套合作开单的业绩分配方案，否则业绩分配将会混乱，不公平问题也会丛生，不利于团队整体力量的凝聚。

下面是四种合作开单业绩分配方案。

（1）如果客户第二次来访时，不记得原接待人员，由另外一名人员接待并且成功开单，而这一过程都是按照正常规定进行的，则可以设定两名接待人员的业绩分配为三七分，即原接待人员为30%，代接人员为70%。

（2）如果是共同到来的一群人，由两名员工分别同时接待、合作开单，则其业绩分配可以设定为五五分，即两名员工均为50%。

（3）如果老客户携带一名新客户来找原接待人员，但原接待人员不在，此时由负责人安排另一名员工接待，并且在当天就成单，则两名员工的业绩可设定为三七分，原接待人员为30%，代接人员为70%。

（4）如果出现原接待人员就要成单时，却突发临时事件而找另外一名员工帮忙的情况，则帮忙人员不算该单业绩，该单业绩仍属于原接待员工。

总之，对员工成单的业绩以一个具体的分配原则来进行判定，有利于减少因业绩分配不公平而引发的团队员工间的争执和冲突。而且团队最好把具体业绩数据展示给员工，让团队内部形成良性竞争。

7.3.3 协调客户次序

客户是团队的业绩来源，没有客户，团队也就无法继续生存。但是客户类型有很多种，如何才能把握好客户，抓住那些对团队有利的客户，就要看团队员工是否拥有协调好客户轻重顺序的技巧。

而协调客户的轻重顺序，就涉及给客户分级的问题。要想掌握协调客户轻重顺序的技巧，首先应该对客户进行分级，科学划分团队的客户群。

给客户分级是因为不同客户能带来的价值不同，即不同客户能为团队创造不同的收益。比如国外曾有一份关于食品消费的统计数据：在蛋糕方面，16%的家庭消费了蛋糕总量的62%；在速溶咖啡方面，17%的家庭消费了速溶咖啡总量的79%；而在啤酒方面，23%的成年男性消费了啤酒总量的81%。

由此可见，如果将蛋糕、速溶咖啡、啤酒看成一个产品总量，大概有20%的顾客消费了产品总量的80%，其余80%的顾客只消费了产品总量的20%，这就是著名的帕累托定律，也称为“二八法则”。

对于团队来说，帕累托定律同样适用。团队有80%的收益来自20%对团队具有高价值的客户，而这20%的客户就是重量级客户，是团队应该放在首位并重点跟进的对象。剩下的那80%的客户与之比较，也就成为了轻量级客户。

这一定律对客户的分级起着重要作用。下面就来看一看该如何运用这一定律来协调客户的轻重顺序。

按照未来成交达成的时间，我们可以将客户自上而下，依次分成A、B、C、D四个等级。

A级客户：有机会在3个月之内成交。

B级客户：有机会在4～6个月之内成交。

C级客户：有机会在7～12个月之内成交。

D级客户：无法在12个月之内成交。

依据这一客户等级划分，我们可以判断出哪些是重要客户，哪些是非重要客户，由此对客户跟进做相应的顺序协调，将重要客户放在跟进首位，非重要客户放在其次。

但就算是非重要客户，也不能完全放弃跟进，因为他们可能是团队未来的潜在客户。对客户进行分级，协调客户的轻重顺序，是为了让团队能够最大化利益。

7.3.4 协调人员更换

通常，员工一旦负责了一名客户，就需要对该名客户做长期跟进，如果跟进业务忽然中断，事情的处理就会变得复杂起来。

然而，跟进业务中断的情况还是存在的。跟进人员可能会因为一些原因不能继续做该名客户的跟进工作。而为了保证跟进的中断不会对客户产生影响，原跟进人员就需要协调其他人来继续跟进，并做好跟进任务的交接。

那么，在换人跟进这一过程中，如何才能做好任务的交接呢？客户能否适应跟进人员的更换呢？其他人又是否愿意代为跟进呢？这些都是值得考虑的问题。

要协调其他人来代替自己跟进的时候，一定要注意两方面：一是客户；二是被委托交接的人员。

就客户方面来说，因为一直由同一人跟进，客户可能已经适应了这名跟进人员的工作方式，如果由于某些特殊原因需要临时换人，一定要及时告知客户，向其传达业务跟进人员更换的原因，以及更换人员的姓名等相关信息，让客户了解清楚，而不是一无所知，从而引起客户的不满甚至抗拒，导致团队客户的丢失。

就被委托交接的人员来说，因为他可能也有自己正在跟进的业务，所以在找寻人员交接时，一定要说明自己不能继续跟进的原因，以及要问清楚被委托人员是否有充裕的时间同时跟进多个业务，否则可能会给被委托人员造成不必要的麻烦。

如果被委托者愿意代为跟进，则一定要告知他自己当前跟进业务的客户情况，比如姓名、联系方式、目前业务的跟进情况以及未来的跟进计划和所要达成的目标等。将跟进业务交接好，可以避免团队丢失客户，损失利益的情况，还能够让员工之间形成相互帮助的氛围，有利于增强整个团队凝聚力。

第 8 章

学会授权：别让自己“背上的猴子”太多

时间管理咨询专家哈喻洛得·L. 泰勒清曾表示：“授权是管理者最重要的组成部分。”作为一名管理者，要学会适当授权，用自己的金钱交换别人的时间，把一些事务性工作交给员工负责，从而把自己的时间和精力用在规划团队未来发展上。一个拥有长远眼光的团队管理者，能让团队拥有更大的上升空间。

8.1 什么样的工作可以被授权

对于要授权的事务，管理者要清楚哪些可以授权，哪些不能授权。其中，可以授权的工作分为必须授权的工作、应该授权的工作和可以授权的工作，这些工作可以授权的程度各不相同，管理者需要按照实际情况有选择地把它们交给员工去负责。

8.1.1 必须授权的工作：简单、重复、风险低

必须授权的工作指的是那些简单、重复、风险低的工作。这些工作即使完不成，对整个团队的影响也不大，而且其中重复性的日常工作比较多，如会议记录、简历筛选等。这样的工作管理者亲自负责可能并不能比一线员工做得好，甚至可能因为不了解实际情况而耽误工作进程，使原本轻易就能解决的工作变得特别复杂。

王总到生产车间视察，想看产品生产有什么问题。

到了现场，王总发现生产车间里面产品摆了不少，但是没人干活。询问了一圈才知道是因为缺少了减速机和螺栓以及一种油漆。其中减速机，厂家已经发货了，明天就能到。而库房刚好没有缺少的那种规格的螺栓，只有一种比较长的。

王总对车间主任说：“螺栓裁短了不就行了吗？为什么要停工在这儿等着？”

车间主任说：“不行，王总，用不同型号的螺栓得有手续，需要技术员批准。”

王总叫来了技术员：“你下个手续，把螺栓裁短。”

技术员有些犹豫，不想承担责任，也没有听王总的去办手续。王总有些生气，但技术员属于工艺部，不在他的管辖范围内，技术员的领导也不在，想协调，还得再打电话。

最后王总只得感叹一句：“你们同在一个车间，裁个螺栓还得等手续。”

然后王总又到采购部询问油漆购买情况，得知采购部按正规渠道买的油漆还没到，但因生产急需，采购部就到市场上买了几桶，但是没有合格证，不能用于生产。而库房只剩一桶油漆，也不确定在库房存放了多久。

王总说：“涂涂表面就可以了，新产品只在试验阶段，也不上市，先做出来看看设计方案行不行。”

车间主任反驳道：“不行，王总。质检过不去。”

王总无奈又跟质检科长协调，科长说：“油漆没有合格证不能用。”

王总耐着性子跟质检科长说了半天，科长反复都是一句话“没证不行”。王总生气了，冲车间主任喊了一句：“没证，照样能干。”

车间主任看着王总走远了，委屈地嘟囔了一句：“生产规定都是你定的，我说了又不算。”

这个案例中，车间停产的原因是王总没有把必须授权的工作授权给车间主任，导致车间主任想裁短螺栓还要向上报批。生产工作属于生产车间日常工作，但作为生产车间管理者的车间主任却没有决策日常事务的权力，甚至不能决定样品用什么油漆。

这样的管理模式看似让管理者能知晓公司的方方面面，但实际上把所有的责任都转嫁给了管理者，管理者需要事无巨细地盯着每一项工作，甚至是一颗螺栓、一桶油漆的调换。这是非常不利于提升生产效率的，而且容易造成体制僵化，让员工内部形成逃避责任的氛围。

对于那些必须授权的工作以及员工分内的工作，管理者必须给他们决策的权力，让他们能在合理范围内发挥主观能动性，承担起工作责任，提高工作效率。

8.1.2 应该授权的工作：风险不大或风险可控

员工通过了实习期，具备独立工作的能力后，一般就应该被授权。例如，公司新招了一位部门主管，每个月需要撰写部门计划及目标。这项工作在他刚来时由总经理负责，但半年以后，这个工作还由总经理负责，这种状况就是不正常的了。新员工进入公司几个月后，对工作已经有所了解，且具备独立完成工作的能力，这时候领导就应该把他职责范围内的权力交给他。管理者常抱怨员工工作完成得不好时自己应该反思一下，是员工真的没能力，还是管理者从来没让他得到过锻炼。

应该授权的工作指的是风险不大或风险可控的工作。这些工作对于员工来说有挑战性，可以让他们得到应有的锻炼，例如召开项目会议、招聘新员工等。对于公司来讲，这些工作完不成会带来一定损失，但这种风险并不大，因为主要决策工作会由管理者把关，员工在完成工作的过程中也会和管理者沟通，如果出现问题，马上就能被控制和纠正。所以，这些工作的风险并不大，管理者可以拿它们锻炼员工的能力，让员工学会为他们所做的工作承担风险。

小周在公司负责文案工作。有一天，公司要组织一场大型活动，由于小周思维敏捷，工作细心，管理者便安排她负责会务，并承诺她一切相关资源都可以任她调配，有不懂的地方可以随时来找自己询问。

小周因为之前没有组织活动的经验，刚开始本来有些担心完不成工作，但管理者的承诺给了她极大的信心，她决定挑战一下自己。于是，小周开始不辞辛苦地找会场、调配人员、布置场地，虽然这中间遇到了诸多问题，但管理者给予了小周最大的支持和鼓励。最终，小周出色地完成了会务工作，公司的活动也获得了圆满成功。

案例中的会务工作就是一项应该授权的工作，虽然把它交给小周可能存在一定风险，但管理者给予了她充分的支持和协助，把这种风险降到了可控范围内。最后也证明，管理者的选择没有错，小周不仅出色地完成了任务，还增强了能力和自信。

8.1.3 可以授权的工作：领导可以做员工也可以做

有一类工作，领导可以做员工也可以做，它们就是可以授权的工作。管理者把这些工作授权给员工，主要是为了培养员工的能力，以防自己不在时，团队工作停摆。这些可以授权的工作需要具备 3 个特点：一是问题需要多方协调；二是处理不好肯定有麻烦；三是工作可以极大地激发员工的积极性。

但是也要注意，对于可以授权的工作，管理者可以把处理具体问题的工作授权给员工，至于那些显示身份的工作，如参加董事长组织的战略说明会等，就不要让员工代劳了。

张经理深谙工作需要授权的道理，可他最近发现他给了员工足够的权限，员工却丝毫提不起干劲来。原来张经理每次向员工交代工作时总是说：“这项工作就交给你了，现在都由你做主，不必跟我请示，只要在月底告诉我结果就行。”除此之外，他还经常让员工代替他去总部开会，代替他和客户交涉。而他自己却从来不过问这些工作的进展，只在月底问一下结果，要是工作完成得不好，还经常不分青红皂白地批评员工。

张经理的员工们被他这种管理方式折磨得苦不堪言，觉得这个部门有没有他其实都无所谓，反正他连必须自己负责的工作都不做。那些被授权的员工也很苦恼，觉得张经理把工作交给他们，却说怎么处理都可以，自己当起了甩手掌柜，这根本没让他们得到被重视的感觉，甚至觉得这工作根本不重要。

案例中的张经理犯了授权过度的错误。管理者一旦没有把可以授权的工作做好区分，而是仅把工作一股脑地全部丢给员工做，就可能会出现授权过度的问题。而且张经理授权工作的方式也比较草率，既没有向员工说明工作的重要性，也没有明确工作的要求和规范，导致员工没有受重视的感觉，所以才会消极怠工。

高明的管理者会下放给员工一定的权力，同时给员工营造受重视的感觉，让员工认为只有自己可以承担如此重要的工作。他们还会检查督促员工的工作，但又不会让员工感到有名无权，而是充分感受到有管理者在背后支持的安心。

8.2 对员工留二分之一的信任

管理者既然把工作交给了员工，就要信任员工的工作能力，不要总是去干扰员工。但是也不能完全当甩手掌柜，对授权的工作不闻不问，最好的办法是给员工一半的授权，既不干扰员工的决策，又要有交流、有监督。

8.2.1 授权前与员工充分交流

教育行业有句话叫“因材施教”，在职场中这句话同样适用。例如，在给员工授权前，管理者要先和被授权者充分沟通，明确被授权者的才能大小、知识水平以及工作意愿，切不可将自己的主观臆断作为授权依据。

主持人小杨在从商 5 年后，决定把自己公司的股权无偿捐献给社会，不仅如此，他还辞去了公司所有的管理职务，此后继续从事他喜欢并擅长的文化传播事业。

后来，当他接受记者采访被问到做这个决定是否后悔时，他说：“虽然作出这个决定愧对投资项目的人，但我并不后悔。自从开始经商，我的压力从未断过，而且因为我的理想主义，商业这条道路对我来说注定是荆棘丛生的，它让我感到了挫败，完全没有让我体会到做主持人时的成就感。我觉得我的激情在文化而不是商业。”

这个案例给所有管理者一个警示：在授权前一定要与员工充分沟通，了解他的能力是否适合承担工作。案例中的小杨作为主持人非常优秀，但让他管理一家文化公司，他却无法成为一名出色的 CEO，不仅丝毫没有商业意识，还因为自己的理想主义作不出对公司有利的决策。这说明做某一件事优秀的员工，在做其他事时不一定会同样优秀。

所以，在授权前，管理者要和员工沟通，说明工作内容，确定他是否有足够的能力和意愿承担工作并肩负责任。

1. 了解员工能力

一个人能力很强，不代表他方方面面都强，也不代表他一直都强。所以管理者要提前对员工的教育背景、兴趣特长、性格特点等进行考察，看他的相关储备是否与该工作相匹配。

2. 介绍工作内容

管理者要仔细向员工说明工作内容，包括需要的资料以及该工作的进展程度，以便让员工对工作有初步的了解，并在心中初步判断自己是否能胜任该工作。

3. 介绍工作目标和要求

管理者需要向员工明确工作的具体目标和要求，相当于提前为他明确了责任，有助于员工理解工作的重要程度并做好承担责任的准备。

4. 沟通被授权者的意愿与动力

如果被授权者表示出犹豫或拒绝的态度，管理者还需要增强他承担工作的意愿，如告诉他为什么选他，他有什么能力与工作匹配，他能通过这个工作实现什么成长等。如果不被管理者要求，大多数员工都是不想主动承担责任的。所以，管理者就要“推”他们一下，提升他们的意愿。还有些员工比较内向，对自己的能力缺乏自信，管理者就可以通过这种方式鼓励他们，增强他们的自信。

5. 了解被授权者对工作的初步设想

沟通的最后一步是了解被授权者对完成工作有哪些想法和见解、可能遇到的问题以及需要的支持等。这是引导被授权者初步制订工作计划，也是在为他后续的工作明确方向。

8.2.2 责权对等，“权”应如何给

管理者除了要给员工授权，还要给员工授责。员工接受了权力，同时也意味着接受了责任。如果工作没有做好，员工就需要承担相应的责任。这样可以防止员工滥用职权，增强他们的责任感，让他们更加用心地对待工作。

那么“权”要如何给呢？有些管理者觉得先简单和员工说一下工作内容，然后员工需要什么权限再和自己沟通就行了，这其实是一种低效的解决办法。“需要”这个范围太宽泛了，如果不提前规划，员工实际上还是要在工作过程中事事请示，必然会提高沟通的时间成本。

以一家餐饮公司为例，下面介绍管理者在为餐厅经理授权时，如何划分必要权限、弹性权限与补充权限，实现权责对等。

1. 找出履职的权限底线

这个底线是指员工负责该工作必须有的权限，如果这些权限缺失，员工就无法正常工作。具体可以按人、财、物、事这几个维度划分。例如，人事权限可分为任免权、考核权等；财务权限可分为折扣权、费用报销权等。

2. 找出有助于履职的弹性权限

弹性权限可以帮助员工更好地履行自己的职责，管理者可以从员工的过往任职经历中提炼，例如，员工在之前的工作中特别擅长活动策划，管理者就可以在财务权限中，增加可以自行策划实施团购或促销活动的权限。

3. 找出有助于经营目标达成的补充权限

补充权限是对基本权限和弹性权限的补充。管理者可以基于员工承担的经营指标倒推有助于目标达成的补充权限。这部分权限的界定需要与员工特别沟通，明确权限涉及的事项与范围。所谓权大责大，管理者要把握好放权的度，避免员工因贪图权力，夸大其词，最后影响目标的实现。

管理者可以用图表分析整理基本权限、弹性权限、补充权限的涵盖范围，并作为和员工讨论时的依据，如表 8-1 所示。

表 8-1 权限分析工具表

维度	事项	履职的必要权限	沟通探讨的权限	
		基本权限	弹性权限	补充权限
1. 人事权				
	1.1 任免权			
		1.1.1 前厅经理任免建议权		
	1.2 考核权			
2. 财务权				

最后，管理者要知道管理是动态的，自己不可能为员工一次性完整授权，总会有授权涉及不到的部分。对此管理者可以为员工保留一些机动性，不要把权力限制得太死板，让员工有权自行决定一些意料之外的影响小的事情。

8.2.3 相互信任，不轻易干涉

著名经济学家 D. 拜伦曾提出了拜伦法则，具体内容是：授权他人后就完全忘掉这回事，绝不去干涉。这种给予员工极大信任的授权原则能降低沟通成本，提升管理效率，激发员工士气。

现在有些管理者，在授权给员工后，总担心员工出差错，三天两头去干预一下，最后反而导致工作效果不理想。作为管理者，主要工作并不是通过个人能力实现目标，而是让员工充分发挥能力。所以，管理者一旦把工作授权给员工，就应该相信自己的判断，并相信员工是绝对有能力把事情做好的，毕竟管理者也不可能面面俱到，出其不意的干预反而会让员工不敢放开手脚去干。

对人才想用又不敢重用，想授权又不敢信任，是平庸的管理者常犯的错误，再优秀的人才在这样的管理者手下也难成大事。因此，面对日益激烈的市场竞争，公司规模的壮大，管理活动的复杂，管理者一定要学会有效授权，最大限度发挥员工的能力，给员工留出足够的施展空间。

权力适当下移，还能将权力重心转移到基层，从而激发员工的工作热情。

美西战争爆发后，美国必须立即联系上抗击西班牙的军队首领加西亚。而加西亚此时却身在古巴丛林的某一处，没有人知道他的确切位置，也无法带信给他。

美国总统急得焦头烂额，这时有人给他出了一个主意："有一个叫罗文的人，只有他可以找到加西亚。"总统找到了罗文，把写给加西亚的信交给了他。

罗文拿了信，把它装进纸袋里封好，挂在胸口。他徒步穿过危机四伏的战场，三个星期后，成功把信交给了加西亚。

有趣的是，当时总统把信交给罗文，却并没有问罗文加西亚在什么地方，而他又准备怎样去找加西亚。实际上，罗文当时并不知道加西亚所在的确切地点，但当他接过这封信时，作为一个军人的责任感告诉他，自己接到了一个神圣的任务。所以他什么也没说，想的只是如何把信交给加西亚。罗文这种精神力量的来源，就是总统对他的信任。

而在另一个故事中，旅店大王唐纳德·希尔顿却因为父亲的不信任而处处受限。在希尔顿21岁那年，父亲把旅店经理的职位交给了他，同时给了他部分股权。然而，在担任旅店经理的这段时间里，他的父亲经常干预他的工作，他绞尽脑汁想出来的酒店管理改良方案统统被古板的父亲一票否决，这让他非常恼火。

希尔顿的父亲想法很简单，他觉得儿子还太年轻，而且家族事业尚未稳固，如果放手让儿子去做，公司可能承担不起因儿子失误带来的重大打击。但他的父亲并没有意识到，他的这种不信任传递给了希尔顿，反而让希尔顿觉得自己到了旅店之后一事无成，开始怀疑自己的工作能力。

授权以后不去干涉，是管理者自信的表现，表示管理者对自己的决策有着充分的信心。而且员工也能从管理者的态度中感觉到受重视、被信任，从而被激发出责任心和参与感。他们会觉得：我不能辜负领导的信任，一定要证明自己的能力。这样，团体的每个人才会主动发挥所长，为团队贡献自己的力量，团队业绩才能蒸蒸日上。

8.3 授权工作的控制

对于已授权的工作，管理者要进行合理控制，既要给员工支持，让自己了解工作的进展，又不能让员工的思维被束缚，能自己主导完成工作。

8.3.1 授权不是弃权

《韩非子·扬权》中说：“有道之君，不贵其臣；贵之富之，彼将代之。”意思是懂得管理方法的君主，会给臣子一定的权力，但不会让臣子过于显贵。如果臣子过于显贵，一定会开始设想将君主取而代之。同理，在现代职场中，管理者授权给员工，是为了最大限度地提升工作效率。但是，授权不是弃权，管理者不能当甩手掌柜，听之任之，否则，授权超出合理范围，势必会反噬管理者。

春秋时鲁国的阳虎，非常有才华，是个能臣。但他在鲁国做官期间，用权力为自己谋取私利，聚敛了无数财富，后来因人举报，被驱逐出鲁国。后他又来到齐国，帮齐王训练军队，取得了不错的效果，但是不久之后，他开始玩忽职守，又逃出了齐国。随后，阳虎来到了赵国，赵王让他辅佐处理朝政。

赵王的亲信问赵王：“阳虎名声不好，而且自私重利，为什么还给他这么大权力呢？”

赵王说：“阳虎可能会徇私，但我会监督他不给他机会。即使他有徇私的想法，也不会如愿。”

赵王如他所说的那样监督阳虎，让阳虎发挥了自己的才能，帮助赵国推行了一系列改革措施，使赵国由弱变强，在各诸侯国中拥有了一席之地。

授权不是简单地授予员工权力，而是要授中有控，让员工充分发挥才能完成工作，同时把重要的主导权留在管理者自己手中，古代君主管理臣子是这样，现代公司管理也是这样。

沃尔玛公司创始人沃尔顿在创业初期十分辛苦，公司的大部分工作都需要他亲力亲为。随着公司的壮大，他渐渐开始力不从心，意识到自己不可能参与公司的一切工作，必须给员工授权，让他们从单纯的执行者成为管理者。

于是，在第二家沃尔玛店开业时，沃尔顿将属于自己的权力分给了一些优秀的管理人员。随着公司的发展，他又将更多的工作交给了员工，而且允许员工自由行动、自主决策，包括根据销售情况订购商品和决定促销策略。

沃尔顿一直注意维护员工自主权与公司控制权之间的平衡。一方面，他制定了许多规定让各分店的员工遵守，要求公司的每一位职员都要牢记并严格遵守员工手册；另一方面，他给了每家分店足够的自主权，让他们可以自行决定商品订购、促销计划，以在市场变化的第一时间对销售方案作出调整。

这一举措让沃尔玛公司获得了很大的发展，公司详细且明确的规定成为牵制各分店的一根绳子，让各分店不能谋取私利；同时各分店又有足够的机动性，可以随时调整销售方案，不用向上请示，极大地提升了工作效率。

那么管理者如何做到授中有控呢？

1. 先于员工想到问题的可能性

管理者必须在交代工作时就想到可能出现的问题，然后根据这些问题决定授权的程度并规定相应的职责和权限。这一步是在事前为员工明确工作的利害关系，即让员工知道有规定在前，不敢谋取私利。

2. 权力不能交错，不能闲置

授权是为了让员工成为管理者手的延伸、脚的延伸、眼的延伸和耳的延伸，但如果管理者同时给了两个人同样的权力，不仅不能让自己手、脚、眼、耳延伸，反而会让他们“打架”。两个员工都想要功劳，不想负责任，最后只能造成互相扯皮，工作无人负责的情况。另外，权力必须对应好负责人，管理者不能让权力闲置，否则权力就相当于失去了作用。

3. 建立畅通无阻的信息传递渠道

管理者要及时了解员工的工作进展，要求其定期汇报，并对其进行必要的引导和检查，保证工作方向不偏离正轨。

4. 保留对员工工作的直接协调权

管理者对工作应保留直接协调权，当员工工作出现无法解决的问题时，管理者可以及时出手，力挽狂澜，避免工作陷入更大的危机。

只有授中有控，控中有授，及时引导检查，才能让授权在激发员工工作活力的同时，保留管理者的主导权，让工作风险始终控制在合理范围内。

8.3.2 进行过程控制

对于管理者来说，授权只是最简单的一步，授权后还要进行过程控制。就像放风筝时，风筝飞上天之后，需要适时拉一下线，控制风筝的高度和方向。如果一味地放线，风筝可能飞不起来，或者飞上天后失控。

要想对风筝收放自如，管理者必须在下放权力时有足够的控制力，合理规范过程的发展，让最终结果不偏离预想。

张总因为欣赏海归硕士小李的才华，想尽办法把他招进了公司，并任命他为执行总裁。张总几乎把公司所有的决策权都交给了小李，自己则退居幕后。

可这样的授权并没有让公司更上一层楼。小李上任后，采用高度集权的管理模式，改变了公司原本的管理模式，不允许员工发表意见，独断专行，甚至还做了许多错误的决策，导致公司蒙受了巨大损失，公司上下议论纷纷，人心浮动。后来，张总只得辞退了小李，自己重新上任。

张总的授权就没有进行过程控制，甚至因为他的不闻不问，间接让公司走了一段下坡路。倘若他能对小李的权力做出限制，让小李知道哪些东西能动，哪些东西不能动，并对小李的决策作出引导和纠正，就不会形成后来的局面了，也不会损失小李这一优秀的人才。

那么，管理者要如何做好过程控制呢？常见的方法有两种：第一，根据工作目标和绩效标准对授权工作进行过程控制；第二，要求员工及时反馈。

1. 根据工作目标和绩效标准进行过程控制

如果授权的工作比较复杂，时间跨度比较大，管理者就可以把工作目标分成若干阶段来考察，要根据工作难度、员工能力以及工作完成时间来考量。对此，管理者可以在授权前与被授权者单独沟通，这样做有两个优势：

（1）了解被授权者对工作责任的理解以及承担该责任的态度和初步的工作思路，以便把准备做在事前，发现问题及时引导。

（2）为被授权者提供一个表态的机会，促使其提高认识、理清思路并作出承诺，这对被授权者也是巨大的激励。

2. 要求员工及时反馈

不管授权什么工作，管理者都要要求员工定期向自己反馈工作情况，说明工作中的重大事项，以保证工作沿预定轨道前进。

对此，管理者不妨列出一个授权后的等待清单。等待清单中的事情，虽然是授权出去的、不需要自己亲力亲为的，但要在截止日期前设置时间点进行跟进，随时关注进度。在这个过程中，管理者要随时根据工作进展情况进行调整，如果发现被授权者需要帮助，就要适当给予支持。

团队协作是确保工作目标完成的重要因素。授权的工作虽是责任到人，但也不能鼓励员工蛮干、硬干。管理者应该营造积极沟通的团队氛围，协助员工处理工作过程中出现的问题，以求整体工作高质量完成。

8.3.3 不可纵容员工

管理者在对员工授权时要始终采取鼓励的态度，如果员工没能完成工作或工作出现问题，管理者也不要一味指责，而要对其进行指导。但如果管理者多次指导无效或员工始终我行我素，就不能再纵容员工继续这样发展下去了，必须对其进行惩罚。一件事的结果若是与自身的利益没有太大关系，很容易让人产生倦怠感，从而形成得过且过的心态。

关于惩罚的程度，也大有学问。如果惩罚过轻，很可能起不到警示的作用，还会使员工滋生抱怨情绪；如果惩罚过重，则可能让员工难以承受，甚至选择辞职。所以，惩罚员工一定要掌握度，要把惩罚变成对员工的激励。惩罚员工的方法有两种。

1. 主动承担责任

作为管理者，员工犯错，必然跟自己脱不开干系。对此，管理者可以先主动承担自己的责任，这样既能显示出领导的魅力和担当，还能引导员工认识到自己的错误，从而毫无怨言地去改正。

2. 必要时“杀一儆百”

“杀一儆百”即在众多犯错的员工中挑选一个反面典型，给予严厉处罚，以此震慑其他员工不敢再犯同样的错误。对于“杀一儆百”这种方法，有些人持反对态度，认为这样做对所谓的“一”很不公平，明明大家都犯了同样的错误，却只有一个人被严厉处罚了。但在实际管理中，“杀一儆百”确实非常有效，员工们只有看到规则切实被执行了，才会畏惧规则，把规则放在心上。但这种方式需谨慎使用，以防团队产生紧张气氛。

那些玩忽职守，因个人因素造成工作失利的员工，就可以被当作“杀一儆百”的对象，管理者可以私下辞退责任人或公开宣布失职的责任和处罚决定。这个惩罚一定要起到震慑作用，让其他员工切实体会到失职的严重后果。

一位不懂授权的管理者，不是一位合格的领导；而一个纵容员工犯错的管理者，则是一名不负责任的领导。作为管理者，虽然凡事不必亲力亲为，但授权并不意味着放任，有鼓励同时还要有鞭策，员工才能有所成长。

第 9 章

团队协作：完美的团队永远大于完美的个人

一群人不一定能成为一个团队，团队也不仅是一群人。有配合、有协作的一群人才能被称为团队。团队协作能发挥每个人的优点，让整体发挥出最大的能量。一家公司有几个能力突出的员工不能改变什么，但如果拥有一个无坚不摧的团队，定然可以走得更远、更好。

9.1 成为引导者，而非命令者

管理者在团队中的角色是引导者，而非命令者。他需要凝聚人心，让团队中的每个人展现自己能力的同时，还能朝着一个共同目标奋进。相反，如果管理者成为了命令者，员工就变成了提线木偶，团队将会失去生机，也失去向前发展的可能。

9.1.1 “跟我上”和“给我上”的区别

团队中一般存在两种类型的管理者：一种是“跟我上”的领导；另一种是“给我上”的领导，这两种管理者有着天壤之别。

春秋时，燕国攻打齐国，齐国节节败退，最后只剩即墨一座孤城。燕国统帅乐毅率兵围困即墨多年，却久攻不下。而事实上，即墨的士兵数量不及燕军的三十分之一。即墨之所以能死守多年，是因为有一位优秀的将军——田单。

为了守住即墨，田单把自己的家财全部分给士兵，而且他还身先士卒，亲自到前线与燕军决战。除此之外，田单还把自己的妻妾编入军队，负责守城。即墨的百姓在田单的带领下，群情激昂，全民皆兵，连妇孺都拿起了武器保卫自己的家园。

后来，田单使用反间计，让燕国罢免了乐毅，改用骑劫做主帅。田单便开始酝酿反攻的计划。一天夜里，田单把即墨的牛集中起来，在牛角处绑上刺刀，在牛尾处绑上浸了桐油的芦苇，然后用火点燃芦苇。田单大喊：“兄弟们，跟我冲啊！”于是，火牛在前，田单和百姓在后，一鼓作气冲进了燕国大营。燕国的士兵看见整齐划一的“火牛军”，抵挡不及，溃不成军。田单战胜了燕军，收复了失地，迎回了齐襄王，恢复了齐国。

齐国恢复后，田单计划收复齐国的狄城。这时，田单的士兵是狄城士兵的十倍，可田单进攻了数月，却始终破不了城。于是，田单向谋士鲁仲连请教："当年我率领即墨的老弱残兵，打败了燕国几十万大军。现在，我带着几十万大军，为什么却攻不下守军只有一万人的狄城？"鲁仲连说："将军在即墨时手拿武器，与士兵们一起出生入死。而将军现在坐拥高位，只躲在大帐中摆摆沙盘，当然攻不下狄城了。要知道，士兵们想听的是'跟我上'呀。"田单一听，恍然大悟。回到军营后，田单来到士兵们中间，手持兵器，高声喊道："兄弟们，跟我上！"说着，自己一马当先，冲锋在前。当天，狄城就被攻下了。

"跟我上"的领导注重带头引领、以身作则，让自己成为团队中的标杆。面对这样的管理者，员工们自然会毫不犹豫地迎难而上。而"给我上"的领导沉迷发号施令，空喊口号，言行不一，只谈功劳，不负责任。面对这样的管理者，员工会想：你行你怎么不上，做好了功劳都是领导的，做不好还得我们负责。

"跟我上"的冲锋，永远比"给我上"的命令更有力。管理者要注意自己在团队中是领导，同时也是榜样。"给我上"是外力驱动，员工干得不情不愿，更不会想如何把工作做好，团队也会比较松散。而"跟我上"是自我驱动，员工受到管理者的感染，自发地想要为团队出一份力，自然能激发出自身更大的潜力，从而帮助团队实现更好的发展。

9.1.2 尊重每一位员工，包括那些制造麻烦的人

物质激励是公司常用的激励手段之一，但它却不是长期有效的。因为公司不可能无穷无尽地加大物质奖励，而且人的需求是无尽的，很难被一次性满足。随着环境的变迁，当旧需求被满足时，新的需求就出现了。正如马斯洛需求理论所阐述的那样，当人的生理、安全、归属需要都得到满足后，尊重的需要就会成为人的第一需要。因此，即使管理者能为员工开出高于平均值的薪酬，如果不能做到尊重员工，长此以往，员工还是会流失。

要满足员工对尊重的需要，就要保证员工所从事的工作能反映其个人价值，从而使其得到同事和领导的赞美，甚至社会的认同，令其享受这种精神上的满足，达到激励的目的。

在实际管理中，管理者必须营造“尊重”的气氛，也就是要尊重每一位员工，包括那些制造麻烦的人。每个团队都有几个经常犯错或爱顶撞领导的员工，管理者不要因为他们制造过麻烦，就忽略了他们的价值。给予这些个性突出的员工最大的尊重，也许能获得意外的惊喜。东汉时期，刘邦被困巴蜀，筑台拜将，满足了韩信的自尊心，最后在韩信的帮助下，从蜀中脱出，取得天下。

如果管理者能不计前嫌，承认员工的价值，就是对员工莫大的尊重。即使是那些平时习惯顶撞领导的员工，也会打心底生出奋斗的激情，主动为团队贡献力量。三国时期，诸葛亮为刘备一家鞠躬尽瘁，死而后已，正是在回报刘备屈尊枉驾、三顾茅庐时给自己的尊重。

知道尊重员工的管理者，才能吸引、留住人才，并且激励他们成为最佳员工。相反，如果管理者没有宽容的胸怀和基本的道德涵养，在团队中公然对员工秋后算账，觉得员工低自己一等，则可能会让人心背向。

某公司总经理因琐事在邮件里斥责了自己的秘书，言辞激烈，对对方没有丝毫尊重，导致秘书的自尊心受到伤害，愤然离职。这封邮件被公开后，在网络上引起了极大反响，导致公司形象受到极大伤害，很多优秀人才对这家公司敬而远之，总经理不得不引咎辞职。

可见，有了尊重，团队才能聚集起优秀的人才。管理者们不妨塑造一个以尊重为中心的公司文化，将尊重贯穿于公司招聘、绩效评估、工作任命、授权监督等管理活动中，以此唤醒团队成员的主人翁意识，让他们心甘情愿地为团队贡献力量。

9.1.3 在团队中，最好采用合作的态度

在如今的时代，管理者与员工不再是雇佣与被雇佣的关系，而是合作关系。管理者提供平台，员工付出自己的才能和时间。为构建一个和谐的团队，管理者要改变传统的做法，采用合作的态度管理员工。

小陈是B公司的一名清洁工，本来是公司中最普通的员工，却在公司保险箱被盗时，与小偷殊死搏斗。事后，有人问他原因，他是这样解释的："总经理每次从我身边经过，总会夸我扫得很干净，还会说幸亏有我在，公司的环境才会这么好。这让我觉得自己也是公司的一分子，有责任去保护公司。"

这个案例说明，管理者想要一个人真心为公司着想，就必须激发他的内在动力。最好的办法就是让员工明白：你不是在给我打工，我们是在合作，我好了，你也会好。当员工明白这一点时，他就会把工作当成自己的事，为了自己而努力，这时，这个人就不需要监督了。

管理者要想与员工达成合作关系，就必须知晓合作关系的三层境界，从而在团队管理过程中摆正自己和员工的位置，激发员工的主动性。

第一层：交易关系

如果管理者与员工只停留在交易关系层面，员工永远不会忠诚。一旦有地方开出更优越的条件，员工会毫不犹豫地离开，而且如果这种情况反复出现，团队规模就很难发展壮大。

第二层：不是雇佣员工的时间，而是雇佣员工的能力

在这一层关系中，员工对团队来说有了更加重要的价值。员工不再是可轻易代替的"工具"，而是帮助团队达成工作目标的帮手。当员工与管理者形成了利益共同体、事业共同体时，他就会为了长远的发展而选择留在团队中。

第三层：事业合伙人

当员工成为管理者的事业合伙人，员工就不再是团队工作的帮手，而是团队的主导者。在这一层关系中，员工不会轻易离开团队，而且会积极发挥才智，拼命地为公司干，因为他知道为公司干就是为自己的未来干。

9.1.4 有责要担当，有利要分享

《史记》中曾说："天下熙熙，皆为利来；天下攘攘，皆为利往。"工作的一个重要目的就是创造更好的生活，但管理者要赚钱，员工也要赚钱。作为团队管理者一定不能有利冲在前，有责退在后，而是要学会

担当责任、分享利益。

李嘉诚的用人之道可以总结为“以诚感人者，人亦以诚应之。”李嘉诚认为：只有善待下属，将好处与员工共同分享，与员工共同承担责任，才能让他们忠心辅佐。所以，在他的团队里，新人辈出，而且离职率很低。

当年，英国人马世民被李嘉诚赏识。为了让马世民加入自己的团队，李嘉诚买下马世民的整个公司，并给了马世民10%的股份。为了增强马世民对集团的归属感，李嘉诚让他以最优惠的价格。购买长江实业集团的股票。当时，马世民的年薪至少有1000万港元。虽然后来马世民从和记黄埔离职，但李嘉诚依然保留了他能低价购买长江实业集团股票的权利。可见李嘉诚多么愿意与员工分享利益。

任何一个团队或一家公司，员工都是直接创造利益的人，管理者纵然可以强迫员工服从命令，但这很容易引起员工的反抗，他们可能效率低下或一边工作一边寻求跳槽的机会。所以，管理者必须冲锋在前，和员工一起扛起责任，大方地分享利益，让员工产生和管理者共同奋斗的感觉。

1908年，福特公司推出了T型汽车，非常受普通美国人的欢迎。后来，福特汽车销量大增，公司盈利情况也非常不错。于是，创始人亨利·福特向他的员工承诺：如果年底效益翻倍，在工资不变的情况下，每人可领到年薪总额30%的年终奖，以及2%到5%不等的分红。这一利益分享举措，让福特公司的员工受到了很大鼓舞，他们更加努力工作，热情高涨，从而推动了公司的发展。

团队是一个整体，它的效益和员工的收益是相互依存的，管理者不能只把目光停留在眼前，通过压榨员工节约成本是不利于团队长远发展的。管理者要用实实在在的好处调动员工积极性，让他们知道公司获利越多，个人也会获利越多，从而形成自我驱动，为自己的利益而奋斗的氛围。

9.2 贝尔宾团队角色理论

贝尔宾团队角色理论是构建团队的一种方法，指的是管理者必须清楚每个人所扮演的角色，发挥他们各自的优势，弥补相互之间的不足，从而促进团队协作，提高生产效率。

9.2.1 人际相关的团队角色：外交家、协调者、凝聚者

团队中有这样一些人，他们善于与人交往，是团队中的润滑剂。他们也许不是团队中最能干的人，但往往是团队中最受欢迎的人。有他们在的团队更能凝聚士气，也更团结和谐。他们就是外交家、协调者和凝聚者。

1. 外交家（Resource Investigator，RI）

外交家是团队中热情、外向的人。无论面对领导还是客户，同事还是朋友，他们都能聊上两句，快速和对方拉近关系。他们天生擅长谈判，并且善于挖掘新机遇、发展人际关系。他们不一定能创造许多新想法，但很擅长挖掘可利用的资源，并整合它们为自己所用。

外交家因开朗外向，在团队中很受欢迎，经常能活跃气氛。团队成员因为外交家被连接在一起，所以有外交家在的团队气氛一般都不错，员工之间的感情也会很好。

虽然外交家善于挖掘新事物，但如果管理者不及时给予他激励或回应，那么他的热情会很快消退，甚至会失去工作动力。

2. 协调者（Co-ordinator，CO）

协调者是团队中成熟稳重且值得信赖的人，这些人通常拥有丰富的经验，能够让团队朝着共同的目标努力。他们看人很准，能够识别出对方的长处，所以会经常给新员工一些提点。当管理者不在公司时，他们一般就是团队的“主心骨”。

协调者是团队中比较聪明的员工，并且经验丰富、眼界开阔，最得团队成员的尊重。对此，管理者在决策时可以参照他们的意见，或让他们做一些辅助管理工作。

3. 凝聚者（Team worker，TW）

凝聚者是团队中性格好的人，他们亲切、关心他人，深受团队成员的喜爱。他们能为团队营造一种温馨感，可以照顾新员工，也可以察觉团队成员情绪上的变化，是非常好的倾听者。但他们在工作上的顾虑太多，很容易被情感左右，所以在做某些决策时，可能会变得优柔寡断。

9.2.2 思考相关的团队角色：智多星、审议员、专业师

团队中有这样一些人，他们善于思考，创造力十足，经常能提出新颖的观点。他们不一定会执行，却是团队中不可或缺的人。当团队遇到困难时，他们总能想出解决方案。他们就是智多星、审议员和专业师。

1. 智多星（Plant，PL）

智多星是团队中创造力非常强的人，是创新者和发明者，善于为团队的发展出谋划策。他们在团队中总是和其他成员保持距离，习惯独立完成任务，贡献与众不同的方案。他们独立、聪明且富有原创力，但他们的想法有时很激进，甚至会忽略实施的可能性。对此，管理者要学会引导智多星在规定范围内思考，让他们为团队贡献更多可用的新方案。

2. 审议员（Monitor Evaluator，ME）

审议员是团队中严肃、谨慎、理智的人，他们天生对冲动免疫，倾向三思而后行，不会轻易做决定，也很少被情感左右。他们具有批判性思维，面对已经确定的事实，他们也会权衡利弊，等到考虑周全后再做出决定。所以，审议员做出的决定通常都不会出错。对此，管理者可以把审议员当作团队的“镇静剂”，让他们负责工作最后的审核，以确保工作不会出现问题。

3. 专业师（Specialist，SP）

专业师是团队中专注的人。他们为自己的专业技能和知识感到骄傲，始终专注于对专业知识的探究，以维持自己的专业度。他们对团队中的专业问题，总能想到解决办法，但他们总是将大多数注意力集中在自己的领域，对其他领域通常知之甚少，甚至不想钻研其他领域。面对这样的专家型人才，管理者要充分发挥他们在专业领域的长处，把他们安排在合适的岗位。他们往往不适合被提拔为管理者。

9.2.3 行动相关的团队角色：鞭策者、执行者、完成者

团队中有一些人总是充满干劲，效率很高，是整个团队的“引擎”。不管在什么样的团队，他们都是可以贡献价值的人，努力和上进是他们的代名词。他们就是鞭策者、执行者和完成者。

1. 鞭策者（Shaper，SH）

鞭策者是团队中精力充沛、渴望成功的人。他们非常有进取心，自我驱动力强。面对困难和挑战，他们不会退却，会积极寻求解决办法，并且关心最终的结果。他们喜欢在工作中处于领导地位，并且会鼓励他人采取行动。

鞭策者能力强且对自己非常自信，但对人际关系不敏感，喜欢与他人争辩，甚至会显得有些咄咄逼人。鞭策者是团队中的精英员工，但可能并不受其他员工喜欢，也很容易与其他员工发生冲突。管理者要注意引导他们正确对待人际关系，以缓和团队的氛围。

2. 执行者（Implementer，IMP）

执行者是团队中工作努力的人。他们拥有较强的自律意识和自我控制能力，能出色且准确地完成任务。他们是典型的实用主义者，较少关注个人诉求，会把自身利益与团队紧密相连，以解决问题为优先。然而，执行者偏向于执行，缺乏主动性，也很少积极思考，管理者要注意多激

励他们，以免他们成为只会执行的“机器人”。

3. 完成者（Completer Finisher，CF）

完成者是团队中坚持不懈、注重细节的人。即使面对再困难、复杂的问题，他们也会坚持不懈地去完成。完成者普遍都有些内向，对外部激励总是表现得很从容。但实际上他们对自己要求很高，多数时候被内部焦虑所驱动，他们甚至无法接受团队中其他成员态度随意，也很少把工作交给别人，喜欢自己承担所有的工作。

因为不善表达又爱好“死磕”，完成者可能会钻牛角尖。所以，管理者要引导他们多表达出自己工作中遇到的难题，多寻求与他人的合作。

9.3 团队成员需要有参与感

团队是一群人的团队，不能是某一个人说了算。因此，团队的每个人都要有建设团队的参与感，管理者要让他们明白，自己不是在为某一个人工作，而是在为整个团队而工作。

9.3.1 让每个人都成为决策者

电影《重振球风》中讲了这样一个故事：在一家少年收容所里有许多问题少年，这些少年往往没有一技之长，家人对他们感到失望。而所长肖恩·波特并没有放弃他们，他和这些少年组建了一支橄榄球队，最终带领这些少年打败了职业球队，让他们重新找回了人生的意义。

球队的成功与肖恩·波特非常有效的人才管理方式分不开。肖恩·波特善于发现每个人的长处，并让每个人在球队中都有独一无二的价值。这些少年开始从心里认识到自己的重要性，于是他们握紧拳头，不再随波逐流，积极追求自己的梦想。

肖恩·波特的做法其实是在向下赋能。赋能是指通过言行、态度、环境等给予他人正能量，让他人产生自我驱动力，延伸至管理上，就是指公司从上释放权力，赋予员工工作自主权和决策权，最大限度地发挥个人才智。

随着社会进入信息时代，公司不再缺乏数据，管理者也很难再独自一人掌控全局，因此，向下赋能就变得重要起来。那么，管理者要如何向下赋能呢？

1. 抛弃刻板规则

美国航空航天局曾得出过一个惊人的结论：70%的空难都是人为因素造成的。航空公司为整个机组人员制定了最详细的工作标准，但因为他们过于遵守既定程序，把效率看得比变通能力更重要，反而导致空难发生。

因此，管理者想为团队赋能，就要制订更多的备用计划，减少团队可能出现的风险，而不是通过刻板的规则试图消灭风险。员工不是执行机器，他们不仅要知道怎样把眼前的事情做好，更要知道自己应该做什么。

2. 让每个人拥有决策权

海底捞因服务优质而出名，但海底捞的一线员工却并不会有自卑感。这是因为海底捞的一线员工都拥有决策权、自主权，他们可以自行决定送顾客一盘菜或水果甚至免单权，这样的权力让他们很少把自己当作服务员，而是当作决策者和门店管理者。

如果员工不能决定自己的工作方法，只能按照别人的想法去工作，那就很难能意识到自己的价值。只有让他们参与决策，有了自己做主的感觉，他们才能意识到自己的重要性，才会把团队的工作当作自己的事情。

3. 双眼紧盯手放开

“手放开”是指管理者要较少地做决定，多鼓励员工做决策。团队的成功与每个人的努力有分不开的关系，相比于做决策，管理者更重要的工作是培育整个团队，让各个环节都能独立运转起来。

如果每个成员都能独立思考，根据总体战略采取自认为最合适的行动，那么团队缺少了任何一个成员都不会停摆。

“双眼紧盯”是指管理者要约束员工的决策。如果做决策的人不具备洞察力和判断力，那么他可能做出不利于团队发展的决策，给团队带来风险。因此，不管是管理者还是员工，拥有决策权的人都应该被监督。团队中的每个人应该既是决策者又是监督者，这样可以防止权力滥用。

9.3.2 杜绝团队中的“划水”现象

很多管理者会发现，随着团队规模的不断壮大，团队成员渐渐开始出现偷懒的情况。某项工作明明是所有人的责任，但一段时间后就变成只有几个核心人员在工作，很多人都开始“划水”。

其实，团队之所以会出现这个问题，不是因为团队成员的道德品质有问题，而是因为出现了群体懈怠。群体懈怠是指当一群人一起完成一件工作时，每个成员的付出会少于单独工作时的付出。例如，大家耳熟能详的俗语“一个和尚挑水喝，两个和尚抬水喝，三个和尚没水喝”说的就是群体懈怠。随着团队人数的增多，责任分散了，每个人反而不愿意付出足够的努力了。

心理学家曾做过一个实验，要求参与者在单独和群体两种情境下拔河，并用仪器来测量每个人的拉力。结果发现，如果参与者知道只有自己在拉绳子，那么他使出的力气比在和 5 个人共同拉绳子时多出 18%。可见，群体懈怠确实影响了参与者的付出程度。

此外，心理学家还发现，尽管这些人出现了懈怠，但他们自己并没有感觉，在他们看来，在群体中拉绳子和单独拉绳子时，他们付出的努力是一样的。可见，群体懈怠是一种不自觉的心理现象。

为什么会出现群体懈怠呢？主要有以下几点原因。

1. 责任分散

群体的工作，最终评价的是团队的整体表现，不会对个人进行单独评价。因此，一个人是否贡献突出，对团队的工作结果并没有太大影响。

因此，大家就开始渐渐减少自己的努力，开始“吃大锅饭”。

2. 价值贡献

团队的分工非常细致，会让员工感觉自己的工作是可有可无的，做得好也不会有突出的表现，所以员工就开始懈怠，以寻求一种更轻松的工作状态。

3. 不愿吃亏

在群体里，人们很容易受其他人影响，如果一个员工发现其他人在偷懒或感觉其他人在偷懒，那他就可能受影响，减少自己的努力。

群体懈怠广泛存在且会在不知不觉中发生，几乎是无法避免的，所以最好的办法就是搭建一个机制，用制度减轻群体懈怠，提升合作效率。

4. 单独评价

如果个人表现淹没在团队里，无法单独衡量，那么员工会缺乏动力。相反，如果团队中有单独评价机制，员工就会有压力，担心自己表现不好而影响到个人利益。在这种压力的驱使下，员工会更加努力地工作。那么，管理者应该如何进行单独评价呢？

首先，管理者要明确分工。明确的分工和责任归属可以让个人表现一目了然，自然就能对员工进行单独评价了。

其次，表现要有明确的衡量标准。例如，很多公司会想办法量化每个人的效率，如考核每个客服的通话时长、接起速度等。衡量标准越简单易懂，每个人的贡献就越明确。

5. 强调贡献

如果每个人都觉得自己的工作在团队里无足轻重，那就很容易发生群体懈怠。员工会认为：反正努力不努力都不会影响结果，不如轻松一点。但很多时候，员工的低价值感仅是主观感受，并不是真实情况。如果团队里每个人都想轻松一点，那么工作是很难在短时间内完成的。

因此，管理者在分工时要充分考虑每个人的特点，让他们做擅长的事，增强他们的价值感，进而规避懈怠行为。除此之外，管理者还可以和那些看起来不那么努力的员工讨论工作的重要意义，当他们主动聊工作规划时，会对工作更加上心。

6. 缩小团队规模

随着团队规模的扩大，管理者会发现尽管员工每天都在“996”，但整体效率不高。这是因为团队太大，个人贡献不明显，责任分散，大家没有外界的压力，就产生了群体懈怠。

有些公司转型的第一步就是把大部门拆散，分为项目小组，每个小组只有几个人，这样做除了可以提高效率外，还可以缩小团队规模，减少群体懈怠的影响。管理者也可以效仿这些团队，当接受一项难度大的工作时，不妨向上申请，成立一个攻坚小组，这样能快速达成目标。

7. 认识他人成绩

很多时候员工之所以偷懒，是因为看到了其他人在偷懒。例如，团队里有的人整天看似没做太多工作，可等到考核时，他们的成绩也不差。这时，其他人就会感到不公平，觉得不努力工作也能有不错的成绩，自然也就不想付出了。

所以，管理者要让团队成员看到别人的付出，让努力的员工在团队中产生榜样和示范作用，让员工感受到积极的工作氛围。这也是为什么很多团队经常要评奖，推先进的原因。另外，对待不认真工作的员工，管理者要及时批评惩罚，给出负向反馈，让其他人少受这些人的影响。

9.4 打造高执行力团队

团队的执行力是团队产出价值的保证，高执行力的团队就像公司的“引擎”，能创造更丰厚效益，而低执行力的团队就像公司的“隐藏漏洞”，让成本在不经意间增多。

9.4.1 为什么团队执行力不佳

在这个人人都追求效率的时代，执行力是每个管理者都非常渴望的东西。因为只有先人一步，才能攫取更大的利益。想要提升执行力，管理者先要明确团队的问题出在哪儿。那么，到底是什么原因导致团队的执行力不佳呢？

1. 管理者虎头蛇尾

一个团队的执行力与管理者的毅力分不开，执行力要靠管理者先行。试想，一个团队的管理者对待工作马马虎虎，其他人又怎么会有执行力呢？

2. 管理者朝令夕改

管理者说话要严谨，团队里的规则不要经常更改。总是变化的规则不仅没有权威性，而且时间一长，员工就不愿意遵守规则了。当团队中的每个人都有一套自己的工作标准时，团队也就变成了一盘散沙。

3. 制度本身不合理

管理者的每套方案必须具有可行性，不能是一纸空文。有些管理者的方案根本没法落地，目标模糊，员工也不知道从何入手。管理者一定要抓执行，让员工有明确的工作目标，更有干劲。

4. 执行过程过于烦琐

管理者要注意简化流程，不要让本来很快就能完成的工作，因为公司的规则和流程，多占用了成倍的时间。有时候执行力低，其实是公司本身的原因。

5. 缺少好方法

有的管理者缺少管理方法，用人情和关系维系团队，结果自己没有权威。只有能执行、有效果的才能称为方法，例如，把工作与利益挂钩或制定考核淘汰机制等，这些方法才是提升执行力的法宝。

6. 缺少监督考核机制

有些团队缺少监督考核机制。管理者把工作分派下去，也不明确验收时间，结果员工就一拖再拖。很多人都有惰性，管理者应该适时给员工一些压力，让他们克服自己的惰性。

7. 只有形式上的培训

大部分团队都只会培训员工的工作能力，忽略了培训他们的价值观和认知，这导致他们可能会出现知行不合一的问题。例如，大部分员工都知道要努力工作，但他们对团队没有认同感，所以不愿为团队而努力。

8. 缺少公司文化

随着团队逐渐扩大，管理者的督促已经不能保证执行力了，这时团队的执行力就需要文化来保证。很多人都想打造出高效的狼性团队，但没有形成狼性的公司文化，最后使公司上下怨声载道，不仅团队没有很强的执行力，离职的员工反而越来越多。

9.4.2 慈不掌兵，领导者须有魄力

《增广贤文》中有这样一句话：“慈不掌兵、情不立事、义不理财、善不为官。”其中慈不掌兵是指过于仁慈的人不适合带兵。延伸到现代公司管理中，即指管理者不能过于仁慈。团队中的每个人都是为获取更多的利益而工作，管理者不能因为自己的仁慈，就不舍得批评员工，让少部分人影响了团队的整体效率，进而影响其他人获得利益。管理者必须严肃、严格，舍得锻炼员工。

小林刚进公司时是管理培训生，公司要求他必须从电话销售开始做起，每天打120个电话，自己找客户。刚开始的要求是每4分钟打完一个电话，这难坏了小林。与他一起来的很多人为了完成这120个电话，每天都不能准点下班，有些员工因此而离职。员工虽然一直有流失，但

小林发现当新员工流失到只剩10人时，就不再有人离职了，而且这几个人的效率越来越高，逐渐开始准点下班。最后，这10个人成功通过了考核，成为公司管理层。

这家公司给新入职的管理培训生的工作有什么意义呢？是真的仅想用他们来增长业绩吗？其实不然。第一，如果员工想完成每天打120个电话的任务，那就必须勤奋，这一点很多人都做到了，他们为了完成工作，都选择加班。第二，一个电话打4分钟，就意味着员工的语言必须精练，说多了会造成加班，说少了达不到销售效果。也就是说，员工必须提升工作效率，才能按时下班，完成任务。第三，员工必须每天坚持完成120个电话的指标，而那些不够勤奋且低效的人会在这个过程中逐渐退出，这样就达到了公司筛选储备人才的目的。

相反，如果这个案例中的公司没有用如此严格的标准要求新员工，那就可能要花费成倍的时间来筛选出真正的人才，需要付出的成本自然也是不言而喻的。一个管理松散的团队会让人沉沦在舒适区，如果团队上下都在混日子，那么整个团队将毫无生气可言，更不用说有执行力了。所以，管理者要拿出魄力，严格要求员工，敢于舍弃一般的人，留下最优秀的人才为团队所用。

孙武在吴国时，吴王故意刁难他，让他将宫中的美女训练成士兵。可想而知，这些美女根本不把孙武的命令放在眼里。于是，孙武狠下心来，将吴王最宠爱的两个美女斩首示众，甚至没有听吴王的求情。后来，所有的美女都不敢懈怠，像老兵一样操练起来。

很多管理者不敢要求员工，害怕说重话导致员工离职。事实上，员工离职不是因为管理者的严格要求，而是因为管理者做的事情让他看不到希望和未来。如果员工能在管理者的严格要求中进步，相信有很多人愿意留下来。每个团队都会有自然筛选的过程，那些不合适的人会因为管理者的严格而被淘汰，那些真正的人才则会凝聚起来，帮助团队获得更好的发展。

商场如战场，管理者要有魄力，要敢于为了团队的利益对自己的下属“狠”一点。

9.4.3 你的团队是“拖延症”晚期吗

团队里有这样一些员工，他们并不关心自己的任务，总是把工作拖到最后期限，结果在临近验收前不得不加班，通宵熬夜，把工作“赶”出来，其工作质量可想而知。“拖延症”已经成为现在职场中许多员工的通病，影响着团队的效率和员工的工作质量。

那么，管理者要如何帮助员工克服“拖延症”，提高执行力呢？具体有以下 5 种方法。

1. 先做困难的工作

很多人都渴望舒适，不愿先苦后甜。因为他们难以走出舒适区，所以错过了努力工作带来的成就感。于是，他们开始下意识地避免努力，慢慢发展出了“拖延症”。

管理者可以针对这个原因，先让员工集中精力完成一项困难的工作，再让他们做简单的工作。这样员工就能从一个比较紧张的状态逐渐走入一个比较舒适的状态，从心理上也更容易接受这样的过渡。

2. 不要追求完美主义

一些员工作效率低是因为无法摆脱潜意识中的完美主义。他们总觉得时机不成熟，还需要再观察，多看看。

对此，管理者应该让员工认识到没有绝对完美的工作时机，应该及时把握和抓住当下的机会。每个人都应该对自己的工作过程有正确的估计，不要看轻自己，也不要期望太高，从实际出发去工作。

3. 把大目标分成小目标

许多人拖延是因为目标太大或太笼统，完成的希望很渺茫，所以让自己一天天逃避下去。对于这种情况，管理者可以让员工把大目标分成具体的小目标，然后制订相应的工作计划。另外，管理者在实现目标的过程中，也可以及时给员工一些奖励，推动他们继续前进。这样，逃避困难工作的问题就会迎刃而解。

4. 尽可能地消除干扰

互联网已经成为许多员工效率低下的主要原因。有些员工宁愿花大量时间漫无目的地浏览网页，也不愿意集中精力工作。管理者应该考虑这种情况，控制员工无意义的上网时间。

5. 紧迫感有利于执行

一般来说，当工作时间非常充裕时，员工对工作的紧迫感会降低，进而很容易做事拖沓。因此，管理者需要帮员工重拾紧迫感，尽量让员工觉得工作时间不多，以此让他们更投入地去完成工作。

9.4.4 让员工做问题的“终结者”

王经理在走廊碰到一位员工，员工说：“我有一个问题需要跟您谈谈。”于是王经理用了半个小时站在走廊上专心听他叙述问题的来龙去脉。这耽搁了王经理原先要做的事，获得的信息却只是王经理决定介入此事，并没有作出决策。于是王经理说：“我现在不方便和你讨论，让我考虑一下再找你谈。”

相信很多管理者都遇到过这样的问题，员工来向自己请示问题，结果自己却成了解决问题的人。最后，员工事事都来请示，不仅让团队效率变低了，还让自己多了一大堆工作。当管理者接收这些工作时，员工会认为这是其主动接收的，而且员工还会变成监督者，经常来问：“那件事接下来要怎么样？”长此以往，管理者接收得越多，员工给得就越多。团队的问题都需要管理者亲自解决，自然很难有执行力。

管理者要让员工知道自己只是一个建议提供者，而不是一个“救火队员”，他们需要自己完成自己的工作。这样，管理者才能有足够的时间去做规划、协调、创新，去把握全局工作，保证团队的执行力。

因此，管理者要让员工成为问题的“终结者”，把自己变成从旁辅助的人。在帮助员工做决定时，管理者要记住以下准则。

首先，需要员工做决定的事，一定要让他们自己做决定。

这是要员工独立完成工作的第一步，如果员工的工作都需要管理者亲自做决定，那么实际上这项工作没有被分配出去，员工只是承担着劳动者的角色，其自身没有主动性，只是在机械地执行命令。

其次，管理者要清楚导致员工不愿意作出决定的原因是什么，然后“对症下药”。

导致员工不思考问题、不习惯作决定的原因一般有两个：一是习惯性地依赖管理者或其他同事，这样的员工由于性格原因可能不适合独立负责一个项目。二是管理者经常代替员工做决定，这样的团队大多是“一言堂”，员工是没有实际权力的人。

最后，管理者要引导员工自己想办法，训练员工独立思考问题的能力。

管理者想要员工独立解决问题，需要正确引导。首先，让员工摒弃“依赖性思维”，知道管理者不能为他做决定，只能提供建议。其次，训练员工全面分析、思考问题的能力。最后，增加员工的自信心，让他们有能主动承担责任的想法。

所以，王经理可以这样解决遇到的问题。

王经理在专心听他叙述问题的来龙去脉之后，问他：“这个问题很不错，你觉得应该怎么办？”员工会说：“我是因为想不出办法才向您求援。”王经理回答：“我觉得你可以想出更好的办法。你明天下午拿几个策划案来和我一起讨论。”告别前王经理可以补充一句：“要是实在想不出，可以找几个搭档一起讨论一下，明天我等你们的答案。”

第二天，员工拿着策划案如约前来。他似乎已经胸有成竹了：“根据你的指点，我们做了5个还不错的方案，现在就请你决定哪一个更好。”

这时，即使管理者已经看出哪个方案更好了，也不要急着帮员工做决定。不然，员工会养成依赖管理者的习惯。万一这件事以后出了差错，他会说：“这都是按照你的决定去办的，不能怪我。”

所以，王经理可以这样说：“太棒了，这么多方案。你觉得哪一个方案更好？”员工回答：“我觉得A方案更好一些。”这时，管理者要适当地去引导他：“这个方案确实不错，不过你有没有考虑过其他情况？”这时，员工会按照管理者的思路再去思考：“有道理，应该选择B方案。”

最后管理者要明确这是由他自己思考做出的决定："非常好，我也是这样想的，那就按你的意见去办吧。"

管理者想让团队发展壮大不是一个人就能做到的。一个"领导没时间，员工没事做"的团队是很难有执行力的。管理者需要让员工自己解决问题，独立工作，这样整个团队才能高速运转。

第 10 章

团队激励：涨工资是最基础的激励手段

一个优秀的、充满活力的团队本身就是管理者宝贵的财富。管理者经常会遇到员工消极怠工，缺乏热情，工作缺乏主动性的情况。实际上，员工很难时时刻刻都保持斗志昂扬的工作状态。管理者必须对团队采取积极的激励措施（包括物质激励措施和精神激励措施），才能让员工在工作中充满激情。

10.1 十句空泛的说教不如一句真诚的赞美

对于一个管理者来说，以一味说教的方式管理团队显然是不可行的。员工需要的是管理者的赞美和鼓励，这样他们才能够满怀自信心地开展工作。

10.1.1 养成先称赞的好习惯

在我们的日常生活中，称赞这种沟通方式是对他人直接的认同和鼓励，在团队里也不例外。管理者应该把称赞当作自己和员工的日常交流方式，不要吝啬对员工的赞美之语，如此一来，整个团队也会处于一种愉悦的工作氛围之中。

称赞的时机相当重要。如果管理者在一开始就对员工进行批评，称赞只有最后的寥寥数语，会让员工觉得这是管理者的刻意补救。管理者可以尝试先称赞员工的优点，然后再指出其不足。

员工小张平时工作积极认真，他绞尽脑汁写出一份稿件，交给他的上司老李，看得出他对自己的成果十分自信。在看了小张的稿件之后，老李觉得某些表述并不是很合适，稿件质量仍待改进。可是看着小张满脸激动的样子，老李又不愿意辜负年轻员工的热情，打消他工作的积极性。

于是老李说道："这篇稿件写得很不错，应该没有人能比你写得更好了。可是从我的立场来讲，还是有些细小的错误需要改正。"果然小张并没有因为这份稿件需要返工修改而垂头丧气，反而更加积极地接受了老李给他的建议。

从上述事例不难看出，是老李先开口称赞的好习惯让小张觉得自己的工作成果是被充分肯定的。这种先称赞的方式能够帮助员工提高工作积极性，不至于因为管理者的批评而太过灰心。

10.1.2 学会给员工“戴高帽子”

小张在公司里有两个领导，分别是老李和老陈。小张对老李布置的工作总能积极应对，并按时完成，但对老陈布置的任务积极性不高。原因很简单，老李每次安排小张工作的时候都是说：“这个任务还是需要你亲自出马，别人做我不放心！”而老陈的态度就截然不同了，他总是以命令的口吻要求小张，“这项工作必须由你来完成。”

虽然两位领导都对小张下达了差不多的命令，但说话的语气完全不同。老李有意无意地给小张戴了顶“高帽”。作为员工的小张不仅能感受到管理者重视他，更重要的是能够体会到被团队需要的感觉，因此对待艰巨工作任务的态度也随之改变了。

管理者给员工“戴高帽子”需要注意以下几点。

1. 语气真诚

想要通过赞美的方式激励员工，最重要的一点就是语气真诚。有些管理者即使偶尔给员工戴“高帽”，语气也仍旧十分严肃刻板。即使员工听到赞美的话语，也不会觉得这些称赞是管理者的真心实意。因此，称赞的方式尤为重要，真诚地和员工交流，由衷地指出员工的优点，是管理者称赞员工时首先要注意的。

2. 恰如其分

给员工戴“高帽”，要恰如其分，这样员工的接受度会更高。管理者不能一味而盲目地夸赞员工，“帽子”不能戴得过高，言不符实的“高帽”不仅会使员工感受到过度的期望值，徒增心理压力，还可能让员工有一种被刻意奉承的感觉，觉得管理者并不真诚。

3. 注重细节

管理者称赞员工不能太过片面和笼统，要称赞具体的细节。法国学者罗瑟琳·波什曾提出一条“波什定律”，即一个人称赞别人的内容越具体，对他人的鼓励度就越高。尤其是当管理者称赞员工自己都没有察觉的闪光点时，员工更能感受到管理者对其的重视。

10.1.3 表明对员工的期待

明明已经合理地称赞员工了，而且团队的氛围并不差，可为什么员工还是缺乏积极性呢？原因可能在于管理者并没有向员工表现出足够的期望，让员工总有一种“差不多就行了”的错误想法。

小王是某公司的年轻员工，学习能力强，很受其领导老李的重视。有一天老李要求小王做一份他从没接触过的工作，小王在接受任务时有些担忧，害怕自己完成不了。老李就对小王说：“尽力做就好。”一段时间之后小王提交了工作报告，老李一看就知道小王因为觉得自己没做过，所以就随便凑合了事。

老李收到报告后，并没有对小王这种敷衍的工作态度横加指责，而是很真诚地告知小王这类工作以后可能会经常有，甚至成为日常工作的一部分，表示很看好小王，最后指出了小王在工作上存在的问题。果然第二天小王就上交了一份令老李满意的报告。

通过上述案例可以看出，让员工感受到管理者的期待，是一种激励员工的有效方法。这种期待是员工能够切身感受到的管理者对自己的信任，能够帮助员工提高学习、工作的积极性。

但是，这种期待不是通过“打鸡血”和“灌鸡汤”的形式表现的。有些管理者热衷于在群里转发《你还有什么理由不勤奋》之类的文章，以传达自己对员工不切实际的期待值，却不愿意真正地对员工加以指导和培养，这样的方法是不可取的。

10.1.4 用建议的口吻下达工作指令

员工是有自尊心的。管理者在和员工交谈的时候，要尽量多用建议的口吻，而不是单纯的下命令。合适的口吻不仅是管理者对员工的尊重，使员工更愿意接受建议，更能塑造平易近人的形象。

有些管理者在向员工交代任务时总是用命令的口吻，例如，“赶紧把这份报告交上来，我必须今天看到。”“这次的工作完成得非常不好，马上给我重新做一遍……”等。

员工在听到管理者这种不留情面的强硬表达时，即使不会拒绝，也很难会情愿展开工作，更不会认真努力地完成工作。当员工抱着这样的态度工作时，其结果可想而知。而管理者获得工作结果之后必定会大失所望，提出更严厉的批评。如此下去，管理者和员工之间的关系就会陷入恶性循环的怪圈，如图 10-1 所示。

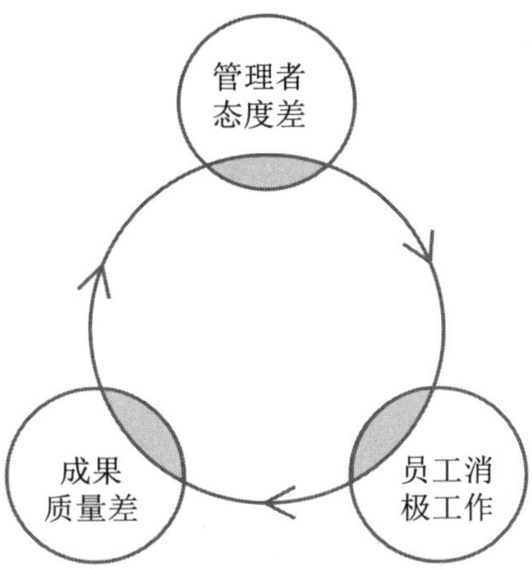

图 10-1　不恰当的口吻导致团队中的恶性循环

由此可见，恰当得体的交流方式至关重要，而建议的口吻则是管理者和员工高效沟通的良性催化剂。虽然管理者有发号施令的权力，但是不可以一味地强行对员工发号施令。试想管理者这样说：“小张，这份报告现在有急用，至关重要，我建议你先完成它。”想必小张会感受到管理者真诚的态度，尽力去完成上司交代的工作。

10.2 给落后员工一点儿掌声

成功的“灵丹妙药”就是鼓励。落后的员工更需要管理者的鼓励，这样他们才会认真工作，以证明自己的能力。

10.2.1　员工汇报坏消息时，不要急于训斥

当员工报告坏消息或者犯错误时，一些管理者总是运用“思维定式”去想问题，第一反应是去追究责任，以达到批评和惩罚员工的目的，从而让员工记住自己犯的错误。事实上，员工自己也不愿意犯错，犯错往往是因为对工作理解有误，或者受到其他非主观性因素影响。

管理学里的一项著名定律波特定律告诉我们，当员工受到批评时，他们通常只记得批评的前几句话，剩下的就听不进去了，原因是他们忙着思索，想反驳上司开头的批评。可见，批评也是要讲究方法，把控分寸的。如果只是盲目批评，员工不仅意识不到自己的不足之处，还会在受到激烈的训斥之后仇视管理者，消极应对工作，甚至选择离职。这样管理者达不到督促员工认识并改正错误的目的。

管理者要秉持更人性化的批评方式，使员工易于接受。管理者还需要及时提出解决方案，督促员工尽快改正。在批评之前，管理者可以先简单提出员工做得优秀的地方，或者表现出对员工辛苦工作的体谅。这样员工在受到随之而来的批评后，也不至于因为失落和挫败而产生对管理者的抵触情绪。

针对初犯的员工，管理者更不能过激地训斥，而是要把解决问题的方法告诉员工，并在最后告知这一次错误可以不追究，但下次再犯就必须根据团队规定进行处罚。以这样的方法对待初犯的员工，员工会心存感激，并积极改正。

在职场中工作的成年人都是有自尊心的，管理者的批评不仅会给员工带来伤害，严重的还会使整个团队人心惶惶，影响他们的工作积极性

和稳定性。如果换一种方式思考，员工向管理者报告坏消息和错误，是对自己工作的一种反思，渴望管理者能够为解决问题提供合适的帮助。汇报错误的过程是交流，在这种交流中管理者和员工能够掌握工作进度和情况，训斥只是辅助手段。

管理者在员工汇报坏消息时，可以遵循以下几个原则解决问题。

第一，控制好整体局面，做到“对事不对人”。

第二，分析错误原因，让员工心服口服。

第三，根据坏消息的严重度分析其与员工所犯错误的相关度，根据员工态度等方面综合考虑惩罚方式。

第四，惩罚力度是关键。

第五，监督团队不再犯类似错误。

10.2.2 对业绩差的员工，先认可再找原因

“没有不好的员工，只有不好的管理者。”这句话虽然有些绝对，但是不无道理。员工业绩不好，可能不单是因为该员工能力差，还可能因为目标制定得过高，在工作中遇到了难以解决的困难，或者其团队出现了某些问题等。

首先，管理者应以正确的心态对待业绩差的员工。谷歌首席人才官拉斯洛·博克曾表示：管理者要定期找出表现最差的5%左右的员工。但要注意的是，这样统计不是为了找出要解雇的人，而是要找出需要帮助的人，因为差的员工也有可能是放错位置的人才。

其次，注意沟通时的情绪。当管理者因为员工业绩差与他谈话的时候，员工的心里往往是忐忑不安的。如果此时管理者对员工劈头盖脸地训斥责骂，只会使员工战战兢兢，不敢再交流。即便接下来的谈话涉及工作方面的建议，员工也可能没办法听下去了。管理者可以换一种表达方式，先认可员工之前的付出，再理性分析其业绩差的原因。这样能让落后员工感受到管理者的鼓励和期待，怀着感激之情努力提升自己的业务水平。

第一，先认可。

1. 以事实为前提

面对业绩差的员工，管理者不能为了激励而空泛、夸大地给予认可，而是要以事实为前提，发现其在工作时的其他闪光点，例如在某方面的天赋、特长等。

2. 多关注过程

有些员工虽然工作结果相比其他人略差，但是工作过程中有可圈可点的优点。管理者可以从工作过程入手，认可员工的工作态度、工作方向、努力程度等。

第二，找原因。

3. 员工自身原因

管理者在认可员工的优点之后，可以通过让员工填写表现分析表的方式找到员工绩效差的原因，如表 10-1 所示。

表 10-1　员工表现分析表

工作相关标准	评价因素描述	评分
工作责任感	1. 肯为工作结果承担责任	
	2. 保持良好的出勤记录，没有不合理缺席	
	3. 表现出维护团队利益与形象的具体行为	
	4. 愿意接纳额外的任务和必要的加班	
工作品质	1. 为后续工作提供最大便利	
	2. 遵守规章制度和业务规则	
	3. 服从管理者指示	
	4. 在无监督的情况下保持工作质量稳定	
工作效率	1. 能在规则允许的范围内改进方法以提高效率	
	2. 根据需要主动调整和加快进度	
	3. 准时完成工作任务	
工作技能	1. 能根据当前工作的特点，对现有的方法和技术做出灵活的运用，并创造性地提出新的方法	
	2. 具备良好的发现和解决问题的能力，及时发现问题，找出问题的原因，采取有效措施解决问题	
	3. 具备良好的理解能力，很好地理解工作任务	

续表

工作相关标准	评价因素描述	评分
工作技能	4. 具备必要的业务工作知识、技能和方法，能独立完成本岗位工作	
团队合作	1. 能为团队利益做出个人牺牲	
	2. 采用合适的方式表达不同意见	
	3. 愿意与他人分享经验和观点	
	4. 参与和支持团队工作，推进团队目标达成	
	5. 与同事和协作部门保持良好的合作关系	
个人发展	1. 对自己的能力和判断有信心，愿意承担有挑战性的工作任务	
	2. 以积极态度接受与工作有关的培训	
	3. 安排利用个人时间以提高专业技能	
	4. 经常对自己提出新的要求和目标，愿意承担更大的责任	
	5. 有清晰的个人发展计划和培训需求	

4. 团队原因

员工之所以业绩差，可能因为他所处的团队没有良好的工作氛围。管理者应建立一个既有竞争又有合作氛围的团队。如果团队中的每一位成员都朝着各自的目标努力，相互合作，那么业绩差的员工在团队的鼓励下，心态会越来越积极乐观，进而满怀热情地完成任务。

10.2.3 与爱发牢骚的员工推心置腹地谈一谈

员工因遇到某些问题发牢骚，是常见现象，几乎每个团队都有爱发牢骚的员工。这种“负能量”传染性很强，不知不觉就会影响整个团队。管理者要重视员工在情绪上的变化，找爱发牢骚的员工推心置腹地谈一谈。

老张是某公司的领导，一位员工在背后议论他，还发了很多牢骚。老张听到之后并没有大发雷霆，而是找了个合适的时机和这名员工单独聊了一次。“别把话憋在心里，如果是我有错误，你可以给我指出来。”员工见老张态度真诚，便向他解释了抱怨他的原因。原来是在月度绩效考核时，该员工拿到了很低的分数，认为是老张评分有误。事实上老张并没有参与评分。

把事情说开之后，该员工的态度明显好转了许多，并对误会老张的事表达了歉意。老张最后还给了该员工一定的鼓励，希望他不要被这件事情影响了工作，争取下个月绩效考核获得满意的成绩。

如果管理者都像老张这样，与员工沟通时态度诚恳，说话开门见山，不拐弯抹角，弄清楚员工究竟为何发牢骚，那就会避免许多不必要的误会和麻烦。若面对抱怨的员工不问清缘由就强加责备，只会让员工觉得管理者是在用批评故意回避问题，这样会使员工在心有不满时不敢沟通，影响团队的良性发展。

10.3 学会用小福利奖励员工

小福利虽然不是员工在选择工作时的硬性指标，可是在某些特定的情况下会使员工在繁忙的工作中收获惊喜，进而产生强烈的认同感和归属感。

10.3.1 有功即奖，即刻兑现比“画大饼”更有用

奖励的关键在于“快速”二字。管理者约定的奖励一定要及时兑现，如果间隔时间太长，就会削弱对员工的激励效果。

有一位公司的管理者在 1 月召开的会议上承诺 2 月末项目结束后会组织员工集体旅游，员工为此备受鼓舞，整个团队顺利完成了一系列工作。项目圆满结束后，该管理者却以经费不足、天气不合适等理由故意拖延，而且还给员工加重工作量，直到员工勤勤恳恳做到年底，该管理者都没有兑现承诺，不少员工因此辞职。虽然组织团体出游不是一件轻松的事，在短时间内兑现会很困难，但是该管理者一拖再拖，逐渐把员工的期待消耗殆尽，员工觉得管理者不可信任，工作积极性都降低了。

对于员工来说，及时的奖励，即使是微不足道的小礼物，也要比空口承诺好很多。假设一名员工某天表现特别好，该员工的两位领导老张和老李都看到了他的努力。老张选择在当天给员工买了一杯饮料，以犒劳他的辛苦工作；而老李只是说："辛苦了，改天给你发奖金。"但是后来并没有兑现。该员工对哪位管理者的印象更好呢？答案显而易见。虽然老张的奖励并没有很贵重，但是贵在及时；老李承诺的奖励很有吸引力，却不履行承诺。管理者承诺给员工的奖励不及时兑现，和"画大饼"并没有什么区别。

管理者都能看到员工今天表现优秀，但是不能保证员工明天的表现也和今天一样优秀。有功即奖，即刻兑现才能鼓舞员工继续努力，保持优异的工作成绩。即使是微不足道的小礼物，只要兑现及时，就能成为管理者认可员工的象征，日积月累将会产生意想不到的效果。

10.3.2 巧用"加薪减时"

涨工资是团队管理中比较常见的激励手段，也是最基本的激励手段。减少工时能够使员工得到充分休息，有效缓解员工的压力，从而提高员工的工作效率。

管理者在考虑用加薪的方式激励员工时，需要注意哪几个方面？

1. 要考虑加薪产生的影响

加薪难免会使团队的运营成本提高，导致利润下降。管理者需要权衡利弊，综合考虑加薪带来的积极效应是否大于损失的成本，再决定是否用加薪的方式激励员工。

2. 要认真思考员工的贡献

管理者必须根据员工在团队中的贡献程度来决定是否加薪，以及每个人加多少合适。如果一个员工在团队中的贡献度与加薪幅度不匹配，那么会有其他员工觉得管理者的做法有失偏颇。这种因分配失误带来的负面影响甚至比不加薪更严重，所以管理者应当在决定加薪之前认真思考。

3. 要反复斟酌奖励的方式

加薪不止一种方式，奖金、提成、年终奖都可以算是加薪。当员工提出加薪要求时，采用这些类似加薪的奖励方式，也能获得积极的效果。

某员工业绩突出，向管理者提出上调薪资500元。如果此时管理者允许加薪，相当于打破了团队的规章制度，将来就会有越来越多的人不重视团队规定。但是用奖金的方式奖励员工，问题就迎刃而解了。管理者可以奖励该员工10000元奖金，这样员工得到的奖励就比连续一年每个月多得500元的薪水还要多。而且，到了团队规定的调薪日时，该员工还有加薪的机会。这种方式让员工易于接受，不会影响团队规定，更会让其他员工受到鼓舞，努力工作。

4. 要能够为团队带来积极影响

加薪给团队带来的影响有可能是积极的，但如果因管理者不规范的加薪导致利润损失，或者团队内部矛盾，那么这种加薪带来的就是消极影响了。管理者不能只为奖励某些员工而忽略整个团队，必须让每一位员工知道努力是可以换来回报的。这才是加薪激励最理想的结果。

5. 加薪过后要反思

管理者在加薪后要及时观察，以收集团队的反馈。如果是一个员工单独提出加薪，管理者还要反思员工是否受到了不公正待遇，或者团队的制度是否需要改进。加薪不能解决员工的所有问题，管理者必须巧用加薪（如图10-2所示），通过加薪这种方式挖掘出团队问题的根源所在，留住更多人才，使整个团队越来越优秀。

减工时也是一种激励员工的办法。某团队因为工作性质，实行排班制，员工为此经常抱怨假期不规律，作息不正常。在不改变原有制度的基础上，怎样才能充分缓解员工的压力呢？该团队管理者决定减少工时，把原来的每周40小时的工时缩短为37.5小时。工时缩短之后，员工的休息时间延长，精力也得到了补充，工作起来相比以前更加积极，更加有活力，团队工作氛围明显得到改善，整体效率提高很多。

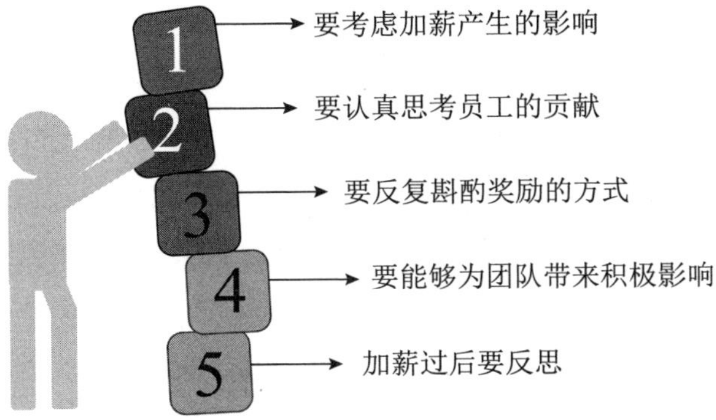

图 10-2 管理者给员工加薪时需要考虑的五点

从上述案例不难看出，一个优秀的团队看重的不应该是员工的工作时长，而是工作效率。合理缩短员工的工作时长，能够给团队更充足的休息时间，使员工以最饱满的状态应对工作。如果一个团队无法长时间缩减工时，也可以采用短期形式，比如在冬季、部分法定节假日前一个工作日缩短工时，以达到激励员工的效果。

10.3.3 生日惊喜、下午茶、庆功宴，别小看这些仪式感福利

老张是某公司的总经理，逢年过节会给员工分发粽子、月饼等礼品。可是最近他一直在反思一个问题：为什么自己精心准备的礼品不受员工欢迎呢？为什么朋友圈里都是别人的员工晒福利，而自己的员工对小礼物漠不关心呢？直到看了别人晒的诸如下午茶、庆功宴等员工福利，老张才明白自己的福利缺乏所谓的“仪式感”。

为什么给员工的福利要有仪式感呢？美国的经济学家凡勃仑指出，某种商品的存在不仅应该满足人们物质方面的需求，也应该满足人们心理方面的需求。凡勃仑的理论在团队管理中同样适用。这种不算昂贵的小福利可以满足员工的心理需求。下午茶、定制生日惊喜等小礼品充分满足了员工作为普通人的“炫耀需求”，可以让他们感受到管理者的体贴和关怀。

员工小赵过生日那天，才入职几个月的她收到了一支刻有她的名字、

星座符号和团队标志的钢笔。她非常高兴，因为这是一份专属于她的定制礼物。但她不知道的是，这份生日小福利是公司废除了无数方案，挑选了十多个品类的钢笔后才送出的礼物。这样的礼物让员工有一种被重视的幸福感，这种幸福感是普通的过节礼物换不来的。

有仪式感的礼物让员工发自内心地感觉到喜悦和满足，从而对员工产生一定的激励作用。

1. 生日惊喜

预算较少的管理者应该充分了解员工的喜好，在员工过生日的时候送出一些有创意的小礼品，让员工有一种“专属定制”的感觉。这样可以满足员工渴望被重视的心理需求，感受到团队对自己的关怀。有经济实力的大型团队可以选择与大品牌合作等方式准备福利，在给员工一份不一样的生日惊喜的同时，可以把团队标志等具有团队特点的元素融入礼品，让员工以后看到这份礼物就想起团队，以此来加强员工在团队中的归属感。

2. 下午茶

下午茶不一定每天都要准备，可以隔一段时间提供一次。可以提供例如小零食、水果、奶茶等小福利。

3. 庆功宴

庆功宴不仅可以促进员工之间、员工和管理者之间的关系，增强团队的凝聚力，还能让员工做一次工作总结，为下一步工作打下基础。

10.4 精神激励的方法

相比于物质激励，精神激励能从内部激发员工的工作动力，效果也更加持久。在对员工进行精神激励时，管理者可以采用荣誉激励法、榜样激励法、参与激励法等激励方法。

10.4.1 荣誉激励法

荣誉激励是一种有效的精神激励方法。管理者可以把员工的工作表现与晋级、选模范等联系起来，督促员工保持良好的业绩或行为表现。荣誉激励法还可以对其他员工产生感召力，激发其他员工为获得荣誉而努力。

精神激励能够体现出团队对优秀员工的尊重。同时，管理者给予团队的荣誉也能够培养团队成员的集体荣誉感和团队精神。

很多团队都在使用荣誉激励法对员工进行精神激励。比如，在团队大厅等场地开辟荣誉板块、设立荣誉墙；在会上对优秀员工予以表扬等。这些行为都会增强员工的荣誉感和自豪感。

此外，为更好地发挥荣誉对员工的激励作用，管理者可以建设荣誉激励体系，优化激励机制。体系的建立、机制的优化可以引起员工对荣誉的重视，也能保证荣誉激励的公平公正。荣誉激励能够培养员工对团队的认同感和归属感，帮助员工树立与团队共同发展的思想，推动团队持续发展。

10.4.2 榜样激励法

管理者在对员工进行精神激励的时候，可以采用榜样激励法。榜样的力量是管理者必须重视的，榜样可以感染、激励、号召、警醒其他员工。

但榜样激励法要求管理者在树立榜样时使用正确的方法。一旦方法有误，效果会大打折扣。比如，当榜样的综合实力远超其他员工的平均水平时，其他员工觉得榜样的成就难以企及，便会放弃向榜样学习，工作积极性大打折扣。错误的方法是难以实现管理者的预期结果的。那么，管理者如何做才能更好地发挥榜样的激励作用呢？如图 10-3 所示。

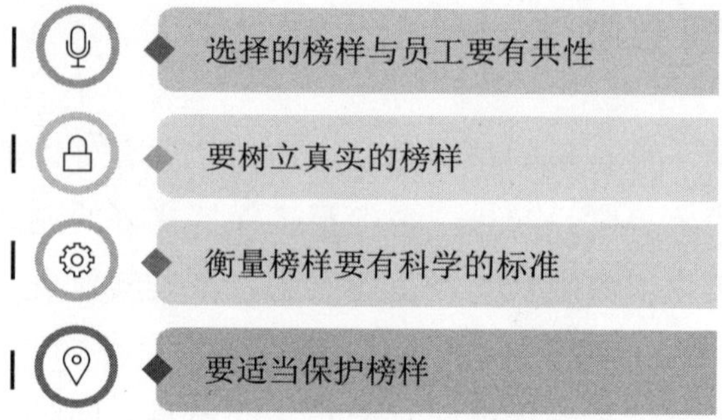

图 10-3　如何发挥榜样的激励作用

1. 选择的榜样与员工要有共性

在选择榜样时，管理者要注意选择与员工有共性的人物。榜样与员工有共性，员工才更易于学习榜样的行为。同时，管理者要为各部门、各岗位设立不同的榜样，使不同岗位的员工都有要学习、超越的对象。

2. 要树立真实的榜样

管理者选择的榜样必须是真实的，即榜样可以存在缺点。榜样可以在员工中产生，一个被其他员工认可、思想进步、工作出色的员工就可以成为榜样，而榜样的工作也很难没有缺点。这样真实的榜样才会激起其他员工向其学习的欲望，才能被其他员工信服。

3. 衡量榜样要有科学的标准

管理者在思考一个员工能否成为榜样时，需要以全局性、综合性的标准对其进行衡量。比如，重视其对团队的贡献，而不仅仅是思考其是否具备勤俭、刻苦等品质。

4. 要适当保护榜样

当管理者持续关注榜样并鼓励其不断进步时，部分员工可能会由于不平衡心理而对其进行言语打击或产生其他攻击行为。管理者要及时对这些员工进行批评教育，让其他员工在学习榜样的优点的同时，正视并接纳榜样的缺点。

行动往往比言语教导更能影响人，榜样能够对其他员工起到有效的激励作用。管理者要充分发挥榜样的力量，通过榜样促进员工和团队的发展。

10.4.3 参与激励法

参与激励法也是一种实用的精神激励方法。管理者可以让员工参与到团队管理中来，以此调动员工的工作积极性。这种让员工参与团队管理的激励方法能够提高员工的主人翁意识，提高其对工作的使命感和对团队的认同感。

但管理者应注意，让员工参与团队管理并不是让员工成为决策人，而是让员工成为制定决策的参与人员。员工可以在这个过程中为团队决策提供意见和建议。在实施参与激励法的过程中，管理者需要注意以下几个方面。

首先，管理者在实施参与激励法时，应力求让所有员工都有参与管理团队的机会。为保障员工参与决策的广泛性，管理者需要建立完善的沟通渠道，让每位员工的意见和建议都能顺畅、准确地传达给自己。

其次，管理者需要在团队中建立自由、宽松的氛围，鼓励员工积极参与团队管理。在这方面，管理者要认真对待员工的意见和建议，多与员工进行沟通并在沟通过程中注意询问员工的看法。同时，对于一些能够提供有价值的意见和建议的员工，管理者要适当给予奖励。

当员工参与团队管理时，其责任感会被激发，对待工作会更加认真负责。同时，若员工的建议被管理者采纳了，员工也会因此产生成就感，从而激发其工作积极性。

第 11 章

引入竞争：学会用“鲶鱼效应”炼成狼性团队

沙丁鱼可能会在运输中途窒息而死，但是人们只要在沙丁鱼的鱼槽里放一条鲶鱼，沙丁鱼死亡的问题就迎刃而解了。这是因为沙丁鱼在见到鲶鱼之后会四处躲避、快速游动，不会因缺氧而死。“鲶鱼效应”在团队中被广泛应用。通过引入“鲶鱼”这种竞争因素，管理者能够有效激发员工的活力，加快团队的成长步伐。

11.1 团队没有成功，只是在成长

一个团队总是处于发展之中，几乎没有团队敢说自己达到了某一领域的巅峰。无论团队站在多高的位置，其往往都处于成长阶段。优秀的管理者从始至终都秉持上述态度，时刻保持危机意识，不安于现状，团队才能保持长久的竞争力。

11.1.1 最危险的情况是团队领导缺乏危机意识

在自然界中，某个动物在群体里处于越高的地位，其对危险的感知能力往往越强。这条规律同样适用于团队——一个团队的管理者往往是问题的第一发现者。戴尔计算机公司的董事长迈克尔·戴尔曾说，“我有的时候半夜会醒，一想起事情就害怕。但如果不这样的话，你很快就会被别人淘汰掉。”比尔·盖茨说过，“所有员工都必须有这样一个意识：微软公司即将要倒闭。”任正非也经常说：“华为如果不开放，30年后就会死亡。”

因为上述这些管理者都是有远见的人，有强烈的危机意识，所以他们能够在各自领域创造非凡的成就。要想让团队迅速成长起来，每个团队的管理者都必须具备敏锐的嗅觉，以便第一时间发现危机。

劳达航空公司是由前一级方程式车手劳达一手创建的，经营从瑞士到世界各地的航线，其优质、有特色的服务深受乘客喜爱。因此，劳达航空公司在相当长的时间内占据着瑞士航空市场。当劳达正准备扩大公司规模，大干一番的时候，一个突如其来的事故击垮了他的公司。公司的一架客机发生空难，机毁人亡，其他乘客也不敢再乘坐劳达航空公司的飞机。劳达航空公司从此一蹶不振，很快就被市场淘汰。

作为一家航空公司的管理者，劳达并没有事先预测过飞机失事可能带来的严重后果，也没有做好充足的准备以应对突发事件。劳达的事例证明，管理者作为整个团队的领头羊，若无法感知危险，那么这个团队如同面对狼的猎杀时不知所措的羊群，岌岌可危。

因此，一个非常危险的情况就是管理者缺乏危机意识。管理者不仅应该关心行业内部趋势，及时发现危险的征兆，还要积极准备风险防控措施，防患于未然，这样在危机来临之际才能沉着应对。

11.1.2 把压力传递给每一个成员

在面对危机的时候，如果只有管理者自己如履薄冰，剩下的员工却气定神闲，这样的团队就如同一盘散沙，应对不了即将到来的挑战。管理者应该明白只有一个人具备危机意识是不够的，要把压力传递给所有员工，让他们都深刻意识到团队的严峻形势，他们才不会盲目乐观。

任正非曾告诉员工："危机是注定的，总有一天会到来，而我们要做的就是准备迎接。"任正非引导员工不要只看国内的竞争对手，而要向国外看齐。因此，华为集团的每个管理层、每个部门甚至每一位员工都有一定的压力，这种压力可以抑制某些员工在看到团队经济高速增长后产生的盲目自信。

海尔集团张瑞敏为解决员工压力随着管理层逐层递减的问题，实行了严格的产品销售制度——若员工参与生产的产品在市场上出现亏损，员工就得不到相应的提成。如果六个月之后市场利润不增反减，员工则面临被淘汰的风险。如此一来，海尔集团成功地将销售压力转移到每一位员工身上，员工有了和团队共存亡的意识，才会积极应对工作，从而带动整个团队的效率和热情。

管理者可以通过以下几种方式将危机引入团队，适当给员工施加压力。

（1）为团队树立一个竞争对手。当自己的团队落后时，员工能感受到团队的竞争对手带来的压力。

（2）完善团队的考核机制。管理者给绩效不达标的员工一定的惩罚，员工才会有内在动力，团队也会形成“你追我赶”的工作氛围。

当然，压力在大多数情况下会成为团队的动力，但有时也会成为阻力。研究表明，压力指数和人类的脑力值呈现一种“倒U字形”关系，压力处于适中值时工作的效益最大。因此，过低或过高的压力都不可取。过高的压力可能会让员工身心俱疲，工作效率低下，更会引发其对管理者的不满情绪。

管理者一方面要合理地施加压力，一方面要做好解压工作，让压力处于适中值范围。

（1）调节员工面对压力的情绪，为员工提供适当的发泄途径。

（2）培养员工的正能量心态，锻炼员工遇到压力不抗拒、不退缩、乐于挑战的能力。

11.1.3 “锯掉员工的椅背”，清除员工惰性

有些员工不认真工作，即使完成了工作，也不能达到要求，需要管理者不停地提醒和监督才能把工作做好。这样的员工贪图享乐和安逸，对工作随便凑合了事，提不起劲儿，好像靠着一把无形的椅子。

面对这样的员工，或者在对待员工的惰性时，有些管理者往往采取非常直接的方式——开除。然而这种方式只是针对员工本身，而不是针对员工的惰性这一问题，治标不治本。管理者应该发现员工产生惰性的根源，消除整个团队的“椅背”。

员工产生惰性的原因有很多，例如团队的规章制度不够完善，员工工作进度缓慢却无人监督；管理者给团队分配的工作不合理，导致有些员工精疲力竭，有些员工却无所事事；团队内部缺乏适当的激励措施等。管理者应当站在团队的角度综合分析，明确惰性来源，并积极采取措施。

1. 团队规章制度

没有制度监督的团队更容易产生惰性。建立一个完整的团队规则对消除员工的惰性起着十分重要的作用。有些公司实行“人情管理”机制，

其规章制度的制定完全凭管理者的个人喜好，给了员工在团队中过高的自由度，美其名曰“人性化管理”。实际上，人性化管理是在团队制度完善的情况下给予员工关怀，而不是任由员工我行我素。管理者秉持人性化管理理念是好事，但要注意不能给员工太舒服的“椅背”，在关怀的同时也要规制员工。

2. 安排要合理，目标要明确

有时员工之所以产生惰性，是因为管理者工作分配不合理。管理者应当根据员工的能力合理分工，充分发挥每一位员工的长处，并时常给予员工一些有挑战性的工作，适当增加压力。另外，员工目标不明确也是导致惰性产生的主要原因。管理者在下达命令时要规定一个期限，或者明确要达到什么效果，这样员工才不会觉得无所事事。

3. 及时奖励，及时惩罚

管理者可以根据工作的难易程度规定相应的奖励或惩罚机制，奖励让员工愿意脱离惰性的“椅背”，惩罚让员工不敢靠在“椅背”上。这两种机制相互补充，可以充分激发员工的动力。

4. 赋予员工更多权利

美国一位社会学家 T. 戴伊曾提出一个原理：只有在人们直接参与某件事的具体决策的情况下，他才称得上拥有权力。如果把团队决策比作一个圆形，管理者不需要亲自把“圆”画满，而是要留出空隙，让员工来填补。如果管理者事必躬亲，会影响员工的积极性。总是觉得有“椅背”可靠，员工的惰性自然而然就形成了。赋予员工更多权力，员工会有动力去填满不完整的圆，发挥出让人意想不到的能量。例如，步步高集团董事长段永平把股权分给员工之后，团队创造的利润越来越多。

总而言之，通过多种方式让员工感到没有“椅背”可以依靠，只有靠自己才可以完成工作，他们就会更好地摆脱惰性，为团队增添活力。

11.1.4 避免低级错误重复犯

研究表明，当人在犯错后再遇到同样的问题时，大脑会刻意放慢决策速度，用更长的时间处理问题，但此时大脑接收的信息相对较少，还会受之前失败的影响，导致决策失误，重复犯错。

很多管理者对这样的员工很无奈，不知道如何处理。实际上要避免“低级错误重复犯”，就要“不给人犯错的机会”。把重复犯错的可能因素消除，当员工再次面对问题时就可以迎刃而解了。

1. 组织复盘，让员工反思之前的失败

当员工犯低级错误时，管理者应当给予重视，督促员工对工作进行复盘，这样员工才能充分认识到犯错的原因。管理者还要借此机会鼓励员工，不要让员工在遇见相同的问题时被之前的错误影响。

2. 为工作制定具体的操作程序

波音公司是远近闻名的航空航天公司，却因为一件事濒临破产。当时波音公司研制出了229型号的飞机，可是操作太过复杂，飞行员很难兼顾所有环节。一位飞行员在忙于各种复杂操作时忘记了最简单的操作，差点机毁人亡。之后，其他飞行员也发生了类似状况。因此，多家媒体开始质疑波音飞机本身存在问题，导致波音公司深受打击。

但一些飞机研制专家还是坚信，该种飞机的操作形式没有问题，只是飞行员没有掌握正确的方法。在经过无数次实验之后，波音公司想出了一个绝妙的主意：编写一份飞行操作清单。

清单上简明扼要地把飞行步骤浓缩在一张小卡片上，让飞行员能够根据清单操作飞机。这种简单的方法有效解决了飞行人员重复犯错的问题，波音公司也因此起死回生。

上述事例说明了有目的地制定操作程序的重要性。如果管理者和员工都具备这种“清单意识”，在面对问题时就不会受无关信息的干扰，可以按标准解决问题，犯低级错误的概率会小很多。

3. 对重复犯低级错误的员工实施惩罚

犯错是情有可原的，可是一种低级错误犯 3 次甚至更多，管理者就要考虑是不是团队管理机制出了问题。如果管理者只对员工建立奖赏机制，而不建立惩罚机制，员工犯错不用付出代价，那么很可能会出现很多低级错误。惩罚机制能够给员工以警示和威慑，员工会更加仔细，避免出错。

11.1.5 带一个放大镜，每天在团队里找问题

一个团队能否长远发展，与管理者是否有发现问题的能力息息相关。管理者作为团队的领头人，要充分发挥监督作用，善于找出团队中显在和潜藏的问题。如果不重视寻找问题，或者根本看不出团队出了什么问题，那么整个团队的错误会积攒得越来越多。

1. 实践

管理者有时会忽视实践的作用，认为自己只要负责决策就可以了。实际上，有些工作只有管理者亲身实践，才能发现其中的问题。实践可以帮助管理者准确、快速地获取第一手反馈信息，对分析问题根源有极大的帮助。另外，实践能促使管理者积累经验，带领团队加强防范，不再犯相同的错误。

2. 多问

管理者可以提问的对象有很多，如客户、员工、团队外部的咨询师……所谓当局者迷，旁观者清，从别人的角度看团队，或许能发现自己看不到的问题。

3. 多听

管理者应当眼观六路，耳听八方，在团队内多听取员工意见，在团队外可以参考同行的分析报告，汲取经验。

4. 分析结果

聪明的管理者对数据有强烈的敏感性。管理者要有分析团队工作数据的能力，从中发现问题。

5. 重视细节

问题的根源往往在鲜有人发现的细枝末节处，管理者应当充分重视团队工作时的小细节，用“放大镜”寻找错误。

6. 比较

管理者要学会和优秀的团队与竞争对手比较，进而发现自己的不足之处。管理者还要和过去相比较，分析团队的变化趋势，从而发现问题所在。

7. 居安思危

具有危机意识是管理者必备的一项能力。管理者不能因为暂时没有发现问题而放松警惕。管理者要时刻具备居安思危的意识，做好应对危机的准备。

11.1.6 任正非：我天天思考的都是失败，对成功视而不见

随着时代的进步，社会竞争日渐激烈，在这样的背景下，团队想顺利发展，就必须具备危机意识。它能使团队准确抓住机遇，在运行和管理中防微杜渐，从容应对挑战。

华为用 30 年的时间，将一个十几人的小团队发展为全球顶尖通信设备制造企业，并成功跻身世界 500 强，其发展史可谓波澜壮阔。但贯穿华为发展史的不仅是欢呼、喜悦，还有危机感。这份危机感不是外界给予华为的，而是扎根在华为创始人任正非心灵深处的。

他常警示员工要居安思危。2001 年，面对国际高科技产业的“寒冬”

时代，华为迎难而上，发展为全国电子百强首位。临此大喜之际，任正非却写了《华为的冬天》，他在文中说道："10 年来我天天思考的都是失败，对成功视而不见，也没有什么荣誉感、自豪感，只有危机感。也许是这样才存活了 10 年。我们大家要一起来想，怎样才能活下去，也许才能存活得久一些。"

任正非这种近乎偏执的危机意识来自 3 个方面：一是来自他的成长经历。他曾于幼年遭受 3 年严重困难时期带来的艰苦生活，因此始终对明天抱有不安定心理。二是来自其父母的言传身教。任母生前一直保持存钱的习惯，每逢华为危机便给予任正非经济支援。三是受当时改革开放大环境的影响。那个时代的企业家人人都具备很强的危机意识。

任正非认为华为"太平时间太长了"。许多员工在和平时期升官，任正非害怕他们盲目自豪、乐观，对未来的考虑太少。"居安思危，不是危言耸听"，正是在这种危机意识的引领下，全体华为人从未放松。30 年来，华为每一次取得进步，任正非就会"当头棒喝"，让华为人头脑清醒，保持学习、创新、思考，在更多挑战中找寻下一个惊喜。

当华为在 2010 年成为全球通信行业领先者时，任正非提醒华为管理者"让听得到炮声的人做决策"。2011 年，任正非创造性地设计了"轮值 CEO 制"，带领身处行业领先地位的华为进行全面转型。

任正非称这种危机管理为假设管理，即"只有正确的假设，才有正确的思想；只有正确的思想，才有正确的方向；只有正确的方向，才有正确的理论；只有正确的理论，才有正确的战略。"

团队的发展是一个漫长、充斥危机的过程。危机来源于外部也隐藏于内部，团队要应对危机，先要了解危机从何而来，并对已有危机进行分析，对隐藏危机进行预测。

在 2016 年 5 月 30 日的全国科技创新大会上，任正非作为民营科技企业家代表向全国人民表示："未来二三十年人类社会将演变成一个智能社会，其深度和广度我们还想象不到。华为已感到前途迷茫，找不到方向。"此话随即在全国引发热烈讨论，作为我国互联网巨头的负责人，任正非为何会发出如此感慨？

原因就是任正非看到了华为面临的内外危机。

先是内部危机。对于团队而言，内部危机无疑是非常有风险的。内部危机能否有效解决影响了团队的生死。团队必须从发展战略、内部管理、经营财务入手，对内部危机有清晰的认知。

华为处于行业领先地位，也就意味着其在随后的发展中，无既定规则可循。任正非根据华为的发展战略、管理模式、财务状况等制定了“坚持科技创新，追求重大创新”的发展宗旨。

再是外部危机。外部危机为团队提供商机，但同时带来威胁。“感到前途迷茫，找不到方向”的不只是华为，互联网浪潮虽为全球企业带来机遇，但由于其未知性，也致使全球企业不清楚未来发展方向。团队必须清醒地认识外部环境带来的机遇和挑战，从战略角度入手，全面了解经营环境，在经营、管理过程中有针对性地制定可行方案。任正非一方面对华为的未来感到迷茫，但另一方面又表示“华为有信心在2020年销售收入超过1500亿美元”。他所说的“无人区”和“前途迷茫”是对科学技术发展的迷茫，但对于华为当前的发展却有着清晰规划。

在发展中，团队还应做到贯彻、传承危机意识。

“成功容易让人变得怠惰和自大，让组织变得盲目骄傲和固步自封。精美的地毯下布满了细菌，一个国家如此，一个组织如此，一个企业同样如此。警惕这些细菌的滋生繁衍就是在为企业加固未来。”在任正非看来，团队越辉煌，管理者的危机意识就要越强烈。他的危机意识来源于他对发展的深谋远虑，这种意识贯穿在华为发展的每一个阶段。在这瞬息万变的信息化时代，拥有危机意识的“惶”者才能更长久地生存。

11.2 高明的管理者懂得制造竞争

如果一个团队没有竞争压力，内部的成长环境长期固定，团队就会失去活力。越是资历深的员工越容易被低压力、低挑战性的工作麻痹，被团队内安逸的氛围欺骗，产生惰性思维。因此，高明的管理者都懂得制造竞争，用有效的策略激发员工的竞争力，维持团队的整体生命力。

11.2.1 引入鲶鱼式成员，盘活沉闷的团队

团队管理者常常遇到这样的问题：团队发展到一定程度，业绩稳步增长，工作环境也相对稳定，可是员工好像不如以前有干劲了。团队比以前更好，为什么员工不如从前了呢？

管理者应该明白，团队内部一团和气，相互谦让，并不是好征兆。如果团队长期处于这种状态，如沙丁鱼群般在鱼槽里长期静止不动，时间久了，就会丧失危机意识，变得死气沉沉。管理者要改变这种情况，最好的办法是引入“鲶鱼”，也就是为团队注入新血液、新活力。

1. 引入蓬勃有朝气的年轻力量

本田先生在本田公司的发展瓶颈期，仔细研究了其团队内部的人员构成情况，发现团队大致由3种类型的员工组成：第一种是极为优秀的人才，约占公司的20%；第二种是勤勤恳恳工作的员工，占比最大，约为60%；第三种是没有作为，给团队拖后腿的员工，约占20%。本田原本以为，要想让团队的竞争力更加强大，首先要做的就是清退第三种类型的员工，可是在辞退一两名员工之后，团队的业绩因缺少人手而下滑了。实践证明这种方法并不可行。如果把这20%的人淘汰，团队将面临巨大的压力，未来会蒙受更多损失。

可是怎样才能让后20%的员工竭尽全力，又让前80%的员工保持干劲呢？本田先生受到“鲶鱼效应”的启发，对团队进行了改革。他将年仅35岁的销售部经理武太郎从松和公司挖了过来，把一股新活力引入到原本无精打采的销售部。武太郎接任销售部经理之后受到员工的一致好评。他凭借积极热情的心态和过人的业务能力，把整个销售部的活力都调动了起来。本田公司的销售额因此直线上升，销售部员工的工作激情也被激发出来了。

从此，本田每隔一段时间都会给各个部门引入年轻精干的活力军，这样一来，公司里的“沙丁鱼”受到影响，不再甘于平庸，纷纷和新人一起以饱满的激情状态应对挑战。

上述事例表明，要让团队生命力强盛，应做“加法”而不是“减法”。

管理者应该引入“鲶鱼”成员，而不是清退落后员工。已经养成惰性的员工在感受到“鲶鱼”带来的竞争力后，就不会无所作为，团队也会充满活力和热情。

2. 引入新技术“鲶鱼”，增强员工适应能力

在团队无精打采的时候，管理者要紧跟科技的脚步，及时引入新技术、新工艺。新事物的出现能够让员工充分意识到外部形势在不断变化，唯有适应能力强的团队才能在激烈的竞争中生存。鼓励员工学习新事物，要求员工掌握并运用新技术，是管理者引入“鲶鱼”的第二种方法。

11.2.2 管理者要让自己充分参与竞争

管理者不仅要通过合适的手段引入竞争，更要充分参与竞争，雷厉风行，严格纪律，让自己变成一条“鲶鱼”，为员工树立榜样。如此一来，团队从上到下都会形成一种危机氛围。

1. 建立竞争机制

要想让团队形成一种长期的竞争氛围，只靠引入一次“鲶鱼”是不够的。管理者必须用长远的眼光看待问题，在引入竞争因素后，建立系统的竞争机制，如绩效考核制度、积分制度等。一套完善的竞争机制能够让团队氛围时刻保持紧张，并且竞争有序，不会恶意竞争。

2. 创建学习型组织结构

建立学习型组织结构能够鼓励团队成员自我激励，时刻保持学习习惯。员工在面对新事物时不排斥，快速学习并掌握新知识，适应不断更新的技术、工艺，才能更好地在优胜劣汰的残酷竞争环境中生存。

3. 鼓励团结与协作

一个没有合作意识的团队会形成恶性的竞争氛围，“鲶鱼”逐渐会挤走团队其他成员，造成人才的流失。管理者应该鼓励合作，及时制止

矛盾冲突，促进不同水平的员工共同进步。

4. 创造批评与自我批评的氛围

自我批评的氛围可以对员工起到勉励作用，尤其是当员工面对同行压力时。有些员工没有自我批评精神，在其他员工取得优异业绩时不反思自己的问题，反而产生了嫉妒心理，这是有百害而无一利的。培养团队的自我批评氛围，首先需要管理者以身作则，敢于承认自己的错误，并带头改正，为员工树立好榜样；其次需要团队成员向管理者学习，在竞争的基础上共同发展，形成良性竞争环境，加快团队成长的步伐。

5. 公正、公平、公开，不偏袒

“鲶鱼”们能量巨大，对团队有较高的要求，而老员工则不希望看到管理者对新成员过于偏袒。因此，管理者要对员工一视同仁，不偏不倚，让员工保持良好的心态，把更多精力放在工作上。

11.2.3 管理者要让全部员工充分参与竞争

聪明的管理者不仅会引入“鲶鱼”，还会创造让每个人成为“鲶鱼”的机会。例如，鼓励员工建立自己的小目标，一步步向更高标准迈进；引导员工充分发挥自己的优势，敢于冒险，不怕失败。员工在任何一方面有所突破，都是成为“鲶鱼”的巨大一步。

首先，为团队建立小目标。

没有目标的团队无论多努力，都是在原地踏步。为团队建立一个小目标可以激励员工向目标迈进，进而全体员工会不自觉地参与到竞争之中。当然，对团队成员来说，制定过于笼统的目标是不切实际的。太大的目标令人望而却步，周期性长，而且反馈到每个员工身上的回报并不明显，容易使员工感到“努力也得不来回报”的心理落差，降低员工参与竞争的积极性。因此，管理者应鼓励员工从小目标做起，一步一个脚印地完成，积少成多，通过小目标取得大进步。

美国管理学专家彼得·德鲁克曾提出“目标管理”的概念，并创造了著名的制定目标的SMART原则。其中，字母“A”是“可实现性”，即管理者在制定目标时，要根据团队的资源配置、技术手段等方面作出合理安排，达到可实现性。管理者可以参考该理论制定目标。目标不宜过大，但也不能毫无挑战性，应该处于一种“跳起来就能够得到”的适中位置。

对于员工来说，每一次小胜利都是自信心的累积。制定一个好目标，能够使整个团队积极参与到竞争中，在竞争中成长，越来越自信，成绩也会越来越突出，进而形成良性循环。

其次，鼓励冒险，允许失败。

失败并不可怕，可怕的是没有勇于尝试的精神。如果一个团队因为惧怕失败而畏首畏尾，不敢冒险，那么它将固步自封，失去创新能力，早晚会被竞争对手淘汰。优秀的管理者善于鼓励冒险，培养团队勇于冒险的精神。另外，管理者要允许员工在探索过程中的失败，给敢于冒险的失败者一次机会。但是，对于因不敢迈出一步而被淘汰的员工，管理者不能毫无原则地宽容。

每一位团队成员都不害怕失败的风险，敢为人先，人人争先，团队内部就能形成良好的竞争氛围。让全部员工充分参与竞争，团队会充满“狼性”，迎难而上，不遗余力地做好工作。

11.2.4 管理者要让每一项工作都充满挑战

小林在一家新媒体公司工作了五年，对于工作内容了如指掌。公司采取8小时工作制，但他每天4个小时就能完成工作，其余时间就用来浏览网页或朋友圈。由于常年身处这种无压力的工作环境，小林养成了办事拖延的习惯，因为他知道即便拖延，他的工作依然能完成。

没有良性的竞争，员工失去危机感，团队就没有活力。工作枯燥、发展前景有限、压力过小、人员和工作环境一成不变的团队，会让员工产生“混日子”的心态。

小周和小吴与小林同时进入公司。三人刚来时都是信心满满的状态，但看见身边同事缺乏热情，小吴也逐渐失去了干劲，对待工作并不认真。

整个公司在这种氛围的影响下甚至产生了集体惰性。而小周事业心强，没有被集体惰性影响，起初他会规劝小林不能放弃努力，但见小林并不上心，便自己努力工作，最后凭借实力成功跳槽到了大公司。

一旦公司产生集体惰性，不愿“混日子”的人才可能就会选择离开，而留下的人大多是得过且过之辈。团队整体工作积极性下降，工作效率随之大跌，团队自然很难得到发展。

对于这种状况，管理者必须制定有效的策略重新激活团队，以下流程可供管理者参考。

1. 建立竞争机制

面对公司整体低靡的发展态势，小林所在公司的管理者王伟痛定思痛。作为招聘者，他深知目前公司的每一位员工都是“潜力股”，而他需要做的是激发员工的潜能，令员工重燃斗志。他根据公司的新媒体运营岗位，人为制造了竞争环境，如图 11-1 所示。

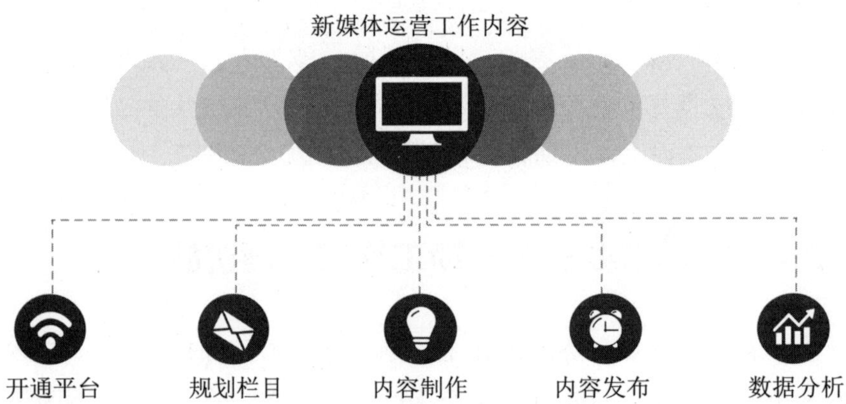

图 11-1　新媒体运营工作内容

他在栏目规划组任用了有能力的新人，在内容发布组设置了“阶梯式点击量奖励”，点击量达到 5 万次、10 万次、50 万次等分别有不同奖励。他还设立了绩效奖金制度，给予每个部门一笔绩效奖金，绩效越高，奖金就越丰厚。

为了奖金，面对斗志昂扬的新员工，小林、小吴这些老员工再也不敢懈怠。新老员工良性竞争，各放光彩，团队人人积极工作，效率大增。

2. 进行及时奖励

竞争机制的建立不是一朝一夕的，而是一个长期过程。王伟计划在新的一年使公司的微信公众号和微博的订阅量各达到20万。他将这个大目标拆分成了小步骤，要求每一季度两个平台的订阅量在5万左右。每一季度末，栏目规划部门的微信组和微博的组谁先达到5万订阅量，便奖励该小组季度奖金。

员工每在一个小步骤的竞争中取得胜利，管理者就及时给予奖励，从而帮助员工建立自信，使其对竞争充满热情。

3. 允许员工失败

既然是竞争，就会有成功与失败。

小林在公司的内容发布部门负责一个新平台的内容发布，但平台刚建立，用户稀少，发布内容的点击量不高。因此，在这个季度的点击量竞争中，小林所在的组败给了另一个组。小林为赢得这个竞争常加班至深夜，输了之后他十分伤心，工作积极性大跌。王伟知道后，根据小林的努力，单独给他发了一个个人奖，小林明白自己的努力没有被忽视，又重新点燃了对工作的热情。

将成功的竞争者树立成团队的榜样固然重要，但管理者也不要忘了对失败者的激励和安抚。管理者要让失败的员工明白失败不可耻，可耻的是不懂得从失败中反思并进步。管理者要培养员工的竞争精神，就要让员工清楚，竞争失败是被允许的，不敢竞争的人是很难有进步的。

第 12 章

制度与规则：好团队须远离人情文化

采用“人治”的团队，多依靠权力与感情进行管理。员工常在制度与人情间徘徊，无法信任制度。优质团队的建设需要完善的制度与规则。

12.1 “人管人”的弊端

在“人管人”模式下，管理者往往过于看重自己的权力，而忽视员工的处境与情绪。长此以往，会导致制度失效，团队缺乏凝聚力，人才纷纷流失。

12.1.1 “潜规则”成风，做事先讲人情关系

职场潜规则是从未被公开提出，但很多职场人都心知肚明的存在。

小李毕业后来到一家私企，三次面试后顺利进入该公司。他虽初入职场，但能说会道，技术能力过硬，对工作也是热情满满，很快便受到了公司上下的一致认可。可到了年底评优的时候，明明能力强、人缘好的小李，却还是败给了老板那个刚来两个月的侄子。

“明明有制度，却不敢相信了，老板怎么说就怎么办。”大多数员工在职场中，对于这种时刻都不会陌生，分不清究竟是“人说了算”，还是“制度说了算”。甚至许多员工认为，老板就是“法”，即便有制度规定，但遇到问题还是会下意识地询问老板，而老板也习惯了自己就是制度，即便他的命令与团队的现有制度冲突。

长此以往，导致员工遇事不看制度，先找老板，一切以老板的决定为主。员工失去了行动自主性，团队合作、沟通成本随之增加，办事效率越来越低下。

而在一个制度完善的团队里，面对员工的请示，正确的回应是一切按制度和流程办理。若发生制度、流程有问题的情况，则讨论制度与流程的问题在哪儿；如果没有问题，则按制度与流程执行，员工遇事找制度，找流程，团队才能摆脱“人治”的困境，高效运作。

12.1.2 “刺头”员工难管理

管理者有可能在团队中遇到这样一类人：他们具备一定的工作资历，不合群，不善于合作、分享，不认可制度，甚至常和领导顶撞，散播消极言论和思想，但他们中的一些人具有出众的专业能力和素养。这类员工被称为“刺头”员工。

对团队内的“刺头”员工，管理者可根据其特点制定相应的管理对策。

1. 怀才不遇型

这类“刺头”员工聪明，有个性，创意丰富，个人能力强。与此同时，他们往往恃才傲物，不愿意在团队中交流分享。他们自认怀才不遇，容易低估同事、领导的业务和管理能力。

管理这类员工应以引导为主，充分利用他们的特长和心理，将其放在匹配的岗位上，让他们尽可能独立完成能发挥创意的新奇工作，或适当利用“马蝇效应”，找到合适的激励点，刺激并引导他们展现实力，卖力工作。

2. 资源拥有型

这类“刺头”员工常常是有背景的重要人物引荐的关系户，而这种重要人物及其背景很可能是团队目前正需要的资源或得以发展的关键，因此团队对于该类员工无法舍弃。

这类员工深知自己是重要“关系户”，常常炫耀自身资源，一旦工作出错就会将后台抬出来当“挡箭牌”“免死金牌”，以此规避处罚，给团队管理造成许多麻烦。

管理这类员工需清楚他们依赖靠山的心理，依据其具体实力灵活处理。对于有一定能力的员工，应当对其取得的成绩给予肯定和认可，同时要警惕他们产生自负心理。当他们出错时，管理者必须正面处理，坚决不能退步和忍让，以免助长这类“刺头”员工带来的不良风气，但可以与其进行私下沟通，保全其面子。

对另一种能力平平但爱炫耀的员工，若管理者贸然开除，很可能引发公司资源丧失的风险，故在处理这类人时应该以隔离手段为主，尽量安排其无关紧要的差事，避免他们接触团队内的核心事务。

3. 破坏心理型

这类“刺头”员工由于自身逆反心理和对团队文化的不认同，常常私下散布消极言论，对周围环境和事物加以丑化，随处煽风点火，对团队氛围危害极大。

产生这种心理的原因多是他们曾受到某些不公平待遇或社会、家庭给予他们的压力。这类员工难以消化自身的消极情绪，便常将其带到生活和工作中，打击积极者，试图将团队氛围拉低。由于这类人存在，团队往往冲突矛盾很多。

管理者在管理这类“刺头”时，要先耐心与之沟通，了解他们产生逆反心理的原因，帮助他们梳理心结，多灌输团队意识，与他们谈心，使他们意识到团队的重要性，消除他们对团队的偏见。

4. 预备辞职型

这类“刺头”员工由于即将离职，与团队利益关系极弱，因此不再重视团队的制度和管理规范，工作消极，还会影响团队其他员工的情绪，使团队整体效率下降。

马云说：“员工的离职原因林林总总，只有两点最真实：一是钱没给到位；二是心受了委屈。”团队的潜在离职者大多是对团队现状不满，希望通过跳槽来实现对价值和金钱的追求。面对该类员工，管理者应谨慎处理，防止矛盾激化。

某公司的老板在员工离职前，往往要找他们谈话，并且在谈话中百般挽留，对员工提出的各种条件无底线同意，导致其他员工纷纷效仿，一度导致该公司薪酬制度形同虚设。

面对潜在离职员工，管理者应切记，不要为了留住他们而许下难以兑现的承诺，因为承诺一旦无法兑现，该类员工会对团队和管理者更加失望，亦会引起其他员工的骚动，严重危害团队的人力资源体系。

若面对精英员工离职，管理者应先和他们耐心沟通，了解其离职原因，与其畅谈公司发展规划和他们在公司的成长空间，利用个人魅力稳住他们的心。随后在日常工作中，多加留意他们的心思，随时安抚他们的情绪。

而对于去意已决或合理变动的员工，管理者要做好两手准备，强留可能导致员工不满，即便留下也心不在此。面对这类员工，管理者只要做好适当沟通，找好后续接替人员即可。合格的管理者要依据与员工的谈话内容进行及时检讨，检讨内容包括管理方式、管理体系、薪酬绩效体系等，如果发现影响员工心态的管理缺陷，要在合理范围内进行修正。

12.1.3 人才留不住，团队陷入“逆向淘汰”的循环

“逆向淘汰”是指德才兼备的人才在职场中反遭冷落、排挤，乃至打压。

正常而健康的职场应该形成能者居高、弱者淘汰的机制，但在现实中却由于种种原因，频繁地发生人才流失，“劣币驱逐良币”的现象。

职场“逆淘汰”的原因通常有以下两点。

其一是“能者多劳”。

能者多劳本是褒义，但放在职场中却并非如此。若管理者给能力强的人安排大量工作，会导致他们滋生不平衡心理，同时助长能力弱的人的侥幸心理。前者会抱怨，自身的努力和认真反倒招来牺牲个人时间承担更多工作的后果，后者会沾沾自喜，因自身能力差反倒变得清闲。

如此一来，认真工作的人会越来越少，担子就全落在能力强的人身上，使其崩溃。

其二是做少错少。

在职场中，理论上管理者不应该鼓励员工犯错，但是对待员工犯错，也应该给予适度包容。一旦苛求员工不许其犯错，员工很可能因为逃避错误而选择少做事，工作积极性大大减弱，更产生不了有创造力的成果。

管理者应对员工所犯错误做具体分析。若员工犯了原则性错误，或者由于粗心大意犯了本可以不犯的错误，就要严肃处理；如果工作本身有一定的难度，容易出现一定的失误，则管理者应自行分辨任务难点，

为员工提供必要的指导，降低员工失误的概率；而那些本来成功率就非常低的任务，管理者则应该鼓励员工多尝试。

12.1.4 管理者主观倾向严重，不能对员工做出客观评价

没有天生的管理者。管理作为一门艺术，需要管理者不断地在工作和人群中观察、揣摩、思考。

管理者能管理好员工的基础之一是能以正确的态度去审视员工，给予员工客观的评价。然而，在实际管理中，许多管理者经常会因为自己无意识的主观倾向导致对员工产生片面的主观印象，并根据这个印象为员工安排不恰当的岗位或工作，致使员工的能力无法有效发挥，对团队的归属感很弱。

导致这种主观倾向的具体原因有以下几点。

1. 首因偏差

有一位心理学家曾做过一个实验：召集两名摄影师去拍摄同一个人。他对第一个摄影师说："这个人是位穷凶极恶的罪犯。"对第二个摄影师说："这个人是位著名的慈善家。"结果，在第一个摄影师的镜头下，这个人看起来目光阴沉，神态刻板，而第二个摄影师的镜头则刻意捕捉了这个人的笑容，并且抓拍到了他柔和的眼神。这个实验表明，若人们对一个人的第一印象是积极的，则在后续的相处中会更倾向于发掘对方美好的品质；若第一印象是消极的，则在后续的相处中会更倾向于揭露对方令人厌恶的地方。

美国社会心理学家洛钦斯指出，当我们在与某人进行第一次接触的时候，往往会对这个人形成一个最初的评价，这个评价就是我们对这个人的第一印象，而由这个第一印象所产生的一系列反应，就称之为首因偏差。

管理者在管理员工的过程中，也常有类似的情况。比如，管理者先入为主地认为某位员工具有认真负责的品质，即使该员工在以后的工作中出现了失误，管理者也会觉得人无完人，更容易包容他的失误。但若

先入为主地觉得某员工是个“刺头”，那么，该员工在日后稍微有不良表现，都会加重管理者对他的负面印象。

管理者在评价员工时，不应依据片面印象来评价，而要综合考量其素质，同时还要把握好自身给人的第一印象。

2. 晕轮偏差

晕轮偏差是指某人的某种特征或品质过分突出，像月亮的晕轮向周围弥漫、扩散，掩蔽了事物的总体面貌，导致观察者看不到这个人的其他特征或品质。表现在评价过程中，因管理者对考核对象有先入为主的印象，在评价他时，就容易以点概面、以偏概全。

秦始皇数千年来被人以“暴君”相称，但论功绩，他灭了六国，统一天下，创建帝制，加强了中央统治，又废分封，统一了文字、货币。他奠定了中国两千多年的政治制度和基本格局，被李贽誉为“千古一帝”，但“焚书坑儒”这一举动，却掩盖了他的功绩和能力。

晕轮偏差对管理者的启示是，在评价员工的时候一定要综合考量。例如，有些员工性格内敛，但工作负责，而有些员工善于交际，口才出色，但实际工作成果却并不尽如人意。管理者在评价员工时应广泛收集信息，全面考察事实，尽量避免评价的片面性。

3. 刻板偏差

刻板偏差是指人们在接触一个人时，常不自觉地按其年龄、性别、职业、民族等特性对其进行分类，在脑海中给予其固定形象，并以此作为判断其个性的依据。最常见的定性是在观察某人时，把他归于某一群体之中，如“高富帅”“女强人”等。管理者在日常管理中，经常会依据员工对待工作的态度、交际水平等把员工分为若干类，从而采取不同的管理对策。

对员工定性在一定程度上方便管理者去开展工作，但管理者如果没有充分了解员工，以偏概全地去定性，就会形成不正确的刻板形象，不符合员工的实际特点，导致形成偏见。管理者必须全面地了解员工，才能对员工作出正确判断和管理。

12.2 用制度逃离人情“怪圈”

人情关系是团队管理的大忌，因为它可能让团队形成不公平的氛围，从而挫伤认真工作的员工的积极性。避免让管理加入人情关系的最简单方法是制定合理的制度，用制度约束团队。

企业订立制度是一项严肃的工作，切忌将制度当儿戏。在订立并推行制度时，不能仅仅停留在制度本身的层面，要跳到组织及执行体系的层面看问题。

企业订立制度是一门很深的学问，单纯的模仿并不能发挥制度的作用。不论是企业中的高层管理者、中层主管，还是普通员工，当承担起有关制度订立的任务时，要清晰地认识到之所以要有制度，是因为企业管理的需要。而且管理者一定要明白，制度会影响企业的向心力和凝聚力，因此制度订立一定要严谨深入，务必一以贯之。

12.2.1 再小的订单，也要有一套标准

团队中的每项工作都不是随意发挥的，应该是标准化的，先做什么，后做什么，都应该有固定的流程。标准化的工作既能快速实现业绩目标，也能使优秀的经验得到推广。因此，即使是再小的订单，也应该按标准处理。

上海某家公司的销售经理刘婷对此深有感触。刘婷的上级领导每月都让她提供预测表，预测表中需要填写每个项目所处的状态、成单概率、成单月份。当时刘婷并不理解上级领导的用意，感觉很麻烦。

刘婷感到麻烦是因为预测表要填大量的统计内容，她不清楚填这些内容的作用是什么。现在回过头想想，刘婷发现自己当时其实并没有深入了解过预测表中的内容。

预测表将一个项目分为多个阶段，这其实是销售的流程管理，由于刘婷不明白其中的深意，因此执行结果被打了折扣。

其实，随着工作时间的增加，员工会慢慢意识到有些工作的流程基本是一样的。

什么是流程？从定义上来看，流程就是一系列系统化的行动，或者也可以认为是为了达到某一目的而采取的一系列明确、可重复的措施。如果按照这些措施行动，能够很好地达到预期结果。任何工作都是这样，有流程可依，工作就会变得简单清晰，效率自然就提升了。

A 公司对销售部门实行了流程管理。当公司的销售流程管理开始实施后，各种各样的声音不绝于耳。对于销售经理，大家都比较支持，并且十分期待流程管理给大家带来的效益。而对于部分销售人员来说就不一样了，因为信息的录入工作主要依靠销售人员来完成，增加了不少工作量，他们认为流程管理对销售经理有利，减轻了销售经理的管理压力。其实不然，流程管理也同样能为普通员工带来收益，具体从以下六个方面表现出来。

1. 帮助系统分解和管理工作

流程管理把工作项目划分为几个阶段，而员工和管理者可以通过流程管理，按序把项目运作与实施的流程划分为这几个阶段，在每个阶段都采取相应的行动策略，从而促进工作开展。

2. 帮助达成工作目标

流程管理可以形成漏斗分析图，员工和管理者可以据此分析当前商机——商机是否足够支撑目标的完成，所有的商机是通过什么因素进行分布的，如今都分别处于哪一阶段，从而诊断和发现工作中的不足。如果发现商机不够，那就需要加强推广，促进更多商机产生；如果商机充足，就要分析各阶段分布状况，明确为了达成工作目标，大家的工作如何进行。

3. 帮助聚焦重点工作

流程管理可以帮助员工和管理者识别重点项目和关键节点，有助于大家充分了解项目所处的状态，从而制定有针对性的方案，对特定项目进行重点跟踪。

4. 帮助做工作预测

流程管理可以帮助员工和管理者了解项目当前所处的阶段，这样一来，员工和管理者对成单的预测就能做得更加具体和准确，从而促进公司的稳定发展。

5. 帮助培养团队

俗话说，“好的流程让平庸的人变得优秀”，流程管理可以总结优秀的工作经验，让新入职的员工也可以根据流程顺利完成工作，从而迅速提高工作水平，实现团队和个人绩效的提高。

6. 帮助统一工作语言

流程管理有利于团队形成统一的工作语言，从而便于员工之间的沟通和交流。

管理的最高境界是标准化。科学的管理是可以让大家模仿和复制的，而模仿和复制就是提升整体效率的关键。

12.2.2 制度就是有据可依，分清最优

放眼世界，那些优秀公司的管理通常都有一个共同特征：让平凡的员工做出不平凡的业绩。优秀公司更重视团队的整体能力而不是员工的个人能力。怎样才能做到让平凡的员工做出不平凡的业绩呢？

最好的方法就是实现标准化，做到有据可依，分清最优。国外的优秀公司除了可以把生产过程标准化以外，还会尽可能地将销售过程标准化。就像可口可乐公司，他们对超市陈列的产品进行标准化，对销售人员巡视市场也会进行标准化，就连销售人员是顺时针方向走还是逆时针方向走，都是有明确规定的。

优秀公司都有属于自己的标准化操作手册，员工人手一册。有些公司在这个基础上更深一层，将经销商的销售过程也会进行规范化，如松下公司，仅客户销售手册就制定了几十本，还经常对经销商进行标准化

操作与管理培训，从而保证经销商都能够按总公司的规范运作。

标准化的工作制度通常都是建立在对每一个环节进行深入细致研究的基础上，并且总结优秀公司和优秀员工的“经验”与“教训”而制定出来的。标准化可以有效避免员工反复“交学费”，防止新员工在个人经验、能力、悟性等各方面不足而给公司造成损失。一般来说，一个员工在工作时，如果事事有据可依，那就可以在很大程度上减少失误，取得更稳定的业绩。

优秀公司一般都具备这样的特点：靠科学、标准化的工作制度支撑自身运转，而不是靠少数能力突出的员工。那些在科学、标准化体制下能够取得突出业绩的员工，一旦离开这些优秀公司，业绩很可能会出现大滑坡。因此，实现标准化工作的公司，员工的离职率会比其他公司低，离职后对公司造成的损失也不会很大。

12.2.3 制度要切合人性，符合团队实际

一个成功的团队离不开它背后完善的制度。优秀的制度可以为团队的运转提供保障，使团队氛围公平、公正、公开。它还能为管理者提供管理方向，有利于提高团队的整体素质，更有利于团队的长远发展。

受各种现实因素影响，大多数企业在团队步入正轨之后，会小心谨慎或匆匆忙忙地建立起一套制度。但这种制度并不一定适用于团队发展，有些时候还会脱离团队实际。任何团队由小做到大，都必须经历制定制度—完善制度—变革制度的过程。在此过程中，企业要先找到导致制度空洞的原因。这方面的原因主要有四点，如图 12-1 所示。

（1）制度制定人员不专业，导致制定的制度实际操作性不强。非专业人员对团队的运作流程和员工实际工作流程了解不足，其制定的制度就会缺乏实用性。

（2）制度管理未形成体系，多个环节出现脱节。任何一个部门都不能独立于团队流程之外。若制度规范的范围未能涵盖所有部门，团队的制度体系就会出现流程“断节”，进而影响其他制度的执行。

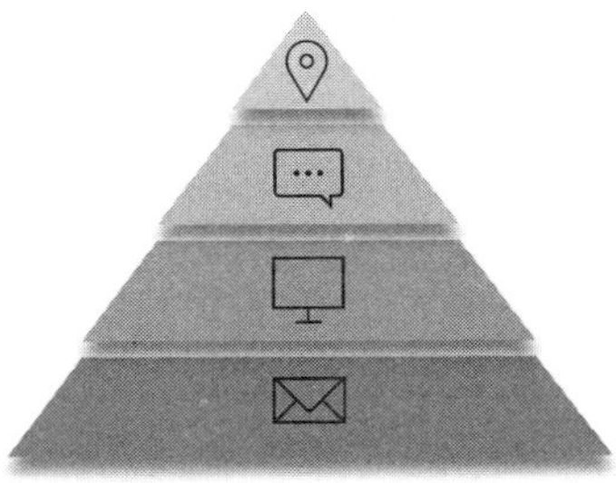

图 12-1 导致制度空洞的原因

（3）制度与团队现状不符，导致制度运作失控。制度本身只是工具，只有与团队的实际情况结合起来才能产生实际效果。

（4）缺少对制度体系的定期不定期优化。团队的发展及其面临的问题都是在变化的，当下合适的制度过一段时间后就会出现各种各样的弊端。因此，团队在制定制度后，要定期不定期地及时修正不适用的流程，否则制度很难执行下去。

想要制度不空洞，要做到两点：一是制度符合团队内外实际情况；二是制度设置要合情合理。

所谓符合团队内外实际情况，即团队首先要对自身现状进行调查与梳理，找到存在的问题以及需要调整的地方；其次要在与各部门充分沟通后设置制度。下面结合一个具体案例来看。

某科技团队有这样一条规定：员工迟到一次罚款 20 元。但该团队依旧有很多员工迟到。为了改变这一现状，团队修改了制度，从工资中划出全勤奖，迟到一次即扣当月全勤奖 200 元。

迟到几分钟就扣 200 元，这样重的处罚力度使部分员工直接选择了离职。因为大部分员工的薪水为每月 4000 元左右。后该团队调整了处罚力度，将罚款金额变为 50 元。这种罚款力度是绝大部分员工都能接受的，而且能达到警告的效果。

依据该团队员工的实际薪酬，“迟到一次即扣当月全勤奖 200 元”这样的制度明显脱离了实际。团队在设置制度时一定要联系实际，适合团队实际情况的制度才有生命力。

在很多团队中，经常出现合理不合情或者合情不合法的现象，比如，团队不依法支付加班费，告诉团队干部加班是“责任制”，对普通员工实行“计件制”。利益面前无小事，对员工而言，想办法维护自己的利益是必然的。若团队的做法既不合理又不合情，只会逼走员工。

反观另一个科技团队，为了留住人才，其在设计薪酬制度时，在合法的基础上做到了既合理又合情。他们设置的薪酬制度包括底薪、加班费、五险一金、绩效奖金、岗位加级、技术加级、住房补贴、餐补、交通补贴等。因为制度有保障，该公司的员工工作积极性十分高。

管理者在制定制度的时候，要兼顾合情、合法、合理三者，才能管得住员工、留得住员工，让团队高效运转。

此外，制度虽是人定，但必须严谨慎重，管理者在制定制度时，需要遵从以下几点原则。

1. 适用性

制定制度要从团队实际出发，依据团队规模、业务类型、技术特性等因素进行综合考虑，不仅要体现团队的特点，还要保证制度的可行性和适用性。

2. 科学性

制定制度要遵从管理的客观规律，服从管理学的普遍原理和方法。

3. 必要性

制定制度要从团队需求出发，必要的规则一个不能少，无用的规则一个不能有，否则会适得其反，干扰团队正常运作。

4. 合法性

制度的内容坚决不能违背相关的法律、法令、法规。

5. 合理性

制定制度一方面要秉承严谨、公正的原则，另一方面要考虑人性的特点，不能过于冷血和死板。

6. 完整性

制度要完整，因为制度本身是一个体系，其内容要全面、系统、配套。

12.2.4 不制定多余的制度

随着团队的不断发展，很可能会因为开展新业务、领导提出新要求等原因出现制度多余现象。制度与制度之间重复交叉，新老制度层层叠加，形成了繁杂的制度体系。有些制度已经脱离了实际，但仍在运行，员工也会在执行任务中出现用老制度来开脱的情况。制度与制度之间重复与交叉，落实到某一项工作的具体规定上会导致冲突产生，在具体执行时员工更不知道该以哪个制度作为标准，无法进行工作。

那么，如何在制度体系建设中做到不制定多余的制度呢？以下几点可供管理者参考。

第一步是建设制度框架体系。管理者应该明确，自身所在的团队到底需要哪些制度，并将所需制度的名称列出来，搭建一个科学完整的制度框架，做到对业务的全覆盖，同时又实现制度之间不交叉不重复。举例来说，一个团队中有多个职责，若每个职责用一个制度来管理，而不是由多个制度来管理，便能有效避免一件事情被多个制度管理的交叉、重复问题。

第二步是在编制一项制度之前，要列出制度说明，阐述制度建设的目的、内容、管理范围等。把握好该项制度与其他相关制度之间的关系，尽量避免制度交叉。如果无法做到避免交叉，那就要留意，在交叉时制度之间不能发生冲突。

第三步是形成协调审查机制。每个制度都是由各制度主管部门负责草拟的，但是由于需要各部门协同配合，制度又不局限于本部门的业务，草拟人接触熟悉的业务不会形成交叉、冲突，可一旦涉及不熟悉的业务，就需要有关部门来进行审核把关。除了需要审核制度是否能够满足业务实际运行的需求外，还需注意审核该制度与已有制度之间的重复情况。

第四步是管理团队每年制订一份制度建设计划，从整体入手，排查多余制度，修订已有制度，对不符合管理现状的制度作出调整。

依照上述过程制定制度，方能避免制定不必要的制度，使制度一直指导、规范团队的具体工作。

12.2.5 突出重点，精练明确

制定团队制度是一项复杂的工作，其涉及面广、专业性强、综合要求高。因此，管理者要重点关注容易出问题的环节，找准制度设置的切入点和着力点，提升制度的有效性，还要有计划、有步骤地设置制度，突出重点。

管理者在设置制度时一定要注意以下几点问题。

1. 抓住重点问题，切忌舍本逐末

在设置制度时，最忌讳的一点就是列举许多无关紧要的内容，这会严重削弱制度的影响力。比如，某项制度针对的是员工的绩效考核，却大篇幅地解说绩效考核的重要性，这就没有必要了。管理者要做的就是把绩效考核的关键指标列出来，公布考核流程与考核标准，无须在制度中讲大道理。

2. 制度要简明扼要，切记不要啰唆

制度的出台是为了让员工遵守和执行，如果制度行文太啰唆，反而容易让员工误解。

3. 制度内容要具体，而不要笼统

制度内容具体详细，才能减少执行过程中的偏差。具体详细指的是要在制度中明确表明团队希望员工怎样做，做到什么程度，如果做不到会有怎样的处罚等。

因此，制度要包含两方面内容：一是员工应该怎样做；二是违反了会受到怎样的处罚。但很多团队的制度中只有第一点，没有第二点。即便有第二点，也不够明确。

北京某销售团队总是出现员工上班迟到的现象。每次到上班的时间，大多数员工都没有到单位。而且，迟到的员工还会在迟到后吃早餐，差不多到10点，这部分员工才陆续进入工作状态，原本3个小时的上班时间，仅剩2个小时。

该团队的管理者在开会时强调："大家注意了，为提高工作效率，以后上班不要迟到了。"该管理者还讲了诸如守时的必要性、不守时对团队造成的影响等。

但这些话并没有实际作用。因为这项规定既没有监管的负责人，也没有任何惩处措施。那些习惯迟到的员工，除了在会议的第二天做做样子按时到岗以外，过后又和往常一样迟到。

在这个案例中，管理者针对员工上班频繁迟到这一问题做规定时，只抓住了问题表面而没有提出具体、明确的要求和措施，同时讲了许多和规定关联性不大的内容，使规定流于形式。若管理者明确指出上班迟到的后果以及考勤制度由谁来具体负责，那么产生的效果就会大相径庭。

管理者必须根据相关问题制定简洁明确的制度。此外，管理者还要立足全局，加强整体规划，及时做好制度的清理、修订和完善工作，努力使各项制度彼此衔接、环环相扣、相互协调，充分发挥制度体系的整体效能。

12.2.6 奖勤罚懒是永恒的主题

团队对员工进行奖励或惩罚，以强化人事行政管理的制度被称作奖惩制度，它是团队正向健康发展的保障。奖惩制度包括实行奖惩的原则、条件、种类、方式、手续等内容。奖励是给予成绩优秀的员工精神和物质的嘉奖，还具有激励全体员工的作用。而惩罚是针对工作不力或有过失、违反制度的员工的管理措施。奖励与惩罚都具有激励与约束的功能，二者相辅相成。

若奖惩不力，对员工的管理难度就会加大。下面结合具体案例来看一下。

某团队倡导的团队文化是家人文化，即把每一个员工都当作自己的家人。若员工犯错，管理者通常以说服教育为主，而且只要员工不申请离职，团队不会主动开除员工。

这样的文化助长了一些员工的不良习惯。这部分员工工作态度散漫，缺乏危机意识，工作效率低。管理者多次对其进行说服教育，没有起到什么作用，这部分员工还是我行我素。

团队的奖惩制度一定要紧紧把握奖勤罚懒这个主题，这样才能达到调动员工工作积极性的目的。那么，团队应如何把握住奖勤罚懒的主题呢？

首先，团队要制定完善的奖惩制度。团队必须为员工的工作设置标准，超出标准的要奖励，达不到标准的则要惩罚，而不是做多做少、做好做坏都一样。

其次，团队要严格执行出台的制度，设置监管部门，给员工真正的精神和物质双重激励。比如，在员工大会上为优秀员工颁发荣誉证书并给予奖金。如果没有人去监督制度的具体执行情况，制度就形同虚设。

在实施奖惩制度时，团队要注意以下几点，如图 12-2 所示。

图 12-2　实施奖惩制度的要点

1. 奖惩要因人而异

由于不同员工的需求存在差异，相同的奖惩制度效果不尽相同。即便是同一员工，在不同的时间或环境下，也会有不同的需求。所以，奖惩要因人而异。

团队在制定和实施奖惩制度时，首先要调查清楚每个员工的真正需求是什么，然后将这些需求整理、归类，以此为凭据来制定相应的奖惩制度。比如，有的员工希望得到更高的工资，而另一些人则希望有自由的休假时间。对于工资高的员工，增加工资的吸引力可能还不如授予他“A级业务员”头衔的吸引力大。

2. 奖惩适度

奖励和惩罚不适度都会影响激励效果，同时还会增加成本。奖励过重会让员工产生骄傲自满的情绪，失去提高自己的欲望；奖励过轻又没效果，使员工产生不被重视的感觉。惩罚过重会让员工感到不公，失去对团队的认同感，产生怠工情绪；惩罚过轻会让员工轻视错误的严重性，以后可能还会犯同样的错误。

此外，管理者要明确，惩罚的目的不是向员工宣泄不满或让员工缴纳罚金，其本质是一种激励措施。

3. 公平性

公平性是制定奖惩制度时必须遵从的原则。员工在工作中感到任何不公都会影响其工作效率和情绪，影响激励效果。因此，对于取得同等成绩的员工，管理者一定要给予同等层级的奖励，犯同等错误的员工也应受到同等层级的处罚。

团队的活力来源于每个员工的努力，奖惩分明的制度能更好地调动员工的积极性、创造性，提高团队的综合竞争力和整体工作效率。

12.3 带团队就是带流程，可复制是关键

不成功的团队都有各自不成功的教训，成功的团队则有各自成功的方法，管理者应将这些教训和方法加以总结，找出成功的团队所具备的共同要素，从而形成一套简单、易学、易教的方法，并用其复制出更多成功的团队。

12.3.1 员工的业务能力就应该比领导强

管理者需要明确的是，员工的业务能力比领导强是一件好事。

许多管理者在遇到业务能力强的员工时，往往容易产生危机感，觉得员工对自己的地位有威胁。赵哥是新媒体运营编辑，日常需要保证公司“爆款文”输出，但他的文章点击率始终很低，而他的下属小王却经常写出“爆款”，很多次他在给小王提修改意见时，都觉得十分没有底气。

赵哥其实没有必要觉得没底气。因为一个管理者的核心能力不仅是技术，还包括人际沟通能力和统筹规划能力。对管理者而言，这三者缺一不可。并且随着管理者岗位的变化，三者的比重也会随之变化。管理职位越高，对技术的需求越小，而管理者的统筹规划能力则越来越重要。

当管理者处在基层时，技术是最能体现其能力的，而当管理者升到中层后，统筹规划能力则占主要地位，此时只需要管理者掌握技术的精髓即可。很多时候不是员工能力强就不好管理，而是管理者没有看透本质，将自己局限在技术层面，而忽略了其他能力的重要性。

管理者若想在职业道路上走得长远，就需要加强自身综合能力，尤其是沟通能力和统筹规划能力。在技术方面，放心地交给更出色的技术人才去做，才符合管理者应有的格局观。若片面地纠结于员工与自己的能力高下，对于管理者和团队都是一种消耗。所以，当管理者遇到业务能力比自己强的员工时，应大方承认，并懂得充分挖掘员工的能力和价值。

那么，管理者如何使业务能力比自己强的员工实现价值最大化呢？

1. 启发为主，切忌打压

管理者应深入了解员工的性格，多与他们沟通，与其达成共识。盲目打压员工只会适得其反，引起员工反感并降低员工的工作积极性。当然，如果员工依仗自己的能力恃才傲物，则需要对其进行管束。

2. 指导方向，激励自主

在给比自己能力强的员工安排工作时，一定要让他知道为什么而做，当他知道自己是为什么目标而努力，并且感受到工作的挑战性时，才会有动力。在明确目标后，管理者可以适当放权，让员工自主掌控自己的计划，激发其潜能，从而使其获得成就感和满足感，使其价值实现最大化，并协助管理者实现团队业绩最大化。

3. 定期汇报，积极反馈

前面提及，管理者要学会适当放权，但在放权的同时，务必让员工定期汇报工作情况，避免员工“脱缰”，难以管理。

管理者可以设定几个关键指标，让员工根据指标来汇报工作情况，然后对其中存在的疑惑或不满进行指导和反馈。

4. 情感关怀，善用人才

管理者不仅要帮助员工在工作上获得满足感，还应在情感和生活方面关怀员工。一位出色的管理者一定要懂得用人之道，而不是事必躬亲，时刻担心员工抢风头。

真正聪明的管理者应懂得能力强于自己的员工的价值，善用这些员工才能有效壮大团队，实现业绩最大化。

12.3.2 好的团队不是强在业务，而是强在复制力

管理培训专家章义伍曾做过一个“用流程复制”的演讲。在世界500强公司中，美国公司占了1/3席位，包括可口可乐、麦当劳、戴尔电脑、希尔顿酒店、沃尔玛、迪士尼等，这些公司都可以复制到全球任何一个它们认为值得去拓展的地方。

那么，我国公司和美国公司的差异从何而来呢？源于两国公司所采取的不同的商业模式：能人模式和系统模式。美国公司是用流程在复制团队，而我国公司则更多的是在靠能人和经验扩张团队。优秀的团队不是靠能人，也不是靠热情，更不是靠使命，而是靠一套完整的体系来支撑。世界著名质量管理专家爱德华兹·戴明说过：“不能满足客户要求的原因中有85%与系统和流程的缺陷有关，而不是员工。管理者的角色是改变流程，而不是迫使个别人做得更好。”

李老板是做木材加工生意的，在建厂初期，厂里没有营销部和销售部，每一个订单都是他和十几个工人通过派发传单得到的。李老板每天做的事就是拿出地图，划分区域，然后让每个工人负责几个区域，大家

一起挨家挨户、地毯式地派发传单。这种推广方式让李老板的手机每天响个不停，订单虽然源源不断，但李老板经常是接了这个电话忽略了那个电话，导致很多订单在无形之中流失了。

后来李老板偶然看了一篇文章，介绍麦当劳的发展过程，并注意到麦当劳的发展核心，即标准化和复制。于是李老板决定将跟随自己的十几个工人分别派到周边城市，让他们在当地招募团队，复制现有推广模式，而他只需要管理这十几个工人整理上来的订单就可以，如图 12-3 所示。

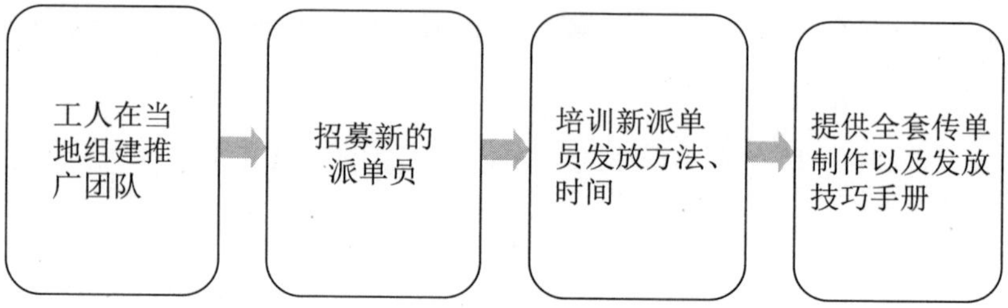

图 12-3　李老板复制推广团队的流程

在把工人们派出之前，李老板把传单的设计、制作方法、格式以及派发时的话术、时间等关键要求，制作成了一本小册子，让每个工人熟记。然后，李老板许诺给业绩前三的城市负责人奖励 10 万元。

因为这 10 万元奖金，每个团队都想尽办法拼命提高业绩，李老板获得的订单增加了许多，他的工厂在周边城市也有了名气。因为这次复制的成功，李老板的工厂得以快速成长，在本地和周边地区都占有极高的市场份额。

管理者可以从李老板的案例中获得一点启示：团队的规模大小并不在于它有多少能人，而在于它的复制力。

强大的复制力可以促进团队蓬勃发展，减少扩张成本，降低人员流失带来的影响。这种标准化的复制模式实现了更大范围的资源共享，只要管理者掌握核心的工作方法和技术，团队中的任何一个岗位都可以被替代，而团队中的任何一个人也都可以在最短的时间内建立一个新团队。

12.3.3 构建复制系统，让团队忽略你的存在

将已经被证实成功的系统迅速复制，新团队就能迅速成功，这就是复制的神奇力量。

链家作为房产中介行业的翘楚，是如何从一家门店快速裂变出 8000 多家门店的呢？

他们的复制流程是这样的：为了让每一个新加入团队的员工能够快速进入状态并产生绩效，链家会为其安排为期 7 天的封闭式入职培训，以便使其更好地理解业务内容。

7 天封闭式入职培训后，店长还要根据链家专门为新人做的辅导手册，对新人进行 7 天店面培训，包括店长安排新人做社区商圈调查，并为新人做一份详细的工作步骤指引。同时，店长在辅导新人期间，也可以考察新人学习专业知识的能力以及新人的工作态度等。当然，新人在此期间也可以认真考虑一下自己是否接受链家的公司文化，是否真正愿意从事房产经纪人这个工作。

链家一直立志打造一支“人员稳定，并能够持续产生高绩效”的团队，然而由于销售行业的特殊性，链家的团队与其他公司的团队一样，也面临着人员流失严重且难以保持业绩稳定增长的问题。为了能最大限度地提升业绩，顺利达成销售目标，链家特别注重团队协作。他们明白，好的团队靠的不仅仅是某一个人，而是大家的共同努力。所以，链家实行师徒制、业绩共同分配制等。

正是由于对团队系统化、步骤化的管理，链家才能从一家中介公司，成长为一支房产中介的“铁军”。在建立团队时，无论是对刚入职的新人，还是对有经验的成员，链家都会进行标准化培训，如图 12-4 所示。

员工在入职后首先需要快速掌握商圈基本数据，例如房屋户型、房屋价格、周边公交与学校分布等情况；其次需要掌握业务流程及税费、中介服务费的理论依据和计算方法。由于房产行业的特殊性，员工需要掌握发布网络信息的方法，在遇到客户时，能够把本机构的优势以数据的形式表达出来。

一	商圈基本数据
二	业务流程
三	费用计算方法
四	优势数据分析

图 12-4　房产销售标准化培训数据

在团队运作中，管理者可以过滤、筛选一些有助于团队运作的经验，从中找到适合自己团队的经验，最后在团队中复制下去。复制系统直接关系到团队其他成员是否可以达到统一的思维和行为模式。团队复制的范围应该是团队中的每一位员工。

我们经常会听到一些管理者夸赞自己对公司的重要性，例如，“我们公司离不开我，一旦我离开，公司就会无法运作。”

美国硅谷 MC 公司老板马尔科姆·辛先生曾对一位管理者说：“一个好的团队，谁都可以用得上，谁都可以离得开，这才说明这个团队的管理者是优秀的管理者。”

当时这个管理者并没有领悟到其中的含义。他每天为团队成员安排工作，监督工作进度，勤勤恳恳，任劳任怨。直到年底，马尔科姆·辛先生对他说：“你的工作做得很细致，你的团队也很有战斗力，这让我很满意。但是，我总觉得你的团队差了些什么。我在想，如果有一天我把你升到别的管理岗位上去，你的团队离开你会怎样呢？”

这时管理者才明白，当时马尔科姆·辛先生说的那句话不单单是指员工，更重要的是管理者。管理者只有构建自己的复制系统，让自己的能力复制下去，才能让团队忽略自己的存在。

12.4 考核到位，制度执行情况才能衡量

制度考核的意义在于对制度执行情况进行衡量，同时给予员工一个合理的解释，让他们能够接受自己得到的奖惩。考核非常重要，与每一位员工的利益密切相关，管理者在考核时要做到“心中有数，手中有招”。

12.4.1 考核制度应公平公正

对员工进行考核是管理者的例行工作之一。通常来说，团队都会制定比较完善的考核制度，管理者只需要依据制度对每个员工进行评估，确定员工的薪酬等级即可。但在实际应用中，经常有员工觉得考核制度的制定以及执行过程存在问题。

考核制度公平公正才能让员工心服口服，管理者才能准确地衡量制度执行情况。那么，怎么样才能保证考核公平公正呢？方法如图 12-5 所示。

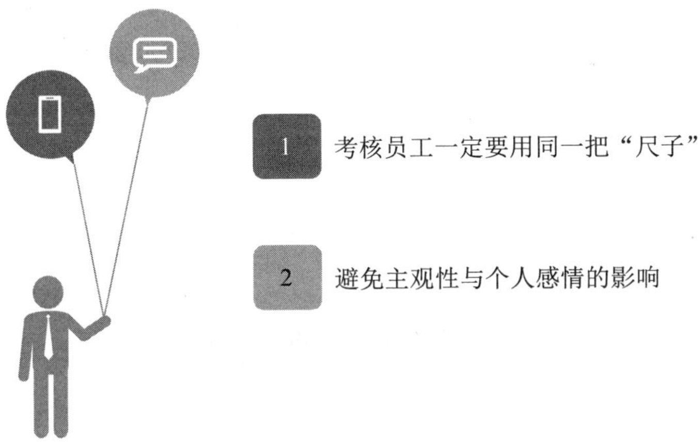

图 12-5 保证考核公平公正的方法

1. 考核员工一定要用同一把“尺子”

管理者要想保证考核结果公平，就要严格按照制度进行考核，不能和任何员工讲情分。若管理者同情业绩差的员工，对其放松要求，

对优秀员工而言这种行为便非常不公平，所以考核员工一定要用同样的标准。

对员工进行公平考核，能帮助其实现个人价值和目标，使团队拥有源源不断的发展动力。

2. 避免主观性与个人感情的影响

管理者如果轻易表示出自己对员工的态度，往往会被有心人利用。不管是喜欢还是厌恶员工，都会影响管理者的判断和考核的公平性。所以，管理者必须避免主观性和个人感情的影响，谨慎对待员工，既不能有偏见，也不能另眼看待。

下面来看一个具体案例。

刘浩是某大型团队的管理者，手下有3个部门主管，分别是财务总监A、技术主管B和业务经理C。三人都是著名的专家，工作能力很强，刘浩也非常信任他们。

技术主管B原则性很强，为人十分刻板。只要他认为正确的事，一律要听从他的意见。因此，B常常与刘浩产生矛盾。

起初，刘浩对B的刻板、不知变通只是略微不满。但当刘浩要求B对产品进行技术改良时，B却坚持己见，认为改良不如研发新产品。随着又一次产生矛盾，刘浩忍无可忍，公开表示对B的不满。一时之间，团队里“老总打算更换技术主管”的消息传得沸沸扬扬。

由于B专业技术过硬，人品很好，在技术部门的口碑相当不错，流言一出，不少与B关系好的员工都怂恿B主动跳槽。刘浩厌恶的眼神也让这位曾经的得力干将颇为受伤，再加上真假难辨的谣言，一周后，B递交了辞呈。随即，一大批技术骨干跟随他一起离职。

实际上B的“改良不如研发新产品”的意见最适合该团队当下的发展现状。但由于刘浩对B有偏见，没有正视B的意见，最终让自己的负面情绪占据主导地位，打击了员工的工作积极性，致使技术骨干集体辞职。

由此不难看出，管理者的主观性与个人情绪对管理工作的影响非常大。特别是考核工作，稍有不慎，管理者的情绪就会影响考核的公平性。

因此，管理者在任何时候都要保持理智和冷静，既不能因为欣赏某位员工就放宽对他的要求，也不能因为某位员工与自己不合就对他心存偏见。太过情绪化只会导致考核制度失去应有的公平性，管理者只有以相同的态度对待所有员工，才能激发员工的积极性与主动性。

12.4.2 切忌“隔三岔五”，让考核常态化

考核的目的在于更大限度地调动员工的积极性，让员工为团队创造更多价值。考核是管理员工的重要手段，但很多团队都未能给予考核制度应有的重视。

考核必须是常态化的。管理者必须连贯、持续地对团队成员进行考核，这样才能让员工一直保持紧张感，使考核制度发挥出应有的作用。

周扬在某团队担任了3年主管。他刚到这个团队时，团队规模非常小，但发展速度很快，因此管理者不重视考核，导致员工普遍缺乏进取心。

随着同行竞争越来越激烈，该团队的发展速度逐渐放缓。员工由于长期缺乏进取心，工作能力明显低于其他竞争团队，该团队的收入整体下滑。

为了改变这种状况，将危机感传达给每一位员工，管理者宣布一个月后要进行考核，考核标准也比以往更多。对照这些标准，很多员工发现自己不达标，为了能顺利通过考核，大家拼命地“补”工作。

一个月后，大多数员工的业绩达到了考核标准，大家都觉得自己做得不错，管理者也在这次考核中找到了心理安慰，于是便中断了刚起效的考核。两个月后，管理者发现员工的工作积极性不高，再一次恢复考核。

这种断断续续、反反复复的考核不仅没有改善这种状况，还弱化了考核的严肃性。员工最初还能认真对待考核，次数一多，就不再把考核当作重要的事。部分员工甚至为了应付考核而弄虚作假。

管理者必须明确，真正的考核应该是长期的、连贯的。管理者应该在持续不断的考核过程中根据员工的具体表现实施奖惩措施。此外，让考核常态化能改变员工对制度的态度，督促员工自觉遵守团队中的各项制度。

12.4.3 态度是一个必不可少的考核要素

很多优秀的团队都非常重视员工的工作态度。罗伯特·威尔兹曾说："在团队里，员工与员工之间在竞争智慧和能力的同时，也在竞争态度。一个人的态度直接影响了他的行为，决定了他对待工作是尽心尽力还是敷衍了事，是安于现状还是积极进取。"

员工的工作态度是考核的重要因素之一。如果员工的工作态度积极，能够全身心地投入工作，那么工作就会成为其生活中的乐趣，困难也会变为其成功的垫脚石，其很容易就能在工作中获得成长与成就感。

那么，怎样才能具体地考核员工的工作态度呢？

管理者要详细列出有关态度的考核指标，如上班时间不闲谈、不上网聊天、不网络购物、不浏览与工作无关的网页、积极与同事合作等。将这些考核指标列出来并公布给员工，让员工明白自己怎么做才符合团队对工作态度的考核标准。

此外，在平时的管理中，管理者要积极奖励工作态度好的员工。这种奖励意味着对员工的肯定与认可，能进一步鼓舞员工的工作热情。

刘钢是某大型滑雪场的普通修理工。这家滑雪场近期引进了人工造雪机在坡地上造雪。有一天，刘钢独自巡夜，看到其中一台造雪机喷出的全是水，便迅速意识到造雪机的水量控制开关和水泵、水压开关出了问题。经检查，若再不采取措施，将会出现动力电缆短路的现象。

在这种情况下，刘钢完全可以向其所在团队的管理者汇报，等其他工作人员前来处理，但他不顾危险，只身重启了造雪机。当同事赶过来帮忙的时候，他已经把事故处理妥当。

刘钢的行为为其团队减少了损失，受到了团队的表扬和嘉奖，并被提拔为部门经理。

从刘钢的案例可以看出，员工的工作态度带给团队的影响究竟有多大。员工的工作态度通常受大量主观因素影响，如主动性、热情、忠诚和团队合作精神等。这些因素虽然难以界定和计量，但它们与员工的工作质量息息相关，管理者应该将其纳入考核范围。

12.4.4 员工参与考核，结果更加科学、透明

考核制度会严格要求员工的行为，同时也将员工的利益和团队的目标紧紧捆绑在一起，所以多数员工都会把考核视作团队为约束他们而准备的“紧箍咒”，从而产生抗拒情绪。

同时，为使考核制度尽快落实，团队在推行考核制度时往往会弱化员工的参与感。

这种做法其实是不正确的。考核的最终目的是让员工意识到自身的不足，提高员工的工作效率。若不让员工参与考核，那就很难保障考核的实际效果。当全体员工充分参与考核时，其创造力和潜能才能最大限度地发挥，考核的公正性和客观性才能有保障。

那么，团队怎么做才能让全体员工参与到考核过程中呢？方法如图 12-6 所示。

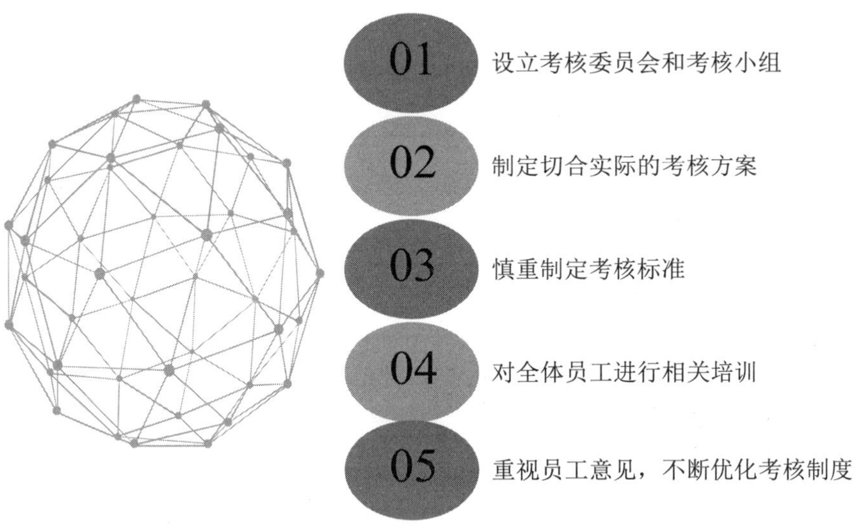

图 12-6 团队怎么做才能实现全员参与

1. 设立考核委员会和考核小组

负责考核的人会直接影响员工对考核结果的认同感。因此，团队可以通过无记名投票、问卷调查等方式，让各层次员工参与到考核负责人的选择中来。

2. 制定切合实际的考核方案

团队要详细了解各部门的岗位设置情况、员工工作情况，与各部门负责人和有关管理人员一起探讨考核内容，同时将考核内容与员工的薪酬、晋升、岗位调整、胜任评价等挂钩。这一举措能使员工产生“考核与自身相关”的紧迫感。团队再“趁热打铁”，让员工主动参与到考核方案制定中来。

3. 慎重制定考核标准

要想保证员工在考核过程中的参与度，管理者可以在制定考核标准时采取上下互动的形式，让员工充分参与进来。在广泛听取员工意见的基础上，拟定本部门人员的考核标准，通过这种自下而上的信息交流增强员工对考核的认同感与参与感。

4. 对全体员工进行相关培训

员工对考核抱有反感甚至敌对情绪，是因为不清楚团队进行考核的意义，只看到了考核的约束作用。因此，管理者应加强相关培训，让员工明白“为何考核”“如何考核”“考核什么”等问题。

5. 重视员工意见，不断优化考核制度

很多考核制度都会存在一定的缺陷，而这些缺陷可能会引起员工的不满或抵触，考核者也会产生相应的顾忌。因此，团队及管理者要重视员工对考核制度的意见，不断优化考核制度。

在竞争压力下，员工大都希望自己在工作中能有更多的发言权，都渴望自己的工作成果能得到公正、公平的评价和反馈。因此，让员工参与到考核制度的制定过程中，是弱化员工对考核抵触情绪的有效手段。

第 13 章

文化建设：共同的愿景才是留人的关键

文化建设是团队高效运行的关键因素，它形成于团队成员实现自身价值和达成团队共同目标的过程中，包含团队的价值观、共同目标、管理制度、工作氛围等。文化建设面向全体员工，借助宣传、教育、培训、交心、娱乐等方式，最大限度地给予员工归属感，凝聚其力量，使其为团队共同目标服务，推动团队发展。

13.1 构建和谐的团队氛围

和谐的团队氛围能使员工彼此信任、团结协作，使他们在工作时热情洋溢，在遇到挫折时保持斗志。它能强化员工的集体意识，推动团队的协作和发展，提高团队的整体效率，使团队具有凝聚力和生命力。

13.1.1 加强人性化管理

在知识经济时代，越来越多的管理者开始认同人性化管理理念。它讲求以人为本，旨在营造一个尊重人性和员工主体地位的良好氛围，与之相对的则是“狼性文化”。

小雪所在的团队就倡导“狼性文化”。该团队经常用各种方式向员工灌输奋斗理念，甚至为了督促员工业绩达标，将每个月的7日设置为惩罚日。在5月7日的惩罚中，主管给了两个选择：喝一桶1.5升的矿泉水，或吃下一袋“死神辣条”。

小雪当月业绩没达标，因为自己一向爱吃辣，所以就选了后者。可她万万没想到，吃完才半小时，她就因腹痛被紧急送往医院。经过一个月治疗，还是落下了长期胃痛的毛病。事后小雪才知道，那个辣条是整蛊玩具，根本不能吃，可是为时已晚，她的身体已经受到了伤害。

无独有偶，小雪的事不是个例。南昌一家美容公司为了惩罚业绩不达标的员工，管理者竟要求他们在年会上跪地互扇耳光。在“狼性文化”大行其道的时代，这种新闻屡见不鲜。为了业绩，无良公司动辄以各种手段对员工进行身体和精神上的伤害，不仅使人心惶惶，更违反了劳动法的规定。

古语有云，“得人心者得天下”。一个能留住人才的优秀团队应该注重人性化管理，做到如下几点。

1. 情感化管理

情感化管理指管理者应注重员工的内心世界，注重激发员工的积极性，消除员工的疑惑和顾虑。

2. 民主化管理

民主化管理指让员工参与决策，维护员工的自尊心，听取员工意见，集思广益的同时也能鼓励士气。

3. 自我管理

自我管理指员工能够自主根据团队的发展目标制订发展计划。它能有效地将员工意志和团队意志相结合，从而使员工自发服务于团队。

4. 文化管理

文化管理指通过文化培育的方式，使全体员工形成共同的价值观，遵守相同的行为规范，使个人行为与团队行为同步、协调。

员工发自内心地认同团队，忠于团队，才能有工作自主性和积极性，才能对团队有归属感。只有获得了员工认同真心的团队，才能在竞争中立于不败之地。

13.1.2 用团队文化令员工融入团队

员工是建设和发展团队的重要力量。在管理员工过程中，管理者需要利用团队文化让员工迅速融入团队。

首先，管理者需要帮助员工进行定位。许多员工刚进入团队时，会觉得实际情况与理想存在很大差距，从而产生失落、迷茫等情绪，长时间无法融入。对此，管理者应及时指出其不足之处并给予正确的引导，让员工尽快融入工作环境中。

其次，管理者要以包容的精神帮助员工融入团队。管理者必须全方位看待这些员工，除了指出他们的不足，还要以包容的心态接纳他们，了解每个人的优势并培养其创新意识，使其成为推动团队发展的新力量。

再次，管理者需要帮助团队营造良好的文化氛围。在管理员工时，管理者必须主动了解员工的需求，在管理过程中投入更多的感情，让员工感受到团队的温暖。

最后，管理者需要以各种激励手段激发员工的创新精神。为了更好地发挥员工的主观能动性，管理者应可采取适合团队和员工的激励措施。好的激励措施可以让员工感受到团队对其的重视，提升员工的成就感。

优质的团队文化能够让员工对团队产生由衷的认同感。当员工对团队文化足够认同时，会自发地维护团队利益。管理者必须清楚团队文化的重要性，加强团队文化的建设。

13.1.3 营造强烈的团队归属感

某高科技公司入职一批新员工，都是工作多年的“老油条”。入职后，“老油条”们始终不愿真心融入团队，对工作也是见招拆招，毫无积极性。

培训主管王力对此十分苦恼，便去找总经理求助。总经理听完，没有正面回答，却反问王力：“那么为什么这些‘老油条’会从上一家公司离开呢？”

“有的是工资低，有的是上升空间小，还有公司氛围不好等。”

“那总结一下呢？”总经理说，“总结一下就是，他们的需求在原来的公司没有得到满足，对不对？”

王力恍然大悟，于是在给这些“老油条”分配工作的时候，依据他们的特点和能力安排了合适的岗位，使“人尽其才”。这样一来，“老油条”们在心理上得到了满足，找到了自己存在的价值和团队归属感，工作上也就有了热情。

要知道，员工的归属感来源于团队，影响归属感的因素包含待遇、个人发展、员工兴趣发展和参与感。团队若从这四方面下功夫，必然能使员工快速获得归属感，从而愿意尽力为团队创造价值。

1. 待遇方面

管理者要明确，员工工作的本质是为了满足生活的需求。虽然薪资不一定能完全满足员工心理要求，但人力是一个团队的资本，而不是成本。想留住员工，必须在薪酬和福利方面对员工有保障。

2. 个人发展

职场发展前景对于员工来说至关重要。良好的发展前景能使员工实现自我价值，是员工决定去留的关键。管理者应充分了解员工对个人发展的想法，尽力帮助员工在工作中成长，协助员工做好职业生涯规划。

3. 兴趣发展

枯燥的工作容易使员工消极怠工，而兴趣的培养则可以改善其工作态度，使员工保持轻松愉快的心情。管理者应注意培养员工的兴趣，让员工在兴趣中工作。多开展特长爱好方面的活动，调剂员工的工作心情，提高其对公司文化的认同感。

4. 鼓励员工参与决策

参与感是影响员工团队归属感的重要因素。作为管理者，让员工参与决策的确存在相当大的难度，但这也是体现管理者素质的良好时机。一定程度的参与会提高员工的工作积极性，例如在制订管理制度的时候，若能集思广益，听取并认可员工的意见，一定程度上便能避免员工犯错。

保障员工的生存需求，为员工提供舒适的工作环境，利用团队文化来加深团队凝聚力，员工才会觉得在团队工作是有意义的，进而能增强团队归属感，积极为团队创造价值。

13.1.4 建立团队精神的情感纽带

团队精神能够引领员工与团队携手共进。如果员工能从团队中感受到双向的情感沟通，其与团队的情感联结就会更加紧密，故而建立团队精神的情感纽带对构建和谐的团队氛围非常重要。

举例来说，杭州某文化传播公司的管理者就十分重视团队精神的情感纽带。为此，他设立了一些小游戏。比如，新员工入职时，会受到老员工的热烈欢迎。老员工会拥抱新员工并为其欢呼鼓掌。这种活动能使新员工和老员工间建立情感联系，使团队整体氛围更加和谐。

员工之间不能只存在工作关系，每位员工都渴望从团队中获得归属感。当员工之间建立了情感联系，互相能够信任时，其融入团队的感觉会更加强烈，并且能在工作中体会到满足、自豪等正向情感。

情感纽带不仅能为员工打下情感基础，还能激发员工的创造力。这是因为创造力依赖于员工的风险承担意识，当员工相信团队中的其他成员会给予自己支持时，其承担风险的勇气就会更足。在充满信任的环境中，员工会觉得更安全，从而更愿意进行更具风险也更具创造力的活动。

那么，团队管理者应怎样帮助员工建立情感纽带呢？

首先，要对员工有信心。团队管理者要给予员工一定的自由空间。当管理者制订了过于严格的规则时，员工往往会觉得管理者对其工作能力不信任，所以用这些规则来告诉员工在什么时候应该做什么。同时，这些规则也不利于员工发挥创造力。长此以往，不仅团队的凝聚力会被稀释，团队的共同目标也无法对员工起到引导作用。

其次，要避开情感纽带的陷阱。虽然情感纽带可以提升团队的战斗力，但太过紧密的联系会在员工之间形成不同的小团体，而小团体之间对于决策可能会有不同的看法，不利于团队的健康发展。

13.1.5 建立团队命运共同体

将团队变成“命运共同体”，是每个团队的终极目标和理想。它具有极强的凝聚力，能使众人一心，不惧艰难，历经风雨而毫不动摇，不分散。

华为就是达成“命运共同体”的典型代表。华为于1987年成立，现已成了知名企业，其成长速度令人咋舌。为什么华为的发展可以如此迅速？

其一，“全员持股”制度。当员工自身利益与团队利益高度一致时，二者的命运便休戚相关，生死与共。

其二，共同的使命感和价值观。华为自创立初期，就坚持“只对准通信领域这个‘城墙口’”，只有几十人的时候就专攻通信领域，几百人、几万人的时候也是专攻通信领域，到十几万人，依然不改初心。研发投入近600亿元，最终在该领域领先于世界。

其三，多次共同经历生死存亡的考验。澳大利亚对华为实施封杀，阻挡华为成为该国的5G无线网络设备供应商，令华为成为全球5G技术领导者的目标受到重创。而全体华为人扛下了这些磨难，一步一步挺过来，成为如今的华为。就是这些东西，使得华为成为“命运共同体”，使全公司的人心高度凝聚，同努力、共奋斗。

一个团队的建设有三重境界。

第一重境界是利益共同体。利益共同体是数量最多的团体，也是绝大多数员工所在的团体。员工在这种共同体中只为获得薪酬、养家糊口，与该共同体是经济交换的关系，即劳动交换薪酬。员工对利益共同体只有较低忠诚度和归属感，当共同体遭遇挫折或员工拥有更好的选择，就会毫不犹豫地离去，不会“在一棵树上吊死”。

第二重境界是事业共同体。事业共同体的组建是为了某种理想。在这种共同体中，员工最大的目标是达成某种成就或实现某种抱负，赚钱是其次。例如许多名人创建的慈善机构、爱心学校等。他们在功成名就后选择回报社会，主要就是想实现自己的愿望，实现自己的社会价值。华为刚创立的时候也是一个事业共同体。

第三重境界是命运共同体。命运共同体的凝聚力是三者中最强的。它有两个核心：一是利益核心，在这个共同体中，全员一荣俱荣，一损俱损。华为让骨干和员工持股，就是希望以此激发骨干和员工的斗志。二是精神核心，全员有共同使命感和价值观，在精神层面有共同追求，共同维护自己认可的东西，并为之而努力。

两种核心有效结合，就会形成极强的驱动力，也就形成了命运共同体。它使团队奋发向上，无论风雨，岿然不动。

13.2 塑造相同的愿景、使命、价值观

文化软实力也是影响团队实力的一部分。明确的愿景、使命和核心价值观能提高团队的向心力和凝聚力，激发员工的积极性和创造精神，强化团队的市场竞争力，是团队长青的动力和源泉。

13.2.1 除了面包，团队也要给员工诗和远方

亚里士多德说：“人是唯一需要寻找意义的存在者。”随着经济发展，人类在物质方面越来越富足，生存资源不再使人们忧心，但精神需求却日渐上涨。

体现在工作方面，越来越多的求职者不再只为钱工作，而是更关心自己的职场发展和自我价值能否最大化。在寻找工作的时候，他们不止看重工作能提供的薪酬，更会对团队的文化，如团队愿景、使命等感兴趣，甚至在薪水不理想的情况下，也会因为价值观相投而选择留下，并且因为价值观相投而对团队更加忠诚。

愿景、使命、价值观是一个团队的灵魂所在。

团队的愿景是团队的未来蓝图，是团队发展的最终目标。它告诉团队“去何处”。管理专家柯林斯在其《基业长青》一书中提及：“一个团队从优秀到卓越，最重要的标志是能提出超乎利润之上的终极追求。”这份终极追求就是愿景。华为的愿景是“丰富人们的沟通和生活”，它的愿景做到了与人们的生活需求相一致，升华了团队存在的意义，是值得尊敬的。

团队的使命是团队为了达到愿景，要坚持做的事情和具体操作的方法。它告诉团队“为何去”，是团队赖以生存的核心。使命决定团队应该做什么。小米的使命是“始终坚持做感动人心、价格厚道的好产品”。围绕这一使命，小米从手机领域一直做到家电、文具、生活用品领域，并且每一样产品都做到了高性价比，为人们的生活带去非常多的便利。

使命能激发团队的热情和动力，一旦缺乏使命感，团队就容易原地踏步，失去生命力。

团队的价值观是团队需要遵守、倡导的行为准则，是团队做事的底线，是团队处于任何境遇都要坚守的信仰。价值观告诉团队“怎么去”。

“正直、进取、合作、创新”是腾讯集团多年信奉的价值观。靠着这一价值理念，腾讯不断投入和进行科技研发，将复杂的科技理论转化为简洁高效的科技产品，并在这个过程中与时俱进、不断创新，开发了无数优质的 APP。

丰厚的薪水、优渥的待遇能做到的是吸引员工，但真正留住员工的，却是愿景、使命、价值观这些精神层面的东西。

13.2.2　核心价值观是团队对事物的重要性排序

团队的核心价值观是指团队面对多样抉择时，会对事物重要性进行排序而后取舍。面临相同的问题，不同团队由于关注点不同，选用态度和策略也会天差地别。

美国 3M 公司的核心价值观是“创新”。公司“不许扼杀一种新产品的设想”，尊重员工发展，允许员工犯错。

而某日本老牌酒店则秉承“顾客第一”的核心价值观。在一次宴会上，由于服务员疏忽记错了引起客人过敏的食物，导致客人被紧急送往医院。该酒店在确保客人生命安全后，随即开除了这个服务员，并第一时间向客人道歉。

同样都是员工犯错，两个团队的处理方式差别如此之大就是因为，团队会依据核心价值观选择它认为最重要的。核心价值观甚至会影响到团队的战略决策。A 团队靠技术，那么创新对它而言最重要，B 团队靠服务，那么顾客最优先。

团队对事物的重要性有自己的判断和选择，而这种选择是无法评判对错的，其与团队当前所在环境相匹配。所在环境有两重：第一重是内部环境，团队文化、团队规模、团队发展状况、发展阶段等都属于内部环境；第二重是外部环境，国家政策、全球行情、行业前景等都属于外部环境。受以上因素影响，团队文化具有多样性，不同团队对事物的判断和选择不一样，根本无法评判其对错。

13.2.3 凝聚团队文化价值观

优秀的团队往往注重构建自身的价值观体系，优秀团队的员工能在大事小情上自觉遵守和践行团队价值观，同时价值观也是团队管理者和员工评价自己工作和行为的标准。

构建团队文化价值观有七个步骤。

1. 清晰构建团队发展目标及使命

要想清晰构建出一个团队的价值观体系，就要先明确该团队发展的最终目标和团队使命。最终目标和团队使命给予团队前进方向，使人能开展关于团队的发展构想。

团队应在价值观构建前期，清晰构建团队发展目标及使命。从团队管理模式、团队管理制度、团队管理思想、团队成功要素、团队发展面临的风险等方面进行深入思考，制定团队价值观雏形。

2. 构建简洁、实用的价值观体系

团队管理涉及多方面，故而团队价值观也需要多方面与之对应。在构建价值观体系时一定要系统、简洁、实用。要做到这几点，可以从以下几个方面着手：

一是明确团队核心价值观，将重点放在团队文化的独特和出色上。

二是在明确团队目标基础上，团队所构建的价值观具有可实践性。必须有助于驱动团队朝目标前进，并能引导团队有效规避风险。

三是核心价值观能有效统领价值观体系，对各个价值观体系进行指导。

四是构建价值观体系过程中必须集思广益，保证全体员工的参与度。

3. 通过沟通强化认知

价值观体系构建完成后，团队要做的就是“重复”和坚持。团队要将价值观体系传输给全体员工，保证员工行为遵从团队价值观体系。当有新成员加入时，团队需向新成员传输价值观，保证团队上下思想统一。

在这个过程中管理者必须发挥沟通和示范的作用。管理者在行动、培训、总结报告、工作报告、讲话、沟通时都要重点对价值观进行阐释和强调，不断“重复”，强化员工对价值观体系的认知。

4. 将价值观植入团队架构

团队架构和团队价值观相辅相成，关系密切。团队价值观影响团队构成，匹配的团队架构有利于实践团队价值观，团队的各个组成部分的职责和水准应与团队价值观相符。

例如，将价值观植入团队的招聘和培训部门。在招聘时，应对应聘者进行两方面的考察，即应聘者的能力及价值观是否与团队的价值观吻合。培训时，可对成员进行价值观培训。此外，还可以针对团队价值观，对员工进行相关的技能培训，如销售部门可培训员工的口才技能。

5. 双向传输价值观

价值观的传播，要从内部和外部两方面入手。深刻内化是价值观传播的基础，没有经过深刻内化，团队员工的价值观念和行为方式不统一，团队没有凝聚力，则价值观向外传达的效果只会浮于表面。

打牢内化基础后，再向外部传播团队价值观，可有效提升员工对团队价值观的荣誉感和自豪感，丰富团队价值观内涵，增强团队凝聚力。

6. 评估、反思

完成了上述步骤后，团队可对价值观实践的过程和效果进行科学评估，并以此作为改进的基础。评估过程中要重点调查员工与客户对价值观的认同度、团队当前氛围、价值观是否对团队每个组成部分起到有效指导等。

7. 反馈、螺旋式提升

评估完成后，团队要依据评估结果进行反馈。对现状充分分析、归类，并给予相应对象反馈。根据评估结果和员工进行充分沟通，若有问题，应提出切实可行的解决方案。

团队一定要充分地将价值观构建过程和结果纳入已有的管理体系，使价值观充分渗入团队运行过程，使价值观与员工的培训、晋升、奖惩等有效对接，并定期评估、改进，使价值观构建呈现螺旋式提升。

13.2.4 让价值观传承下去

如果说制度、规模、能力是一个团队的“硬件”，那么价值观就是“软件”。当一个团队没有形成价值观时，团队的制度是无法施行的。团队所有体制的建立和有效运行，都必须建立在员工从思想上认可的基础上。部分团队难以快速、高效发展的原因就是团队文化落后。例如“搞小团体”，在团队中拉帮结派，原本该齐心协力的团队因为“小团体”而四分五裂，员工注意力不再集中于团队目标，而是“小团体”之间互争互抢，造成团队氛围极不和谐。

缺乏价值观的团队就会缺乏灵魂。美国通用电气公司前首席执行官杰克·韦尔奇说道“长寿公司一是靠公司文化传递，二是靠接班人的培养。”一个团队长久、稳定地发展需要生命力，生命力要依靠价值观的传承来滋养。

那么，如何才能将团队价值观传承下去呢？

首先是团队文化传递。某知名珠宝制作公司创立于20世纪中期，该公司初期是仅服务于贵族阶级的定制品牌，高超的珠宝制作技术让它一度声名大噪，但真正让这家公司传承下去的，还有文化实力。

1. 继承传统，认真发扬

该公司继承了自创立以来就坚持的勤劳、严谨、谦虚、团结、创新的优秀文化基因，并在发展中将这些打造成独有的公司文化传统。例如，直面挫折、勇于创新的危机意识，低调做人、谦虚谨慎的行事风格，崇尚简明、少即是多的设计传统等，为公司的发展奠定了良好的文化基础，提供了不竭的力量源泉。

2. 以人为本，善用人才

该公司的核心价值观是“精益求精”。由于珠宝制作行业是高精度行业，对于“能工巧匠”型员工依赖性极大。公司深知“能工巧匠”们的重要性，在选人用人方面坚持“德才兼备”原则，并不断探索完善具有该公司特色的选人用人模式，在招聘、培训、奖惩等多方面引导员工的文化价值取向，帮助员工提升专业水平。同时注重提升员工个人的成就感、幸福感，以及对公司的自豪感、使命感、荣誉感，使员工与公司共同成长。

3. 履行责任，致力慈善

该公司从自身特点出发，切实履行了社会责任。通过多年来开展的慈善活动，不断提高公司的知名度，提升公司的品牌价值，并为公司带来更高的社会名誉和地位。在这一过程中大力弘扬了公司的价值观和文化理念，使公司与社会共同发展，极大地丰富和拓展了公司文化内涵。

4. 与时俱进，不断创新

该公司深知时代始终在进步，而每一次进步都会对旧事物提出挑战。外部环境的发展日新月异，一个不懂适应时代的公司是无法好好传承的。在经济全球化局势下，这家公司看中了新兴的市场，保留了原有的珠宝高端定制线，同时开通了工厂量产线，使公司市值迅速提升。

其次是为团队培养一位优秀接班人。培养优秀接班人要从以下几点入手。

（1）团队应对于自身的价值观、思想方法、管理原则等进行归纳总结，以识别人力资源管理所需要的关键要素，以及管理方面存在的潜在风险。

（2）通过开放研讨和总结，让未来的接班人学习、理解并传承公司的管理思想，以此指导和帮助管理，使团队能长治久安。

（3）接班人要对团队核心价值观了如指掌，只有掌握团队核心价值观的精髓，才能将其传承并发扬。

（4）接班人个人素质要高。合格的接班人应具备自我批判能力，懂得自我反省、自我觉察和自我探索，明晰自我价值。还应具备强大的心理素质，不惧风雨。

（5）使各个岗位都有接班人。不是一位管理者下台就产生一位接班人，培养接班人是每时每刻都在进行的事情，团队的每件事、每个岗位都需要接班人，优质团队应做到防患于未然。

附　录

附录1　员工工作目标计划表

<table>
<tr><td>姓名</td><td></td><td colspan="2">工号</td><td></td><td>入职时间</td><td></td></tr>
<tr><td>所属部门</td><td></td><td colspan="2">职务</td><td></td><td>培训时间</td><td></td></tr>
<tr><td rowspan="2">项目</td><td rowspan="2">工作目标</td><td colspan="2">工作性质</td><td rowspan="2">制定人</td><td rowspan="2">制定时间</td><td rowspan="2">预计完成时间</td></tr>
<tr><td>主要</td><td>次要</td></tr>
<tr><td>1</td><td></td><td colspan="2"></td><td></td><td></td><td></td></tr>
<tr><td>2</td><td></td><td colspan="2"></td><td></td><td></td><td></td></tr>
<tr><td>3</td><td></td><td colspan="2"></td><td></td><td></td><td></td></tr>
<tr><td>工作目标执行者</td><td colspan="6"></td></tr>
<tr><td>直属管理者</td><td colspan="3"></td><td>部门管理者</td><td colspan="2"></td></tr>
</table>

附录2　员工月度绩效回顾表

<table>
<tr><td>部门</td><td></td><td>岗位</td><td></td><td>姓名</td><td></td><td>时间</td><td>____年__月__日
至__月__日</td></tr>
<tr><td colspan="8">第一部分　本月绩效实现情况</td></tr>
<tr><td>常规工作</td><td colspan="7"></td></tr>
<tr><td>专项工作</td><td colspan="7"></td></tr>
<tr><td colspan="8">第二部分　存在的主要问题、原因分析及改进措施</td></tr>
<tr><td>存在的问题</td><td colspan="7"></td></tr>
<tr><td>原因分析</td><td colspan="7"></td></tr>
<tr><td>改进方案</td><td colspan="7"></td></tr>
<tr><td colspan="8">第三部分　下月工作计划</td></tr>
<tr><td colspan="8">1.
2.
3.
（注：工作计划应明确工作内容、具体要求及完成时间）</td></tr>
<tr><td colspan="8">第四部分　工作建议及协调支持事项</td></tr>
<tr><td>工作建议</td><td colspan="7">1.
2.
3.</td></tr>
<tr><td>协调支持事项</td><td colspan="7">1.
2.
3.</td></tr>
<tr><td colspan="8">第五部分　领导审阅意见</td></tr>
<tr><td>部门领导</td><td colspan="7">签名：</td></tr>
</table>

续表

分管领导	签名：
总经理	签名：
填报说明： 1. 月度绩效总结周期为当月 1 日至 25 日。填表人须于每月 25 日 17:00 前填写此表（第一至第四部分），并以电子邮件形式提交部门负责人签署意见； 2. 各部门领导于当月 26 日 17:00 前将本部门员工的月度绩效回顾表汇总后签署意见，以电子邮件形式交分管领导审阅； 3. 各分管领导于当月 28 日 17:00 前，集中签署意见后以电子邮件形式提交总经理审阅； 4. 行政部于下月 3 日前将总经理审阅签署意见后的月度绩效回顾表以电子邮件形式取回，作为员工绩效考核的重要依据集中归档保存。	

附录3 员工日常考核表

<table>
<tr><td>部门</td><td></td><td>姓名</td><td></td><td>职位</td><td></td><td>考评周期</td><td colspan="2"></td></tr>
<tr><td>序号</td><td>考核项目</td><td colspan="4">考核项目</td><td>分值权重</td><td>自评得分</td><td>考核得分</td></tr>
<tr><td rowspan="4">1</td><td rowspan="4">工作制度遵守</td><td colspan="4">按时向本部门管理者提交日 / 周工作计划</td><td>20</td><td></td><td></td></tr>
<tr><td colspan="4">遵守请示报告制度，定期向本部门管理者报告工作计划及工作进展情况</td><td>20</td><td></td><td></td></tr>
<tr><td colspan="4">遵守请示报告制度，外出办公时提前向本部门管理者请示并填写《外出登记表》，每次未填写减 1 分</td><td>10</td><td></td><td></td></tr>
<tr><td colspan="4">严格控制借款金额，及时与财务交票及清账</td><td>15</td><td></td><td></td></tr>
<tr><td rowspan="3">2</td><td rowspan="3">考勤</td><td colspan="4">迟到或早退，每次减 1 分；当月迟到 10 次及以上，本项不得分</td><td>15</td><td></td><td></td></tr>
<tr><td colspan="4">考勤异常时，应及时填写《考勤异常登记表》</td><td>10</td><td></td><td></td></tr>
<tr><td colspan="4">请假须提前向本部门管理者请示并填写请假单，并提交人力资源部备案</td><td>10</td><td></td><td></td></tr>
<tr><td colspan="2">合计</td><td colspan="4"></td><td>100</td><td></td><td></td></tr>
<tr><td colspan="2" rowspan="2">绩效指标设定</td><td>被考核者</td><td></td><td rowspan="2">考核结果确认</td><td>被考核者
________</td><td rowspan="2">考核结果提交时间</td><td colspan="2" rowspan="2"></td></tr>
<tr><td>考核者</td><td></td><td>考核者
________</td></tr>
</table>

附录4 员工月度考核表

<table>
<tr><td>姓名</td><td></td><td colspan="2">部门</td><td colspan="2"></td><td colspan="2">职位</td><td colspan="2"></td></tr>
<tr><td rowspan="2">出勤奖惩</td><td>迟到</td><td>旷工</td><td>产假</td><td>婚假</td><td>丧假</td><td>病假</td><td>事假</td><td>奖励</td><td>处分</td></tr>
<tr><td></td><td></td><td></td><td></td><td></td><td></td><td></td><td></td><td></td></tr>
<tr><td>加（扣）分</td><td></td><td></td><td></td><td></td><td></td><td></td><td></td><td></td><td></td></tr>
<tr><td>项目</td><td colspan="4">评价内容</td><td>评分</td><td>初核</td><td>复核</td><td colspan="2">评语</td></tr>
<tr><td rowspan="5">业务能力</td><td colspan="4">经常在规定时间之前，保质保量完成工作任务</td><td>25</td><td></td><td></td><td colspan="2">初评</td></tr>
<tr><td colspan="4">能够严格按照规定时间，保质保量完成工作任务</td><td>20</td><td></td><td></td><td colspan="2" rowspan="6"></td></tr>
<tr><td colspan="4">基本上能够做到按时、保质保量完成工作任务</td><td>15</td><td></td><td></td></tr>
<tr><td colspan="4">偶尔出现小的疏漏或不能按时、保质保量完成工作任务</td><td>10</td><td></td><td></td></tr>
<tr><td colspan="4">工作中出现过大的失误，或经常不能按时、保质保量完成工作任务</td><td>5</td><td></td><td></td></tr>
<tr><td rowspan="5">协作能力</td><td colspan="4">有团队协作意识，经常协助其他同事完成工作任务</td><td>25</td><td></td><td></td></tr>
<tr><td colspan="4">有团队协作意识，能够与其他同事良好协作</td><td>20</td><td></td><td></td></tr>
<tr><td colspan="4">工作中肯帮忙其他同事</td><td>15</td><td></td><td></td><td colspan="2">复评</td></tr>
<tr><td colspan="4">仅在必须与协调的工作上与其他同事合作</td><td>10</td><td></td><td></td><td colspan="2" rowspan="7"></td></tr>
<tr><td colspan="4">工作作风散漫，不肯与其他同事合作</td><td>5</td><td></td><td></td></tr>
<tr><td rowspan="5">责任感</td><td colspan="4">任劳任怨，竭尽所能达成工作任务</td><td>25</td><td></td><td></td></tr>
<tr><td colspan="4">努力工作，能够做好本职工作</td><td>20</td><td></td><td></td></tr>
<tr><td colspan="4">有责任心，能够发挥主观能动性</td><td>15</td><td></td><td></td></tr>
<tr><td colspan="4">工作不积极，交付的工作经常需要督促方能完成</td><td>10</td><td></td><td></td></tr>
<tr><td colspan="4">敷衍了事，工作态度消极，做事粗心大意</td><td>5</td><td></td><td></td></tr>
</table>

续表

客户满意度	第一时间满足客户所需，经常获得客户的高度评价	25			复评
	基本能够及时满足客户所需，获得客户的满意	20			
	能够满足客户所需，没有客户投诉	15			
	偶尔与客户发生矛盾，一年受到客户投诉少于 5 次	10			
	经常与客户发生矛盾，一年受到客户投诉在 5 次以上	5			
总分					

附录5 员工季度考核表

<table>
<tr><td>姓名</td><td></td><td>部门</td><td></td><td>职位</td><td></td><td>考核日期</td><td colspan="2"></td></tr>
<tr><td colspan="2">考核项目</td><td>计划量</td><td colspan="2">实际完成量</td><td colspan="2">实际完成率（%）</td><td>自评</td><td>管理者评分</td></tr>
<tr><td rowspan="5">工作完成（65分）</td><td>计划与执行（15分）</td><td colspan="5">（1）能够科学制订工作计划，并充分执行，实现预期目标（10～15分）；
（2）能够制订工作计划，得到部分执行，实现一部分预期目标（1～9分）；
（3）难以制订工作计划，未得到执行，未实现预期目标（0分）</td><td></td><td></td></tr>
<tr><td>支持与配合（10分）</td><td colspan="5">（1）支持公司工作，与其他部门或客户能很好地配合（6～10分）；
（2）对公司和客户的相关工作，难以支持或支持不力（1～5分）；
（3）不支持、不配合公司或客户的相关工作（0分）</td><td></td><td></td></tr>
<tr><td>工作效率（15分）</td><td colspan="5">（1）在规定时间内，优质、高效地完成工作（15分）；
（2）能够完成工作，但是效率不高（1～14分）；
（3）不能够按照要求完成工作（0分）</td><td></td><td></td></tr>
<tr><td>团队管理（15分）</td><td colspan="5">（1）团队内部有效沟通、上下团结、积极工作（10～15分）；
（2）团队内部缺乏沟通、松散、懈怠（1～9分）；
（3）团队内部勾心斗角、拉帮结派（0分）</td><td></td><td></td></tr>
<tr><td>团队学习（10分）</td><td colspan="5">（1）每月组织部门员工进行专题学习的次数不少于2次（5～10分）；
（2）很少或是不组织部门员工进行专题学习（0～4分）</td><td></td><td></td></tr>
<tr><td rowspan="3">制度执行（20分）</td><td>规章制度遵守（10分）</td><td colspan="5">（1）遵守并执行公司各项规章制度（1～10分）；
（2）不遵守公司规章制度（0分）</td><td></td><td></td></tr>
<tr><td>仪容仪表（5分）</td><td colspan="5">（1）根据公司要求着装（1～5分）；
（2）未能按照公司要求着装，有损公司形象（0分）</td><td></td><td></td></tr>
<tr><td>出勤率（5分）</td><td colspan="5">（1）月度出勤率为100%（5分）；
（2）月度病事假≤2天，无迟到及旷工（4分）；
（3）月度病事假<5天，季度迟到≤3次，无旷工（3分）；
（4）月度病事假≥5天，或季度迟到>3次，或有旷工（0～2分）</td><td></td><td></td></tr>
</table>

续表

<table>
<tr><td rowspan="3">工作态度（15分）</td><td>专业能力（5分）</td><td>（1）全面掌握相应的专业知识，能够为客户解决专业性问题（4～5分）；
（2）掌握一定的专业知识，能够为客户解决常见问题（1～3分）；
（3）专业知识较少，无法帮助到客户（0分）</td><td></td><td></td></tr>
<tr><td>责任感（5分）</td><td>（1）勇于承担责任、尽心尽职，能够为公司和客户着想（1～5分）；
（2）推卸责任、公私不分、假公济私（0分）</td><td></td><td></td></tr>
<tr><td>主动性（5分）</td><td>（1）工作热情高，经常对项目或公司管理提出意见和建议（3～5分）；
（2）工作消极被动，缺乏热情，需要上级不断督促（0～2分）</td><td></td><td></td></tr>
<tr><td colspan="3">合计</td><td></td><td></td></tr>
<tr><td>级别</td><td colspan="4">通过以上各项的评分，该员工的综合得分是：_______分；
该员工应处于的等级是：（　　）A（　　）B（　　）C（　　）D
A：≥ 90 分；B：89.9 分≥综合得分≥ 75 分；C：74.9 分≥综合得分≥ 60 分；D：≤ 59.9 分</td></tr>
<tr><td>总监评价</td><td colspan="4"></td></tr>
<tr><td colspan="5">评分标准说明：
一、评分权重：自评（自己为自己评分）占 30%，经理或总监评分占 70%（比如：自评总分为 89 分，经理或总监评分为 86 分，则该人员的综合得分＝89×30%+86×70%＝86.9 分，最后得分保留一位小数）。
二、综合得分上额外减分情况：当月发生客户投诉每次减 5 分，客户投诉达 3 次以上给予工资级别连降两级或直接辞退处罚或处理</td></tr>
</table>

附录6　员工年度考核表

<table>
<tr><td>员工姓名</td><td></td><td>直接上级姓名</td><td></td></tr>
<tr><td>工号</td><td></td><td>职位</td><td></td></tr>
<tr><td>职位 / 岗位</td><td></td><td>填表日期</td><td></td></tr>
<tr><td>部门 / 处</td><td></td><td></td><td></td></tr>
<tr><td colspan="4">第一部分：年度总体行为表现</td></tr>
<tr><td>考核项</td><td colspan="2">具体行为标准</td><td>自我评述</td></tr>
<tr><td>客户满意度</td><td colspan="2">考核内外客户满意度；职能部门主要考核内部客户满意度。请参照《公司员工行为表现参考标准》进行评述</td><td></td></tr>
<tr><td>执行力</td><td colspan="2">考核对应的流程、制度的合理性和执行力情况，包括 ISO；鼓励对流程改进以提高工作效率和质量的行为。评述同上</td><td></td></tr>
<tr><td>学习成长</td><td colspan="2">考核自我成长和团队建设，主要考虑技能成长。管理者还应包括对下属员工的考核、培训情况。评述同上</td><td></td></tr>
<tr><td>责任感</td><td colspan="2">考核员工的责任感，主要依据各部门和岗位的具体行为进行考核。评述同上</td><td></td></tr>
<tr><td>团队合作</td><td colspan="2">重点考核管理者、员工团队精神，主要依据各部门和岗位的具体行为进行考核。评述同上</td><td></td></tr>
<tr><td colspan="4">本年度自我评分：5 分优秀 △　4 分良好 △　3 分称职 △　2 分基本称职 △　1 分不称职 △</td></tr>
<tr><td colspan="4">第二部分：下一年度的主要工作目标</td></tr>
<tr><td colspan="4">请简要描述下一年度主要工作目标、时间规划、预期达到的效果、所需的资源支持等情况。</td></tr>
<tr><td colspan="4">第三部分：年度考核结果与绩效评价</td></tr>
<tr><td colspan="4">第一季度得分（　）第二季度得分（　）第三季度得分（　）第四季度得分（　）
本年度绩效考核总分 = 自我评分（　）+ 四个季度考核平均得分（　）×95%=（　）</td></tr>
<tr><td colspan="4">说明：由于公司在今年下半年推出新考核方案，与原有考核方案在考核内容、评分标准等方面发生很大变化，各季度考核分数难以平衡，因此本年度上栏公式暂不启用，在下一年度将正式实施。四个季度得分仅作为直接上级综合评分的参考。各季度的具体分数可以填写，也可以不填写。</td></tr>
</table>

续表

本年度直接上级综合评分：（ ）
说明：本栏评分由直接上级根据被考核员工本年度的全年绩效和综合表现情况进行评分，仅在本年度使用。
本年度绩效考核总分＝自我评分（ ）＋直接上级综合评分（ ）×95% ＝（ ）
绩效趋势： 退步 稳定 进步 Δ Δ Δ
简要评述被考核员工本年度的主要贡献与工作方面的不足：
关于被考核员工工作改进和职业发展意见与建议：（请从理论学习和技能学习两方面描述）
用于工作改进和职业发展的年度计划： 方式 学习内容 比例 ◇个人自学（书籍和工作） ◇部门学习和辅导 ◇公司提供的培训机会
对被考核员工工作潜力的见解：
被考核员工对近期或长期事业目标的自我评述：
被考核员工签名： 日期：
管理者签名： 日期：

附录7 员工绩效评价表

<table>
<tr><td rowspan="2">单位</td><td rowspan="2">部门</td><td colspan="2">考核者</td><td colspan="2">被考核者</td><td rowspan="2">签字日期</td><td rowspan="2">考核周期</td></tr>
<tr><td>职位</td><td>签字</td><td>职位</td><td>签字</td></tr>
<tr><td></td><td></td><td></td><td></td><td></td><td></td><td></td><td></td></tr>
<tr><td>序号</td><td colspan="2">重点工作</td><td>目标</td><td>权重</td><td colspan="2">评分办法</td><td>考核者评价</td></tr>
<tr><td>1</td><td colspan="2"></td><td></td><td></td><td colspan="2"></td><td></td></tr>
<tr><td>2</td><td colspan="2"></td><td></td><td></td><td colspan="2"></td><td></td></tr>
<tr><td>3</td><td colspan="2"></td><td></td><td></td><td colspan="2"></td><td></td></tr>
<tr><td>4</td><td colspan="2"></td><td></td><td></td><td colspan="2"></td><td></td></tr>
<tr><td>5</td><td colspan="2"></td><td></td><td></td><td colspan="2"></td><td></td></tr>
<tr><td colspan="7">最终得分</td><td></td></tr>
</table>

附录8　员工绩效改进表

<table>
<tr><td>被考核人姓名</td><td>部门</td><td>职位</td><td>考核人姓名</td><td>考核周期</td></tr>
<tr><td></td><td></td><td></td><td></td><td></td></tr>
<tr><td colspan="5">绩效中存在的不足</td></tr>
<tr><td colspan="5">原因分析与改进措施</td></tr>
<tr><td colspan="5">绩效改进计划</td></tr>
<tr><td colspan="5">绩效改进具体目标</td></tr>
<tr><td>目标类</td><td>具体目标</td><td>目标结果</td><td>衡量标准</td><td>考核权重</td></tr>
<tr><td rowspan="2">业绩目标</td><td></td><td></td><td></td><td></td></tr>
<tr><td></td><td></td><td></td><td></td></tr>
<tr><td rowspan="2">能力目标</td><td></td><td></td><td></td><td></td></tr>
<tr><td></td><td></td><td></td><td></td></tr>
<tr><td rowspan="2">行为目标</td><td></td><td></td><td></td><td></td></tr>
<tr><td></td><td></td><td></td><td></td></tr>
<tr><td colspan="5">绩效改进完成时间</td></tr>
<tr><td colspan="3">被考核人签字：</td><td colspan="2">日期：</td></tr>
<tr><td colspan="3">考核人签字：</td><td colspan="2">日期：</td></tr>
<tr><td colspan="3">人力资源签字：</td><td colspan="2">日期：</td></tr>
</table>

附录9 员工绩效申诉表

<table>
<tr><td>申诉人姓名</td><td></td><td>所在部门</td><td></td><td>岗位</td><td></td></tr>
<tr><td>申诉事项</td><td colspan="5"></td></tr>
<tr><td>申诉事由</td><td colspan="5"></td></tr>
<tr><td>接待人</td><td colspan="2"></td><td colspan="2">申诉日期</td><td></td></tr>
</table>

附录10　员工态度考核打分表

考核期间：　　年　　月至　　年　　月

<table>
<tr><td>姓名</td><td colspan="2"></td><td>岗位</td><td></td></tr>
<tr><td rowspan="6">态度</td><td>序号</td><td>指标</td><td>权重</td><td>评分</td></tr>
<tr><td>1</td><td>积极性</td><td>%</td><td></td></tr>
<tr><td>2</td><td>协作性</td><td>%</td><td></td></tr>
<tr><td>3</td><td>责任心</td><td>%</td><td></td></tr>
<tr><td>4</td><td>纪律性</td><td>%</td><td></td></tr>
<tr><td colspan="2">加权合计</td><td colspan="2"></td></tr>
<tr><td>考核者</td><td colspan="4">签字：

年　　月　　日</td></tr>
</table>

附录11 员工态度评价量表

	优秀	良好	一般	较差	差
积极性（考虑其是否能够自我驱动，贡献于工作的主动程度，在完成工作中是否需要其他人督促，以及对于额外工作的态度）	1.2 分	1.0 分	0.8 分	0.5 分	0 分
	对于本职工作很积极主动地完成；长期坚持学习业务知识；对于额外工作任务能主动请求并且能高质量完成；工作中善于发现问题，并经常提出新思路和建议	对于本职工作积极主动地完成；较为主动学习业务知识；较为主动承担额外工作任务；工作中有时能够主动提出新的思路和建议	对于本职工作能够按部就班地完成；学习业务知识主动性一般；主动承担一般的工作额外任务；在别人的督促下，能够提出一些新的思路和建议	完成本职工作积极性较差，偶尔拖沓或降低质量；偶尔主动学习业务知识；很少主动承担一般额外工作任务；在别人的督促下，能提出个别的新思路和建议	完成本职工作积极性很差，经常拖沓或降低质量；基本上不主动学习业务知识；不主动请求承担一般的额外任务；在别人的督促下，也不能提出新思路和建议
协作性（考虑其对工作和同事之间的服务、合作意识）	1.2	1.0	0.8	0.5	0
	主动协助同事出色完成工作	能够与同事保持良好的合作关系，协助完成工作	根据同事请求能够提供一般性协助	不能积极响应同事请求或者协作任务完成质量较差	对同事的协助请求不响应或者协作任务完成质量差
责任心（考虑其完成工作的敬业精神）	1.2	1.0	0.8	0.5	0
	工作有强烈的责任心	工作有较强的责任心	工作的责任心一般	工作责任心较差	工作责任心极差
纪律性（考虑其遵守公司制度和听从上级安排的态度）	1.2	1.0	0.8	0.5	0
	能够长期严格遵守规章制度以及相关本职的工作规定与标准，有非常强的自觉性和纪律性	能够遵守规章制度以及相关本职的工作规定和标准，有较强的自觉性和纪律性	基本能够遵守规章制度和相关本职的工作规定和标准，基本能够遵守纪律，但有时出现自我要求不严的情况	遵守规章制度以及相关本职的工作规定和标准的态度较差，时有发生违规情况，自觉性和纪律性较差	不能遵守规章制度以及相关本职的工作规定和标准，经常发生违规情况，自觉性和纪律性差